महात्मा का इं[illegible]

₹ 350

ISBN : 9788170288787

पहला संस्करण : 2010, छठा संस्करण : 2024

MAHATMA KA INTAZAR (Novel) by R.K. Narayan

मुद्रक : जी. एस. ऑफसेट, दिल्ली

राजपाल एण्ड सन्ज़

1590, मदरसा रोड, कश्मीरी गेट, दिल्ली-110006

फोन : 011-23869812, 23865483, 23867791

website : www.rajpalpublishing.com

e-mail : sales@rajpalpublishing.com

www.facebook.com/rajpalandsons

महात्मा का इंतज़ार

(Waiting for the Mahatma का अनुवाद)

आर.के. नारायण

राजपाल

महात्मा गाँधी तथा उनके राष्ट्रीय
आन्दोलन के इर्द-गिर्द घूमती
एक काल्पनिक प्रेम-कथा...
जिसे आर.के.नारायण की
कहानी बुनने की विशेष प्रतिभा ही
आकार दे सकती थी

1

श्रीराम के बारे में यह कहा जा सकता है, कि उसकी माँ, जो उसे जन्म देते ही चल बसी थी, और पिता, जो युद्ध के समय मेसोपोटामिया में मारे गए, दोनों उसके लिए कहानी से ज़्यादा नहीं थे। लेकिन माँ के होने का ठोस सबूत यह था कि उसकी एक फोटो दीवार की काफ़ी ऊँचाई पर उसके देखने के लिए लगी थी और जब वह इतना लम्बा हो गया कि आसानी से धुँधली-सी यह तस्वीर देख सके, उसे माँ की सूरत ज़्यादा पसन्द नहीं आई। तो वह सोचने लगा कि घर के सामने छोटी-सी दुकान पर, जहाँ वह दादी से पैसे लेकर पिपरमिंट की गोलियाँ वगैरह खरीदने जाता है, किसी यूरोपियन महारानी जैसी जो तस्वीर टँगी है, उसी के जैसे सेब जैसे लाल-लाल गाल और घुँघराले बाल उसकी माँ के क्यों नहीं हैं! लेकिन घर में पिता का ज़िक्र ही ज़्यादा किया जाता था। हर महीने की पहली तारीख को डाकिया उसकी दादी के नाम एक भूरा, लम्बा लिफ़ाफ़ा लेकर आता। दादी उसे हाथ में लेकर रोने लगती, और वह सोचने लगता कि इसमें ऐसा क्या है जिसके कारण दादी के आँसू निकलने लगते हैं। कई साल बाद उसे पता चला कि इसमें उसकी देखभाल के लिए पिता की सैनिक पेंशन के पैसे आते हैं। लिफ़ाफ़ा खोलते हुए दादी हमेशा कहती, "भगवान का शुक्र है कि हमारे पास काफी कुछ है और मुझे ये पैसे तुम्हारे लिए खर्च नहीं करने पड़ते।" फिर वह उसे अपने ही मकान की क़तार में आगे चौथे मकान में ले जाती, जिसे 'फंड ऑफिस' कहा जाता था—इस नाम का मतलब उसकी समझ में नहीं आता था—और वहाँ से लौटकर वह हमेशा कहती : "पैसा कभी हाथ में नहीं टिकता, इसे जमा करो, तभी यह बुढ़ापे में काम आता है।"

सामने वाली दुकान पर लगी यह तस्वीर उसके बाल मन को बड़ी अच्छी लगती। दुकानदार का नाम था कन्नी, और उकड़ूँ बैठा यह खुश्क, किनकिनाकर बात करने वाला तगड़ा-सा आदमी दिन भर अपने ग्राहकों को सौदा बेचता रहता। रात के ग्यारह

बजे तक, जब वह दुकान बन्द करता, किसी-न-किसी से झगड़ता, मोल तोल करता, या उधार माँगने वाले किसी ग्राहक को धमकाता, कि "तुम मुझे समझते क्या हो? पैसे के बिना फिर लेने चले आये? मुझे दबा लोगे क्या? मैं क्या हूँ, जानते हो? तुम जैसे दस को मैं एक साथ निगल सकता हूँ, याद रखना, उसकी आवाज़ सुनाई देती रहती। उसकी सिगरेट, बीड़ी, गोली चटकाकर खोलने वाले सोडा वाटर और कड़क बोलचाल की दुकान में ताज सा पहने, बड़ी काली आँखों और सेब से गालों वाली यह तस्वीर ही अकेली मुलायम चीज़ थी। श्रीराम अक्सर सोचता, 'ये आँखें मुझे ही देख रही हैं,' और उसी को देखने के लिए वह कुछ-न-कुछ खरीदने के बहाने बार-बार दुकान पर जाता रहता।

एक दफ़ा रंगीन सोडा वाटर की बोतल से चुस्कियाँ लेते हुए उसने पूछा, "किसकी तस्वीर है यह?"

"मुझे क्या पता?" कन्नी ने जवाब दिया। "किसी रानी की होगी, शायद रानी विक्टोरिया की हो।" इसके अलावा वह इसी विश्वास से यह भी कह सकता था कि यह मेरिया थेरेसा या एन बुलीन की तस्वीर है।

"इसके कितने पैसे दिए थे?"

कन्नी ने ज़रा चिढ़कर कहा, "यह सब तुम क्यों पूछ रहे हो?" अगर कोई दूसरा होता तो वह चिल्लाकर कहता, "और कुछ न लेना हो, तो निकलो यहाँ से। ये दर्जनों सवाल मत पूछो।"

लेकिन श्रीराम की स्थिति विशेष थी। वह काफी खरीदारी करता था, रोज़ अच्छी कमाई कराना, और बैंक में उसका अपना खाता भी था। उसने पूछा, "यह तस्वीर तुम्हें कहाँ से मिली?"

कन्नी भी इस वक्त हल्के मूड में था, बोला, "उस आदमी को जानते हो, जो पिल्लैया स्ट्रीट पर रेवेन्यू इन्सपेक्टर है। उस पर काफ़ी उधार बाकी था। बहुत इन्तज़ार कर लिया तो एक दिन मैं उसके यहाँ गया और यह तस्वीर दीवार से उतार लाया। सोचा, यही सही।"

श्रीराम ने हिचकते हुए पूछा, "अगर इसे बेचना चाहो तो बताओ, क्या लोगो?"

"अच्छा, अरे...", कन्नी यह सुनकर हँसने लगा। उसका मूड काफ़ी अच्छा था। बोला, "अरे, छोटे जमींदार, मुझे पता है, तुम चाहो तो महारानी को ही खरीद सकते हो। लेकिन इसे मैं नहीं बेचूँगा। यह मेरे लिए भाग्यवान साबित हुई है। जब से इसे यहाँ टाँगा है, बिक्री दस गुनी बढ़ गई है।"

एक शाम दादी उससे पूछने लगी, "मालूम है, कल कौन-सा ग्रह निकलेगा?"

"नहीं मालूम। मुझे कैसे मालूम हो सकता है?" यह कहकर वह खिड़की की

ठंडी ज़मीन पर आराम से बैठ गया और सड़क की तरफ़ देखने लगा। जबसे उसे याद पड़ता है, वह सवेरे से रात तक यहीं बैठा रहता था। जब वह सालभर का था, तभी से उसकी दादी उसे यहाँ बिठा देती और सड़क पर क्या हो रहा है, यह सब दिखाती रहती थी। बैलगाड़ियाँ, घोड़ागाड़ी और उस ज़माने की पहली मोटरगाड़ियाँ जो पों-पों करती, धड़धड़ाती सामने से गुज़रती रहती। वह जब तक यह सब देख न लेता, खाने को तैयार ही नहीं होता था। दादी चम्मच में दही-चावल भरकर उसके होठों तक ले जाती और कहती, "देखो, कैसी बढ़िया मोटर चली जा रही है! हमारा राम भी इसकी सवारी करेगा!" और जब वह अपना नाम सुनकर कुछ कहने के लिए मुँह खोलता, तो दादी उसमें भात डाल देती। खिड़की से बाहर देखते रहना उसकी आदत बन गई थी और अब भी कभी-कभी किताब हाथ में लिए ही अक्सर वह यहाँ बैठा बाहर देखता रहता। दादी अक्सर उसे इसके लिए झिड़कती भी रहती। आज उसने पूछा, "तुम बाहर अपनी उम्र वालों के साथ क्यों नहीं रहते?"

"मैं जहाँ हूँ, वहीं खुश हूँ," उसने संक्षिप्त-सा उत्तर दिया।

दादी ने सख्ती से कहा, "बाहर जाओगे तो कुछ और देखोगे और सीखोगे। जानते हो, तुम्हारा पापा जब इतना बड़ा था तब जंत्री ऊपर से नीचे तक पढ़ लेता और बता देता था कि किस दिन का स्वामी कौन-सा ग्रह है।"

श्रीराम ने हिम्मत करके कहा, "पापा बहुत बुद्धिमान रहे होंगे।"

"होंगे नहीं, थे। रहे होंगे क्या होता है", दादी ने ज़ोर देकर कहा और तुम्हारे बाबा, मालूम है, कितने होशियार थे! कहते हैं, पोता बाबा का अवतार होता है। तुम्हारी नाक और भौहें दोनों बिलकुल उन्हीं जैसी हैं। उनकी उँगलियाँ भी तुम्हारी ही तरह लम्बी थीं। लेकिन इससे ज़्यादा और कुछ उन जैसा नहीं है। मैं अक्सर सोचती हूँ कि तुम्हारा यह सब उन जैसा न होकर सिर्फ़ दिमाग़ ही उन जैसा होता!"

श्रीराम कहने लगा, "दादी, तुम उनकी कोई तस्वीर रखती तो मैं दिन-रात उसकी पूजा करके उन जैसा बनने की कोशिश करता।"

दादी यह सुनकर खुश हो गई और कहने लगी, "मैं तुम्हें सिखाऊँगी कि उन जैसे कैसे बन सकते हो।" फिर वह उसका हाथ पकड़कर बड़े कमरे के बीच में खींच ले गई जहाँ लैंप जल रहा था। इसके बाद उसने बादामी कागज़ से मढ़ी जंत्री निकाली, जो ढलवाँ छत की एक टाइल के नीचे रखी थी। फिर ज़मीन पर बैठकर उसने अपने चश्मे की खोज शुरू की और उसे लगाकर जंत्री के पन्ने खोले। एक विशेष पन्ने के ऊपर उसने श्रीराम का चेहरा नीचे तक झुकाया। पन्ने पर तरह-तरह के चिह्न अंकित थे और उनके साथ कुछ छपा भी था।

श्रीराम पूछने लगा, "दादी माँ तुम कर क्या रही हो?" उसने एक अक्षर पर उँगली रखी और पूछा, "पढ़ो, यह क्या लिखा है?"

"स...", उसने पढ़ा।

"इसका मतलब हुआ सदस्य। यही तुम्हारा ग्रह है।" फिर अक्षर की लाइन पर उँगली फिराकर अगले दिन की तारीख पढ़ी। बोली, "कल यह तारीख है। यह तुम्हारी जन्म राशि है। कल तुम्हारा बीसवाँ जन्मदिन होगा, हालाँकि तुम्हारा व्यवहार उससे आधी उम्र के लड़के जैसा है। मैं तुम्हारा जन्मदिन मनाऊँगी। अच्छा बताओ, किसी दोस्त को बुलाना चाहोगे?"

"नहीं, हरगिज़ नहीं," उसने एकदम मना कर दिया।

दूसरे दिन उसने अकेले ही अपना जन्मदिन मनाया। दादी ही उसके साथ रही। बाहर का कोई भी व्यक्ति यह अंदाज़ नहीं लगा सकता था कि कबीर स्ट्रीट के 14 नम्बर वाले इस घर में कितना महत्त्वपूर्ण कार्यक्रम हो रहा है। यह घर दो सौ साल पुराना था और लगता भी वैसा ही था। यह सड़क का आखिरी घर था, परन्तु जब इसे दादा ने बनवाया था, तब वे इसे पहला घर कहते थे। यहाँ से मार्केट की इमारतों का पिछवाड़ा दिखाई देता था और रात-दिन दूसरी तरफ चलनेवाली भीड़ का ज़बरदस्त शोर शराबा सुनाई देता रहता था। श्रीराम के घर के बगल वाले घर में एक छोटा-सा प्रिंटिंग प्रेस लगा था, जिसकी मशीन पूरे दिन धड़धड़ाती रहती थी। इसके बाद वाला घर भी दो सौ साल पुराना था, जिसमें हर वक्त हल्ला-गुल्ला करनेवाले छह परिवार रहते थे। इसके बाद वाले घर में फंड ऑफ़िस था जिसमें दादी श्रीराम का पैसा जमा करती थी। इन घरों के सामने एक टेढ़ी-मेढ़ी गली थी; इसके एकदम पास मार्केट था, हायर एलीमेन्टरी टाउन स्कूल था, लोकल फंड डिस्पेंसरी थी, और सबसे महत्त्वपूर्ण यह कि मार्केट के फ़व्वारे के चारों तरफ आधा दर्जन बेंचे पड़ी थीं—इन सबसे कबीर स्ट्रीट में इन घरों का मूल्य काफ़ी बढ़ गया था।

घर सारे एक जैसे ही थे—हरेक में एक बड़ी ढलवाँ छत, लकड़ी के पतले खंभों पर खड़ी जिन पर बारीक कारीगरी की गई थी और ताँबे के झुनझुने लटके थे—खिड़कियों के नीचे सामने की तरफ प्योल, ईंटों का खुला चबूतरा जिस पर लोग गर्मियों के दिनों में सोते भी थे। दीवारें दो फुट मोटी थीं, दरवाज़े सौ साल पुरानी टीक की लकड़ी के बने थे, जिनपर ताँबे के हत्थे लगे थे, आग में तपाई हुई मिट्टी की बनी टायलें जो सदियों तक हवा-पानी झेलने योग्य मज़बूत थीं। सभी घर एक जैसे थे, पतले-पतले खंभों पर खड़ी टायल की छतों को आप एक-दूसरे से मिली शुरू से आख़िर तक देख सकते थे—जैसे सब मिलाकर ये एक ही बहुत लम्बा, बड़ा घर हो। दो सदियों पहले जब इन्हें बनाया गया था, उस समय से अब तक इनमें काफ़ी कुछ परिवर्तन भी हो चुके थे। कई घरों के मालिक बदल गए थे, असली मालिकों को मुकदमेबाज़ी के कारण अपने अधिकार छोड़ने पड़े थे; कुछ किराये पर

उठा दिए गए थे, जैसे प्रेस, मक्खन फैक्ट्ररी या फंड ऑफिस और उनके मालिकों ने भीड़भाड़ का यह इलाका छोड़कर शान्त माहौल में बसे लॉली एक्सटेंशन में अपने लिए आधुनिक घर बनवा लिए थे। लेकिन कुछ घर और उनके रहने वाले पहले के ही थे, इन्हीं में 14 नम्बर वाला घर भी था। यहाँ सदियों पहले परिवार की परम्परा शुरू हुई थी, लेकिन अब दो ही सदस्य--श्रीराम और उसकी दादी–इसमें रह गए थे।

दादी ने कहीं से एक गज़ भर लम्बा गन्ने का टुकड़ा, उसका मौसम न होते हुए भी, पूजा के लिए प्राप्त कर लिया था। उसने कहा, "जन्मदिन मनाने के लिए घर में गन्ना होना बहुत ज़रूरी है; इसे शुभ माना जाता है। उसने दरवाज़े पर आम के पत्ते लटकाये और उसके सामने चावल से अल्पना बनाई। सामने से गुज़र रहे एक पड़ोसी ने पूछा, "आज क्या कोई पूजा है? तो हम अपने घर का चूल्हा बुझा दें और यहाँ दावत खाने आ जाएं?"

"हाँ, हाँ, क्यों नहीं, ज़रूर आइए", दादी ने नम्रतापूर्वक कहा, और जैसे निमन्त्रण को रद्द करने के उद्देश्य से तुरन्त यह भी जोड़ा, "आपका तो हमेशा स्वागत है।" उसे दरअसल अच्छा नहीं लग रहा था कि किसी को भी न्यौता नहीं दिया गया था, लेकिन, क्या करती, उसके साधु समान पोते ने इसके लिए सख्ती से मना कर रखा था। उसका बस चलता तो वह बाजे-गाजे का इन्तज़ाम करती और जुलूस भी निकलवाती, क्योंकि वह बहुत दिनों से इसके बारे में सोच रही थी–कि बीसवीं सालगिरह पर वह अपने पोते को उसकी बैंक पासबुक सौंप देगी और अपनी ज़िम्मेदारी से मुक्त हो जाएगी।

चार घर आगे फंड ऑफ़िस तक जाना बड़े साहस का काम था। खुले आसमान में जैसे वह सिकुड़ी सी चली जा रही थी–14 नम्बर के घर में वह राज करती थी लेकिन इस खुले में उसका व्यक्तित्व समाप्त हो गया था। श्रीराम ने उसकी यह दशा देखकर कहा, "दादी, तुम तो एकदम बच्ची लग रही हो।" दादी ने तीखी रोशनी में अपनी आँखें झपकाईं और फुसफुसा कर बोली, "ज़ोर से मत बोलो। लोग सुन लेंगे।"

"क्या सुन लेंगे?"

"जो भी होगा। अपने घर में जो होता है, उसे अपनों तक ही रखना चाहिए। दूसरे लोग बातें बनाने लगते हैं।"

जैसे उसकी इस बात का समर्थन करते हुए कन्नी उन्हें साथ जाते देखकर ज़ोर से बोला, "अच्छा! दादी पोता एक साथ जा रहे हैं। कितना अच्छा लग रहा है! आपका पोता अब जवान हो गया है!"

श्रीराम को यह टिप्पणी अच्छी लगी। उसे अपनी लम्बाई पर गर्व हुआ और उसने अपने होंठों पर जीभ फिराई। उसके दाहिने हाथ में भूरे कपड़े में बँधी पास बुक थी, जो एक क्षण पहले दादी ने उसे सौंप दी थी।

कन्नी ने दूसरा फ़िकरा फेंका, "यह जवान सूबेदार सही किताब हाथ में लिए सही स्कूल जा रहा है। अपने पिता और दादा दोनों से ज़्यादा बड़ा बने।"

दादी भुनभुनाई और तेज़ी से आगे कदम बढ़ाये और बोली, "इस आदमी की बातें मत सुनो, यह हमें परेशान कर देगा। मैं नहीं चाहती थी कि तुम्हारे दादा इसे घर के सामने की ज़मीन दें, लेकिन उन्होंने किसी की न सुनी। बड़े ज़िद्दी थे। कन्नी को चाहते भी बहुत थे; तब यह छोटा-सा था।"

"दादा भी केले खरीदते थे?"

"अरे, केले ही नहीं", वह धीरे से बोली, और याद करने लगी कि उन्हें चुरुट पीने का बड़ा शौक था, और यहीं से खरीदते भी थे। उसकी नज़र में चुरुट पीना बुरी बात थी। हमेशा कहती; बच्चे की तरह चूसते रहते हैं—जिससे उनके विवाहित जीवन में परेशानियाँ भी पैदा हुईं। इसके लिए वह कन्नी को ही दोष देती थी और इस कारण वह उससे नाराज़ भी रहती थी।

फंड ऑफिस पहुँचने तक कई पड़ोसियों ने दरवाज़ों से बाहर सिर निकाल-निकालकर उन्हें देखा और पूछा कि आज ऐसी क्या बात है कि दादी और पोता दोनों एक साथ चले जा रहे हैं। वे यह तो समझ सकते थे कि हर महीने की पहली तारीख को दादी फंड ऑफिस की तरफ क्यों जाती है, लेकिन आज दोनों एक साथ और युवा पोता हाथ में पास बुक लिए, वहाँ जा रहे हैं—ज़रूर कोई खास बात होगी!

दादी की एक पुरानी सहेली एक और बुढ़िया ने उन्हें देखते ही चिल्लाकर पूछा, "अरे, आज लल्लू भी तुम्हारे साथ जा रहा है, यानि अब इसका खाता अलग खुल जाएगा?"

दादी ने भी उसी तरह चिल्लाकर जवाब दिया, "अब यह लल्लू नहीं रहा, बड़ा हो गया है और अपना हिसाब-किताब खुद रख सकता है। मैं, कब तक देखभाल करती रहूँगी? मैं कोई अमर तो हूँ नहीं। सही वक्त पर हर ज़िम्मेदारी अपने कन्धों पर से उतार देना भी बहुत ज़रूरी है।" यह एक मिला-जुला भाव था जिसे गोलमाल शब्दों में व्यक्त किया गया था, लेकिन बुढ़िया तुरन्त उसकी बात समझ गई और दरवाज़े से बाहर निकलकर कहने लगी, "बहुत समझदारी की बात कही तुमने। आजकल की लड़कियों को तुमसे सीखनी चाहिए दुनियादारी की बातें।" यह सुनकर दादी बहुत खुश हुई और वहीं रुक गई, फिर उसके कान में धीरे से बोली, "मैं तो इसके पैसों की रक्षक भर थी। अब यह खुद अपना काम करेगा।"

सहेली ने आँखें फाड़कर उसकी तरह देखा और बोली, "बहुत अच्छा किया, बहुत अच्छा...कितना जमा हो गया है?"

यह सुनते ही दादी उससे अलग हो गई और आगे बढ़ती हुई कहती गई, "तुम्हें क्यों बताऊं!" श्रीराम तब तक काफी आगे निकल गया था। दादी पास आ गई तो पूछने लगा, "दादी, तुम हर जगह रुककर सबसे बात करती चलती हो। उसे क्या बता रही थीं तुम?"

"कुछ भी तो नहीं, बेटा" वह बोली। "तुम भी यही किया करो तो खुश रहोगे। तुम्हारे दादा ने बातें करके ही ज़िन्दगी खराब कर ली। अच्छा या बुरा, उनके साथ जो भी होता, दस मिनट में शहर भर में सबको पता चल जाता। नहीं तो उनकी आत्मा तड़पती रहती थी।"

"दूसरों से बातें छिपाना क्यों चाहिए?" लड़के ने सादगी से पूछा।

"क्योंकि यही अच्छी बात है, और क्या...", बुढ़िया ने जवाब दिया।

रास्ते में इन सब बाधाओं के कारण उन्हें बैंक पहुँचने में देर हो गई। जब वह खिड़की पर जाकर खड़ी हुई, तो घड़ी ने टन-टन करके चार बजाए!

मैनेजर बोला, "आपको बिलकुल आख़िर में ही आना था? ज़रा जल्दी न आने की कोई खास वजह थी?"

"नहीं, कोई नहीं," दादी बोली, "सिर्फ यह कि अब मैं जवानों की तरह तेज़ी से चल नहीं सकती।" मैनेजर उसकी आदतों से परिचित था, इसलिए वह धीरे से उठा, बगल का दरवाज़ा खोला और दोनों को अन्दर बुला लिया।

वह श्रीराम को बैंकिंग के रहस्यों से परिचित कराने लगा। पास बुक का आखिरी पन्ना खोलकर उसके सामने रखा और पूछा, "बताओ, यहाँ क्या रकम लिखी है?" श्रीराम डरा कि कहीं उसका गणित का इम्तहान तो नहीं लिया जा रहा है, जिससे स्कूल में वह हमेशा परेशान रहता था। पहले तो वह परेशान हुआ, फिर धीरे-धीरे पढ़ने लगा, अड़तीस हज़ार पाँच सौ रुपए, सात आने, छह पैसे..."

"एकदम सही", दादी खुश होकर बोली। उसे पोते की बुद्धि पर आश्चर्य हो रहा था।

श्रीराम चिढ़कर बोला, "दादी, तुम मुझे समझती क्या हो? क्या मैं इसे भी नहीं पढ़ सकता?"

"हाँ, हाँ," वह धीरे से कहने लगी, "पढ़ाई में तुमने जो हासिल किया है, उसे क्या मैं जानती नहीं!"

सौम्य-स्वभाव और शान्तिप्रिय मैनेजर ने विषय बदलकर दोनों को इस खतरनाक क्षेत्र से बाहर निकालने की कोशिश की! "अच्छा, सुनो। यह तुम्हारे खाते में जमा रकम है। एक हफ्ते में तुम ढाई सौ रुपए तक निकाल सकते हो, इससे ज़्यादा नहीं।

यह रकम निकालने वाला फ़ार्म है। इसे खोना मत, किसी और को यह नहीं मिलना चाहिए।"

"लेकिन क्यों? क्या इसे भरकर वह मेरे खाते से रकम निकाल सकेगा?"

"नहीं, लेकिन फिर भी हमें चाहिए कि पैसे के मामले में सब तरह की सावधानी बरतें", मैनेजर ने कहा।

श्रीराम के सवालों से दादी को कुछ परेशानी हुई। बोली, "यह सब क्यों पूछ रहे हो? मैनेजर साहब जो भी कहें, कि यह करो, यह मत करो, बस वही करना तुम्हारा काम है।"

श्रीराम बोला, "मैं जो भी करूँ, उसके बारे में मुझे जानना भी तो चाहिए।...यह कोई ग़लत बात तो नहीं है!"

दादी मैनेजर से कहने लगी, "देख रहे हैं आजकल के लड़कों को! ये हमारे जैसे नहीं हैं। आप मुझे कितने सालों से यहाँ आते देख रहे हैं? क्या मुझे कभी यह क्यों, और वह क्यों, या वह क्यों नहीं, पूछते देखा?"

मैनेजर ने अस्पष्ट स्वर में कुछ जवाब दिया क्योंकि वह अपने पुराने और नए दोनों ग्राहकों को खुश रखना चाहता था। उसने बुढ़िया के सामने एक पत्र रखा और एक जगह उँगली से दिखा कर वहाँ अपने दस्तखत करने को कहा, "यह नया अधिकार-पत्र है। अब आपको यहाँ आने की ज़रूरत नहीं पड़ेगी।"

"अब आराम मिला मुझे, बीस साल बाद", दादी लम्बी साँस लेकर बोली। उसकी आवाज़ में लम्बी दौड़ लगाने वाले उस धावक की खनक थी जो आखिरकार अपनी मंज़िल तक पहुँच गया था। लेकिन श्रीराम इसका पूरा अर्थ समझ नहीं सका, उसने इसे मामूली बात समझा और कहने लगा, "दादी, अगर मैं तुम्हारी जगह होता तो पैसे जमा करने के लिए इतनी मेहनत नहीं करता।"

"अच्छी बात है, कि तुम मेरी जगह नहीं हुए। मैनेजर साहब के सामने ऐसी बातें मत करो, उन्होंने ही इतने दिन तुम्हारे धन की रक्षा की है।"

श्रीराम अब यह देखना चाहता था कि उसके हाथों में जो जादू का खिलौना आ गया है, वह कितना काम करता है। उसने कलम उठाई, स्याही में उसे डुबोया, फ़ार्म को ढाई सौ रुपए निकालने के लिए भरा और वह पन्ना सावधानी से फाड़कर चुनौती के ढंग से मैनेजर के सामने रख दिया। बोला, "मैं देखना चाहता हूँ कि इस पैसे पर मेरा कितना हक है!"

मैनेजर उसकी फुर्ती देखकर दंग रह गया। वह मुस्कराया और बोला, "लेकिन बेटे, तुम जानते नहीं कि बैंक चार बजे बन्द हो जाता है और पैसे का लेन-देन तो दो बजे ही खत्म कर दिया जाता है। तुम्हें जब भी पैसे निकालने हों, दो बजे से पहले यहाँ आना होगा। इसकी तारीख़ बदल दो और कल सवेरे जब चाहो आकर

ले जाना। लेकिन पहली ही दफ़ा तुम्हें इतना पैसा निकालने की क्या ज़रूरत है?''

''ज़रूरत है'', श्रीराम बोला। ''मुझे अपनी ज़रूरतों का पता है। अगर मैं ज़्यादा पैसा निकाल सकता, तो ज़्यादा निकालता।''

अब दादी ने दखल दिया, ''मुझे बताओ कि इतना पैसा तुम्हें क्यों चाहिए?''

''यह पैसा मेरा है या नहीं है?'' श्रीराम ने उलट कर सवाल किया।

''है भी और नहीं भी है'', दादी ने भी उसी तरह जवाब दिया। ''मैं तुमसे नहीं पूछूँगी कि तुम इस पैसे का क्या करोगे। यह तुम्हारा अपना काम है। तुम इतने बड़े हो गए हो कि अपना भला-बुरा समझ सको। इसमें मैं कभी दख़ल नहीं दूँगी। यह पूरी तरह तुम्हारा अपना मामला होगा। लेकिन मैं तुमसे पूछूँगी ज़रूर—सिर्फ यह जानने के लिए कि इस वक्त तुम्हें ढाई सौ रुपयों की क्या ज़रूरत है? मैं जानती हूँ कि यह तुम्हारा अपना मामला है, लेकिन एक बात हमेशा याद रखना, आदमी वही खुश रहता है जिसका पैसा जमा रहे, खर्च न हो। बैंक की रकम वहीं सुरक्षित रहे, यही अच्छी बात होती है।''

''वाह, कितनी सही बात कही है,'' मैनेजर ने भी दाद दी। ''बड़ी बुद्धिमानी की बात है! अब सुनो बेटा, तुम कल सवेरे आ जाना।'' यह कहकर उसने फ़ार्म अपने पास रख लिया।

दादी बीच में ही बोली, ''मुझे दो यह फार्म,''और यह कहकर उसने फार्म उठा लिया और कहा, ''इसे काटकर पचास रुपए करो। इस वक्त तुम्हें पचास रुपए ही चाहिए, ढाई सौ नहीं। मुझे तो इसे फाड़कर फेंक देना चाहिए था, लेकिन चूँकि तुम पहली दफ़ा निकाल रहे हो, इसलिए मैं रकम ही कम कर रही हूँ—कुछ और करना अशुभ होगा।''

''हाँ, यह बिलकुल ठीक है,'' मैनेजर ने भी समर्थन किया। ''आजकल ज़्यादा पैसा साथ रखना ठीक नहीं है, क्योंकि जेबकतरे बढ़ते चले जा रहे हैं।'' उसने कलम स्याही में डुबोकर श्रीराम को दी और कहा, ''जहाँ-जहाँ बदलो, दस्तख़त कर देना।''

श्रीराम ने फ़ार्म को बदला लेकिन यह कहा, ''देखा, मुझे यही शक था। मुझे इस पैसे का मालिक बताया जा रहा है लेकिन जो चाहूँ, निकाल नहीं सकता। कितने मज़े की बात है।''

मैनेजर ने फ़ार्म वापस ले लिया और बोला, ''कल साढ़े दस बजे पैसा लेने आ जाना।''

श्रीराम ने सन्देह ज़ाहिर करते हुए पूछा, ''अब दादी को भी साथ लेकर तो नहीं आना पड़ेगा?''

दूसरे दिन श्रीराम कन्नी की दुकान जा पहुँचा और सोडा वाटर तथा केलों की माँग की। पूछा, "कितने दूँ?"

"चार आने", कन्नी ने जवाब दिया।

श्रीराम ने जेब से कई नोट निकाले और उनमें से एक निकालकर कन्नी को पकड़ाया। वह अपने धन का प्रदर्शन कर रहा था। कन्नी प्रभावित हो उठा। उसका व्यवहार एकदम बदल गया।

"ज़रा जेब में अच्छी तरह देख लेना कि कहीं कोई सिक्का तो नहीं पड़ा है।"

"पड़ा होता तो मैं यह सब क्यों निकालता?" श्रीराम ने शान से जवाब दिया।

"ठीक है, कोई बात नहीं।"

कन्नी ने नोट ले लिया और अपने बक्से में डाल दिया। फिर दूसरे ग्राहकों की तरफ मुड़ा; श्रीराम वापसी के पैसों का इन्तज़ार करने लगा।

"बाकी पैसे दो!"

कन्नी ने उत्तर दिया, "ज़रा इन्तज़ार क़रो। मुझे कुछ बात करनी है।" देखो...तभी एक चाय बेचने वाला अपना स्टोव और केतली लिए आ गया और एक पैकेट सिगरेट की माँग करने लगा। वह गया तो चार ग्राहक और आ गए। यह ज़रा सी जगह एकदम भर सी गई और लोग एक-दूसरे के पीछे से हाथ बढ़ा-बढ़ाकर अपनी चीज़ें माँगने लगे। श्रीराम खड़े-खड़े गुलाबी गालों वाली महारानी की तस्वीर देखता रहा, जो छत से लटके केले के गुच्छों के बीच से दुनिया का जायज़ा ले रही थी। स्कूली लड़के आए और बोतलों में रखी पिपरमिंट की गोलियों की माँग करने लगे। कन्नी मशीन की तरह सबकी ज़रूरतें पूरी करता रहा।

जब दुकान खाली हो गई, श्रीराम के लिए कहा, "बाकी पैसों के लिए तुम कब तक इन्तज़ार कराओगे?"

"बाबू, गुस्सा मत करो", कन्नी ने कहा। फिर उसने एक लम्बी बही निकाली, उस पर चढ़ी धूल साफ़ की, पीछे का एक पन्ना खोला और एक जगह उँगली रखकर कहा, "इसे देखो..."

"देख रहा हूँ", श्रीराम बोला और सोचने लगा कि आजकल हर कोई उसे अंक पढ़ने के लिए क्यों कह रहा है। फिर उसने अंक पढ़े 'नौ रुपए, बारह आने...'

"यह तुम्हारे दादा जी का बहुत पुराना कर्ज़ है। वे ज़िन्दा रहते तो ज़रूर इसे अदा कर देते, लेकिन मौत का किसी को पता नहीं होता। मैं उनके लिए सिंगापुर से खास चुरुट मँगाकर दिया करता था, जानते तो होगे?"

"दादी से क्यों नहीं लिए?"

"दादी जी से! हरगिज़ नहीं! दादाजी को यह कभी अच्छा नहीं लगता। मैं जानता था कि तुम बड़े होंगे तब ले लूँगा।"

"अच्छा, ठीक है," श्रीराम ने उदारता से कहा। "ले लो", और यह कहकर लौटने के लिए मुड़ा।

"अच्छे पोते के लिए यही सही है", कन्नी बोला। "अब दादाजी की आत्मा को शान्ति प्राप्त होगी।"

श्रीराम रुककर पूछने लगा, "लेकिन अब उनकी आत्मा कहाँ होगी? उसने तो कहीं जन्म ले लिया होगा!"

कन्नी ने इन कल्पनाओं में समय बरबाद करना ठीक नहीं समझा और दूसरे ग्राहकों से बात करने लगा।

चलने से पहले श्रीराम ने फिर कहा, "याद रखना, जब भी तुम इस तस्वीर को बेचना चाहो, मुझे ही देना।"

"ज़रूर, ज़रूर। जब मैं यह दुकान खत्म करूँगा, तभी इसे भी हटाऊँगा, उससे पहले नहीं! यह तो मेरे लिए बड़ी शुभ है–और तब तुम्हीं को दूँगा।"

इस पर श्रीराम ने पूछा, "अगर इस स्त्री का पति कहीं से आ जाए और तुमसे तस्वीर माँगे, तो तुम क्या करोगे?" कन्नी यह सुनकर अचानक चुप हो गया और सोचने लगा कि क्या जवाब दिया जाए।

श्रीराम निरुद्देश्य सड़क पर चलने लगा। उसे लग रहा था कि उसकी जेब में बहुत शक्तिशाली जादुई तावीज़ रखा है, जिसकी मदद से वह दुनिया में जहाँ भी चाहे, उड़कर पहुँच सकता है। उसने कुरते की जेब में हाथ दिया और मज़े से नोटों को सहलाने लगा। उसने सोचा कि उसे मैनेजर से एकदम नए नोट लेने चाहिए थे; ये सभी नोट पुराने लग रहे थे और हो सकता है कि वह नए नोट बड़े आदमियों को देने के लिए रखता हो। लेकिन बड़ा आदमी कौन होता है? कोई भी हो सकता है। खुद वह भी हो सकता है। उसके पास अब पैसा था, लेकिन उसके बारे में लोग यही सोचते थे कि वह दादी के पल्लू से बँधा छोटा बच्चा है। इसमें शक नहीं कि दादी बहुत अच्छी थी, लेकिन उसे उसको अकेला भी छोड़ना चाहिए था। वह उसे बड़ा समझती ही नहीं थी। हर वक्त बच्चे जैसा व्यवहार पाना उसे अच्छा नहीं लगता था। अगर उसे ज़रूरत थी तो दादी उसे पचास की जगह ढाई सौ रुपए क्यों नहीं निकालने देती थी। आगे से वह जो चाहे करेगा और दादी को बीच में आने ही नहीं देगा। लेकिन यह भी अच्छा ही हुआ कि कन्नी के सामने दिखाने के लिए उसके पास पचास रुपए ही थे अगर वह दो सौ रुपए दिखाता तो वह आधे ज़रूर दादा का कर्ज़ बताकर हड़प लेता। इससे श्रीराम के मन में इस धरती पर ज़िन्दगी क्यों है, यह सवाल उठा, क्या कोई दुनिया में पैदा होता है और बीस साल का हो जाता

है, सिर्फ इसलिए कि चुरुट के पैसे चुकाए? लेकिन इस दार्शनिक सवाल को और आगे बढ़ने से उसने रोक दिया और सोचने लगा कि "इसका जवाब तो बड़ा होकर मैं पा लूँगा, इस वक्त तो..." और उसने फिर पहले की तरह सोचना शुरू कर दिया, "मैं अब बड़ा हो गया हूँ और मेरे पास अपना पैसा भी है। मैं जब चाहे घर जा सकता हूँ और दादी मुझसे कोई सवाल नहीं पूछेगी।" इसके बाद वह मार्केट के चक्कर लगाने लगा और देखने लगा कि वह क्या खरीदना चाहेगा। उसकी जेब में पड़ा पैसा खर्च किया जाने के लिए तड़प रहा था। लेकिन इन दुकानों में उसे ऐसा कुछ भी दिखाई नहीं पड़ रहा था, जिसे वह खरीदना चाहता। एक क्षण के लिए वह रुका और सोचने लगा कि खर्च करना भी कितना मुश्किल हो सकता है। एक आदमी जो सादी सी बंडी और धोती पहने था, कैनवस की एक फोल्डिंग आराम कुर्सी लेकर सामने आया।

"बहुत सस्ती है, खरीदोगे?"

श्रीराम कुर्सी को देखने लगा। यह कुछ ऐसी चीज़ थी जिसे घर में रखा जा सकता था। इस पर लाल रंग का धारीदार कैनवास लगा था और इसे बन्द भी किया जा सकता था। उसके घर पर फर्नीचर के नाम पर कुछ भी नहीं था।

"सिर्फ दस रुपए की है, टीक की बढ़िया लकड़ी है।"

श्रीराम उसे ध्यान से देखने लगा। हालाँकि उसे टीक या चीड़ या किसी और तरह की लकड़ी का कोई अन्तर पता नहीं था।

उसने पूछा, "असली टीक है यह?"

"गारंटी से मेम्पी हिल की टीक है, सर, इसीलिए कीमत दस रुपए है। अगर मामूली लकड़ी की होती तो चार रुपए में मिल जाती।"

"मैं इसके सात रुपए दूँगा", श्रीराम ने यह दिखाते हुए कहा कि यह आखिरी बात है और मुड़कर चलने के लिए कदम बढ़ाने लगा। इससे लगा कि उसे कुर्सी में ज़्यादा रुचि नहीं है, तो बेचने वाले ने आठ रुपए बोल दिए। श्रीराम ने यह सौदा मान लिया और कुर्सी घर तक पहुँचाने के लिए आठ आने और देने को तैयार हो गया।

दादी ने दरवाज़ा खोला और कुर्सी देखकर बोली, "यह क्या ले आया?"

श्रीराम ने कुर्सी कमरे के बीचों-बीच लगा दी और बोला, "दादी, यह तुम्हारे बैठने के लिए लाया हूँ।"

"अच्छा! मेरे लिए?" उसने कैनवास को हाथ लगाया और बोली, "यह मेरे काम की नहीं है। यह किसी तरह का चमड़ा है। गाय का भी हो सकता है, और इस पर बैठकर मैं अपवित्र नहीं होना चाहती। इसे खरीदने से पहले मुझसे पूछ तो लिया होता।"

श्रीराम ने सीट को ध्यान से देखा, उसकी धूल साफ़ की, फिर दादी से बोला, ''दादी, यह चमड़ा नहीं है, कैनवास है।''

''कैनवास किसका बना होता है?'' दादी पूछने लगी।

श्रीराम बोला, ''यह तो मुझे पता नहीं,'' लेकिन दादी ने ही जवाब भी दे दिया, ''कैनवास चमड़े का ही दूसरा नाम है। मुझे यह नहीं चाहिए। तुम चाहो तो इस पर सो सकते हो।''

उसने दादी की बात पूरी तरह मान ली। सारा दिन उस पर लेटा छत की तरफ़ देखता रहता या म्युनिसिपल लायब्रेरी से लाया कोई फटा-फटाया उपन्यास पढ़ता रहता। जब शाम होती, बाम्बे आनन्द भवन चला जाता और वहाँ ढेर सारी मिठाई तथा नमकीन काफी के साथ चट कर जाता। इसके बाद वह रंगीन गरी के टुकड़ों से लिपटा पान का एक बड़ा बीड़ा खरीदता और उसे धीरे-धीरे चबाते हुए बहुत सुखी महसूस करता। फिर नदी किनारे टहलने निकल जाता या रीगल पिक्चर पैलेस में नई तमिल फिल्म देखने घुस जाता।

ऐसी शान्तिपूर्ण और पूरी तरह निश्चिन्त ज़िन्दगी वह अगले चार साल तक बिताता रहा। उसकी इस योजना में पता ही नहीं चलता था कि वक्त कब गुज़र जाता है, बस, जब कभी कोई त्योहार आता है या दादी को कुछ मँगाना होता है, तभी वह कहीं और जाता है। 'अरे, दशहरा फिर आ गया' या 'दिवाली आ गई' यह कहकर वह सोचता है कि कल ही तो पटाखे छुटाये थे। समय के इतनी जल्द निकल जाने पर वह ताज्जुब करने लगता।

गर्मी का महीना था। सूरज बिजली के आर्कलैंप की तरह तप रहा था, नदी-नालों का पानी भाप बनकर उड़ गया था और सड़कों की धूल हवा और गाड़ियों के पहियों से उछल-उछलकर सारे वातावरण में फैल रही थी। श्रीराम जब शाम को बाहर जाने के लिए तैयार होने लगा, दादी ने कहा, ''कल की पूजा के लिए फूल और अच्छा गुड़ लेते आना।'' दरअसल वह लॉली एक्सटेंशन की तरफ़ जाने का विचार कर रहा था और इसके लिए बाजार जाना उसे अच्छा नहीं लगा। लेकिन दादी ने कहा, ''कल साल का नया दिन है।''

वह बोला, ''फिर आ गया नया साल, लगता है, कल ही तो मनाया था।''

''कल हो या परसों, नए साल का दिन है यह। मुझे पूजा के लिए कई चीज़ें चाहिए। तुम नहीं जाओगे तो मैं चली जाऊँगी और अपने लिए नहीं, तुम्हारे लिए ही मिठाइयाँ बनानी हैं।''

बड़बड़ाता हुआ श्रीराम उठा, कपड़े पहने और बाहर निकला। जब मार्केट पहुँचा तो उसे अच्छा लगा कि दादी ने ज़बरदस्ती उसे भेज दिया।

जब वह फव्वारे की तरफ जा रहा था, एक सुन्दर-सी लड़की सामने आकर खड़ी हो गई।

"आपका चन्दा?" यह कहकर उसने एक तालाबन्द डिब्बा आगे बढ़ा दिया।

श्रीराम का गला सूखने लगा और मुँह से शब्द निकलने बन्द हो गए। इससे पहले उसने किसी लड़की ने बात नहीं की थी; यह लड़की युवा और दुबली-सी थी और आँखों से खुशी छलक रही थी। उसका मन हुआ कि पूछे; "कितनी उम्र है तुम्हारी?" "जात क्या है?" "तुम्हारी कुंडली कहाँ है?" "मुझसे शादी करने के लिए स्वतन्त्र हो?" यह लड़की कन्नी की दुकान में लगी तस्वीर वाली औरत से एकदम अलग लग रही थी; इसे देखते ही उसकी आलोचक चेतना एकदम जाग्रत हो गई और वह सोचने लगा कि इसके सामने तो वह यूरोपियन महारानी कुछ भी नहीं है और अब तक वह उसे क्यों इतनी अच्छी लगती रही! अब तो, अगर कन्नी उसे वह तस्वीर मुफ्त में भी दे दे, तो भी वह उस पर नज़र नहीं डालेगा।

लड़की ने डिब्बा उसके सामने खड़खड़ाया। इसे सुनकर वह अपनी कल्पना से बाहर आ गया और कहने लगा, "हाँ, अच्छा...", और कुरते की जेब में हाथ डालकर चाँदी की एक अठन्नी निकाली और डिब्बे में डाल दी! लड़की ने बदले में उसकी तरफ एक मुस्कान फेंकी और हलके कदमों से जैसे नाचती-सी आगे बढ़ गई। श्रीराम ने कोशिश की कि सिक्का डालते हुए उसका हाथ भी छू ले, लेकिन यह नहीं कर सका और वह बाज़ार में गायब हो गई।

श्रीराम सोचने लगा, इतनी सुन्दर लड़की इस तरह बाज़ार में घूमती फिरे, कितनी खतरनाक बात है! सड़क पर साइकिलें, घोड़ागाड़ियाँ और मोटरें तेज़ी से दौड़ रही हैं, मार्केट के गोल फाटक से भीड़ की भीड़ निकलकर इधर-उधर आ जा रही है, लोग सब्जियाँ, केले के गुच्छे और नए साल की बहुत सी खरीदारियाँ करके सामान लादे घर वापस जा रहे हैं। छोटे-छोटे बच्चे सिर पर तरह-तरह भी चीज़ें रखे उन्हें बेच रहे हैं। लेकिन वह पंखलगी चिड़िया की तरह फुदकती न जाने कहाँ चली गई, पता ही नहीं लगा। उसका मन हुआ कि वह उसके लिए गाना गाये, लेकिन वह तो जा चुकी थी। उसे याद आया कि उसने तो यह भी नहीं पूछा कि किस बात का चन्दा है। उसकी इच्छा हुई कि अठन्नी न डालकर वह उसके डिब्बे में दस रुपए का नोट ही डाल देता–उसके पास काफ़ी पैसे थे–तो उस पर कुछ प्रभाव भी पड़ता, और तब शायद वह रुककर कुछ बातें भी करती। उसे पूछना चाहिए था कि रहती कहाँ है वह। कितना बेवकूफ़ निकला वह! उसे अपनी जेब का सारा पैसा डिब्बे में डाल देना चाहिए था। अब तो वह एकदम ग़ायब हो गई थी।

वह अंदाज़ से उस दिशा में बढ़ने लगा, जिधर उसके ख्याल से वह गई थी। शायद कहीं मिल ही जाए। अगर मिल गई तो उससे डिब्बा लेकर उसके लिए वह

खुद चन्दा जमा करने लगेगा, फिर यह चन्दा किसी भी काम के लिए क्यों न हो। वह भीड़ में सब जगह घुसकर, लोगों के कन्धों के ऊपर से, और ठेलेवालों के आगे-पीछे बड़े ध्यान से देखने लगा...लेकिन वह कहीं दिखाई नहीं दे रही थी। यह कौन हो सकती है और कहाँ से आई थी? हो सकता है, वह किसी जज की बेटी हो, या किसी दूसरी दुनिया से ही सिर्फ उसी से मिलने आई हो और वह यह भी नहीं जान सका कि उससे व्यवहार किस तरह किया जाय। कैसा मूर्ख साबित हुआ वह! उसे महसूस हुआ कि ऐसे शानदार लोगों से बातचीत करने की तमीज़ ही उसमें नहीं है। इसीलिए उस पर ज़ोर डाला गया कि कॉलेज जाकर बी.ए.पास कर ले। जो लड़के कॉलेजों में बी.ए. की पढ़ाई करते हैं, वे ही यह जान पाते हैं कि इस तरह की लड़कियों से कैसे और क्या बात करनी चाहिए।

मार्केट के फाटक से भीतर घुसकर वह लड़की की दिशा में चलता रहा। गुड़ की एक दुकान पर वह रुका, जहाँ हज़ारों मक्खियां भिनक रही थीं। उस के मुँह से अपने आप ये शब्द निकले, "लोग हर बात के लिए चँदा करने निकल पड़ते है।"

गुड़वाले ने कड़वाहट से कहा, "क्यों न निकलें, जब हर आदमी चन्दा देने को तैयार हो!"

श्रीराम ने बात को आगे बढ़ाने की गरज़ से कहा, कि शायद लड़की का सुराग़ मिल जाए : "एक लड़की डिब्बा खड़काती धूम रही थी। अब लड़कियाँ भी यह काम करने लगी हैं।"

"अच्छा, वह", दुकानदार बोला। "मुझे भी कुछ देना पड़ा। देना ही पड़ता है। मना तो नहीं कर सकते।"

"कौन है वह?" श्रीराम ने पूछ ही लिया, वह ज़्यादा देर तक पहेलियाँ नहीं बुझा सकता था।

दुकानदार ने ज़रा तिरछी नज़र उस पर डाली और बोला, "वह शायद महात्मा गाँधी से कुछ जुड़ी है और उनके लिए पैसे जमा कर रही है। गाँधीजी आ रहे हैं न?"

श्रीराम जैसे अचानक जाग उठा, कि मालगुडी भी अब नया होने जा रहा है क्योंकि गाँधीजी यहाँ आ रहे हैं।

सरयू के किनारे जमा अपार भीड़ में, जो महात्मा गाँधी का दर्शन करने के लिए जुड़ी थी, श्रीराम एक ज़रा सी बिन्दी की तरह लग रहा था। बहुत से स्वयंसेवक सफेद खद्दर के कपड़े पहने मंच के इर्द-गिर्द घूम रहे थे। माइक्रोफोन का क्रोमियम

से बना स्टैंड सूरज की रोशनी में चमक रहा था। थोड़ी-थोड़ी दूर पर पुलिस के सिपाही खड़े थे। अपना विशेष महत्त्व जताते प्रबन्धक 'शान्त रहिए, बैठ जाइए' कहते हुए चारों तरफ घूम रहे थे। लोग उन्हें देखते ही चुप हो जाते थे। इन प्रबन्धकों और स्वयंसेवकों से श्रीराम को जलन हो रही थी और वह सोच रहा था कि इन लोगों में वह भी किस तरह शामिल हो सकता है। रेत गरम था, सूरज भभक रहा था, लेकिन लोग चुपचाप गर्मी बरदाश्त करते हुए ज़मीन पर बैठे थे।

नदी बह रही थी; विशाल बरगद और पीपल के बहुत से पेड़ों पर लगे पत्ते हवा में सरसरा रहे थे; इन्तज़ार करते लोग बिना रुके बातें करने में लगे थे और बीच-बीच में सोडा वाटर की बोतलें चटाख-चटाख़ खोलकर पीते भी जा रहे थे; खीरे की पतली लम्बी फाँकों, जो चूने और नमक के हलके घोल में डुबोकर स्वादिष्ट बना ली गई थी, से भरी थाली हाथ में उठाए, एक लड़का मद्धिम आवाज़ में—महात्मा जी के आगमन के कारण उसे मानो विशेष रूप से इसकी स्वीकृति दे दी गई थी—"खीरे ले लो, ताज़े, ठंडे खीरे—प्यास बुझाने के लिए बढ़िया" के नारे लगाता हुआ उसे धड़ाधड़ खाली करता जा रहा था। सूरज से बचने के लिए उसने सिर पर एक हरे रंग का तौलिया लपेटा हुआ था।

श्रीराम को भी प्यास लग रही थी और वह खीरे वाले की तरफ़ देख रहा था। सोच रहा था कि उसके पास खुद पहुँच जाए और एक फाँक खरीद ले। उसे मुँह में डालकर खाने की कल्पना से ही उसके मुँह में पानी आने लगा था। लेकिन खीरे वाला काफी दूर था और अगर वह अपनी वह जगह छोड़ देता तो वापस लौटने पर यह उसे नहीं मिलती, यहाँ कोई और जम जाता। वह देखता रहा कि कैसे लोग खीरे वाले पर झपटे पड़ रहे हैं और पैसे दे-देकर खाये चले जा रहे हैं। वह सोचने लगा : 'महात्मा जी के इन्तज़ार में लोगों को प्यास बहुत लगती है।'

हर दस मिनट बाद कोई यह कह देता कि 'महात्मा जी आ रहे हैं' और भीड़ में ज़बरदस्त हलचल मच जाती। यह जैसे एक मज़ाक बन गया था, इन्तज़ार की थकान दूर करने का सबसे आसान उपाय। हर आदमी, माइक्रोफोन ठीक करने वाला या कोई स्वयंसेवक, जो भी मंच से गुज़रने की हिम्मत करता, एक लाख से ज़्यादा लोगों की हँसी का कारण बन जाता। बहुत से परिचित लोग, जिनमें उसका एक पुराना शिक्षक भी था और मार्केट रोड पर बैठने वाला एक आदमी, खादी की, सफेद टोपी लगाकर ऐसे बदल गए थे कि पहचान में ही नहीं आ रहे थे। इस अवसर के लिए यह सबसे अच्छी टोपी थी। श्रीराम सोचने लगा कि मार्केट के फ़व्वारे पर खद्दर की उस दुकान ने ज़बरदस्त बिक्री की होगी। भीड़ से काफ़ी दूर किनारे पर एक पुलिस की गाड़ी चुपचाप खड़ी थी और उसपर लगी जालियों के भीतर से सिपाही बाहर झाँक रहे थे।

तभी गाँधीजी मंच पर आकर कुर्सी पर बैठ गए और एकदम शान्ति छा गई।

किसी ने श्रीराम के कान में कहा, "उनके साथ महादेव देसाई हैं।"

"और गाँधी जी के पीछे कौन है?"

"नटेश जी, यहाँ के म्युनिसिपल चेयर मैन।"

किसी ने यह नाम सुनते ही तल्ख़ी से कहा, "बहुत से लोग महात्मा जी के आने पर देशभक्त हो जाते हैं।"

"नहीं तो उन्हें जुलूस में निकलने को और मंच पर बैठने को कैसे मिलेगा!"

बातें चल रही थीं कि लाउडस्पीकर चीखा, "चुप हो जाइए, शान्त रहिए।"

महात्मा जी मंच पर खड़े हुए और नमस्कार में उन्होंने हाथ जोड़े! एकदम नारे लगने शुरू हो गए, "महात्मा गाँधी की जय" फिर उन्होंने अपना एक हाथ ऊपर उठाया और लोग चुप हो गए। फिर उन्होंने अपने हाथों से तालियाँ बजानी शुरू कीं और कहा, "मैं चाहता हूँ कि आप भी इसी तरह तालियाँ बजाना शुरू करें।" लोगों ने बेमन से यह काम शुरू किया। लाउडस्पीकर पर आवाज़ गूँजी, "नहीं, यह काफ़ी नहीं है। और ज़ोर से बजाइए। मैं आपके हाथों में ज़्यादा दम, ज़्यादा ताकत, ज़्यादा भावना देखना चाहता हूँ। ये उन अहिंसक सिपाहियों के नगाड़ों की आवाज़ें होनी चाहिए जो भारत माता की बेड़ियाँ काटने के लिए आगे बढ़ रहे हैं। मैं ज़ोरदार आवाज़ सुनना चाहता हूँ। मैं हरेक हाथ उठा देखना चाहता हूँ, तालियाँ बजाता देखना चाहता हूँ। इसमें शर्माने की कोई बात नहीं है। मैं इसमें एकता देखना चाहता हूँ। मैं चाहता हूँ कि आप सब एक मन होकर तालियाँ बजायें।" और यह सुनते ही हर आदमी, औरत और बच्चे ने हाथ ऊपर उठाकर तालियाँ बजाना शुरू कर दिया।

श्रीराम एक क्षण के लिए सोचने लगा कि इतनी ज़बरदस्त तालियों की आवाज़ में क्या उसे भी अपना हिस्सा डालना ज़रूरी है। वह ताली बजाने से हिचक रहा था।

तभी आवाज़ गूँजी, "मैं देख रहा हूँ कि उस कोने में कोई हमारा साथ देने को तैयार नहीं है। शुरू करो, तुम्हें इसके लिए गर्व होना चाहिए।"

श्रीराम को लगा कि उसे पकड़ लिया गया है। उसने भी तालियाँ बजाना शुरू कर दिया।

इसके बाद ज़ोर-शोर से प्रार्थना शुरू हुई : "रघुपति राघव राजा राम। पतित पावन सीता राम।" माइक्रोफोन पर एक लड़की गा रही थी और भीड़ उसका साथ दे रही थी। प्रार्थना चलती रही, तब तक चलती रही जब तक महात्मा जी ने अपना भाषण शुरू नहीं कर दिया। गाँधीजी हिन्दी में बोल रहे थे और नटेश तमिल में उसका अनुवाद कर रहे थे। आरम्भ में गाँधी जी ने स्पष्ट कर दिया कि सिद्धान्त के नाते वे हिन्दी में भाषण करेंगे, अंग्रेज़ी में नहीं बोलेंगे। वह हमारे शासकों की भाषा है। उसने हमें गुलाम बनाया है। "मैं खुद तो यही चाहता हूँ कि आपकी इतनी मीठी भाषा,

तमिल में ही बोलूँ, लेकिन मुझे अफसोस है कि अब मैं बहुत व्यस्त हो गया हूँ और इसे सीखने के लिए समय नहीं निकाल सकता; लेकिन मैं ईश्वर से प्रार्थना करता हूँ कि वह मुझे इतनी उम्र दे जितनी मैं चाहता हूँ—यानी सवा सौ साल, जिससे में तमिल सीखकर अगली दफ़ा आपसे इसी भाषा में बात कर सकूँ और नटेश को अनुवाद करने की परेशानी न उठानी पड़े।"

किसी ने भीड़ में ही शिकायत की भाषा में कहा, "नटेश हर किसी से सर्टिफ़िकेट प्राप्त कर लेता है।"

एक स्कूल मास्टर बोला, "वह खरगोश और कुत्ते, हरेक के साथ शामिल हो जाता है।"

"वे इन सबको भीतर से जानते हैं। यह मत सोचना कि यह बूढ़ा किसी की असलियत से परिचित नहीं है।"

"वहाँ दो लोग आपस में बात कर रहे हैं", गाँधी जी की आवाज़ गूँजी। "यह अच्छी बात नहीं है, क्योंकि हो सकता है कि आपका पड़ोसी सुनना चाहता हो। अगर आप उसके सुनने में बाधा उत्पन्न करेंगे, तो यह भी हिंसा का एक प्रकार होगा।" यह सुनते ही दोनों ने सिर झुका लिया और चुप हो गए। लोगों को बोलते ही नहीं, हिलते हुए भी डर लगने लगा।

महात्मा जी कहने लगे : "मैं अपने सामने एक बहुत बड़ी फौज देख रहा हूँ। आप सबमें कुछ बातें अच्छी होंगी और कुछ बुरी और देश की आज़ादी प्राप्त करने के लिए सबको अनुशासन में रहना सीखना होगा। जो फ़ौज होती है, उसे हमेशा ट्रेनिंग दी जाती रहती है, कि नियमित ड्रिल द्वारा अनुशासन का पालन करके लड़ने लायक बनी रहे। हम, इस देश के लोग, हम सब एक अहिंसक फ़ौज के सिपाही हैं, लेकिन इस फ़ौज को भी हर वक्त लड़ने लायक बने रहने के लिए कुछ दैनिक नियमों का अभ्यास करना होगा। हमें सेना की तरह 'लेफ्ट' और 'राइट' करने की ज़रूरत नहीं है, फिर भी हमें कई अपनी बातों का अभ्यास करना होगा : जैसे, चरखा कातना और सत्य तथा अहिंसा का पालन करना।"

दूसरे दिन की सभा में श्रीराम ने कुछ ज़्यादा पास बैठने की जगह ले ली। अब उसे पता चल गया था कि इस तरह के सम्मेलनों में कैसा व्यवहार किया जाता है। अगर वह हिचकेगा तो लोग उसे धकियाते हुए आगे निकल जाएंगे। लेकिन अगर वह इस तरह व्यवहार करेगा मानो इन्हीं का आदमी है, तो लोग उसे इज्ज़त से आगे निकल जाने देंगे। उसने काला धूप का चश्मा पहन लिया, जिससे, उसे लगा कि वह अधिकारी लगने लगता है। अब वह धड़ल्ले से भीड़ में घूमने लगा। मैदान में बाँस लगाकर

उसके कई टुकड़े बना दिए गए थे, जिनमें अलग-अलग तरह के लोगों को घुसने दिया जा रहा था। उसने धमकदार आवाज़ से काम लिया और बहुत सी बाधाओं को पार करता धीरे-धीरे मंच के एकदम सामने वाली लाइन तक पहुँच गया। यहाँ खीरे और सोडा वाटर बेचने वाले नहीं थे, क्योंकि वे सबसे पीछे जमा भीड़ से आगे नहीं बढ़ने दिए जाते थे। लेकिन इस जगह का एक बड़ा लाभ भी था : वह यह कि यहीं औरतों के बैठने का बाड़ा था। ज़्यादातर औरतें बिना गहने पहने ही आई थीं, क्योंकि इस तरह के दिखावे को गाँधी जी पसन्द नहीं करते, यह उन्हें पता था। लेकिन फिर भी वे रंगबिरंगी साड़ियाँ पहने थीं और बड़ी सुन्दर लग रही थीं और श्रीराम उन्हीं के पास बैठकर उन्हें बड़ी बेशरमी से देखे चला जा रहा था। दरअसल इसलिए भी वह उन्हें देख रहा था कि अपनी बीवी के लिए वह किस तरह का रूप-रंग और कपड़े पसन्द करेगा।

अगर कोई औरत उसकी तरफ देख लेती तो उसे लगता कि वह उसे पसन्द कर रही है। शायद मेरे चश्मे की वजह से...इससे मैं कोई बड़ा आदमी लगता हूँ। तभी उसे पिछले दिन दिया गाँधी जी का भाषण याद आया : "सब स्त्रियाँ तुम्हारी बहनें और माताएँ हैं। उन्हें कभी बुरी नीयत से मत देखना। अगर ऐसे विचार आएं तो इलाज यह है : दिन के समय नीचे जमीन की तरफ देखते हुए अपना काम करो, और रात होने पर सिर ऊपर उठाकर सितारों को देखो।" यह बात उन्होंने एक व्यक्ति द्वारा सवाल पूछे जाने पर कही थी। इसे याद करते ही श्रीराम डर गया, गाँधीजी मेरे मन की बात समझ लेंगे। इतने पास बैठने का यह नुकसान भी था।

गाँधीजी ऐसे व्यक्ति थे जो दूर बैठे हुए भी बदमाश और फ़साद करने वालों को पहचान सकते थे। कोई ऐसा आदमी अगर मंच पर आ जाता, तो वे एकदम उसे पकड़कर कह सकते थे : "अरे तुम, यहाँ आकर सबको बताओ कि क्या सोच रहे थे। अपना मन सबके सामने साफ़ कर दो। अगर तुम अपने विचारों पर काबू नहीं रख सकते तो लड़कियों की तरफ देखना बंद कर दो।" श्रीराम ने निश्चयपूर्वक लड़कियों की तरफ से अपना मुँह मोड़ा और पुरुषों की तरफ देखना शुरू किया। 'ये सब कितने मामूली और बोरिंग किस्म के लोग दिखाई देते हैं। या तो दुकानदार हैं, या स्कूल मास्टर। क्या इन्हीं की शक्लें देखकर ज़िन्दगी बितानी पड़ेगी?' अब यह सोचते हुए उसने औरतों के बाड़े की तरफ मुँह कर लिया "कितनी बहनें और माताएँ हैं यहाँ! बस, मुझे उनसे बात करने दी जाए। इस वक्त मेरे मन में कोई बुरे ख्याल नहीं हैं।"

तभी गाँधीजी मंच पर चढ़ते दिखाई दिए और श्रीराम ने झटपट औरतों की तरफ से अपना मुँह हटाकर सामने देखना शुरू कर दिया। उसने बड़े उत्साह से आँखें बन्द करके तालियाँ बजाना और 'रघुपति राघव राजा राम' गाना शुरू कर दिया।

इसके बाद गाँधीजी ने अहिंसा पर भाषण दिया और जीवन में उसका कैसे अभ्यास किया जाए, यह बताना शुरू किया : ''यह काम बहुत आसान है बशर्ते आप में विश्वास हो। अगर आप अपनी निगरानी करें तो ऐसे सब काम, बड़े और छोटे, और सब बुरे विचार, जो भले ही बहुत भीतर कहीं छिपे हों, आपको कभी परेशान नहीं करेंगे। अगर आप सतर्क रहेंगे तो यह सब आपके लिए बिलकुल स्वाभाविक हो जाएगा।'' इसके बाद उन्होंने कहा, ''यदि किसी ने आपका बुरा किया है, या कुछ ऐसा किया है जो आपको अशुभ लगता है, तो उस अशुभ के नाश की प्रार्थना कीजिए। लेकिन ऐसा करने वाले व्यक्ति के प्रति पहले से अधिक प्रेम व्यक्त कीजिए, तो आप पायेंगे कि उसमें परिवर्तन होने लगा है। दो हज़ार साल पहले जब ईसा मसीह ने यह कहा कि, ''अपना दूसरा गाल भी उसके सामने कर दो'' तब उनका मतलब यही था।''

इस तरह वे बोलते रहे। कई दफ़ा श्रीराम की समझ में उनके शब्दों का अर्थ ही नहीं आता था। वे क्या कह रहे हैं, यह उसके सिर के ऊपर से निकल जाता था, लेकिन वह बहुत ध्यान से सुनता और समझने की कोशिश करता रहता था। पहली दफ़ा उसे अपनी ज़िन्दगी में कुछ समझने की ज़रूरत महसूस हो रही थी और यह भी कि इस दृष्टि में खुद उसमें ही कुछ कमी है। अब तक तो उसका यही विश्वास था, और खास तौर से उस समय से जब उसकी पास बुक उसे मिल गई थी, कि वह ज़िन्दगी भी सब बातें समझता है। पहली दफा उसे अपनी सोचने और समझने की शक्ति पर अविश्वास होने लगा। जब गाँधीजी ने जात-पाँत और छुआछुत की बात छेड़ी, तब वह सोचने लगा, गाँधी जी की बातों में ज़रूर कुछ बहुत महत्त्वपूर्ण है। हम हमेशा अपने को सबसे ऊँचा समझते हैं। हर रोज़ घर के पीछे सफ़ाई करते फटे कपड़े पहने जो भंगी आता है, दादी उससे कैसा बुरा व्यवहार करती है। दादी इतनी पुराणपंथी थी कि उसें कहीं भी दस गज़ के भीतर हीं आने देती थी और हमेशा उससे तू-तू करके ही बात करती थी। दादी के साथ वह भी उसी ढंग से भंगी के साथ व्यवहार करता था, हालाँकि वह बेचारा इनकी बातों पर कभी ध्यान नहीं देता था। वह चुपचाप अपने काम लें लगा रहता, ज़ोर-ज़ोर से चारों तरफ झाड़ू लगाता रहता, बस, कभी-कभी रुककर कहता, ''बाबू ने बहुत दिन पहले पुरानी कमीज़ देने का वादा किया था, अब कब उसे देंगे?''

अचानक मंच पर उसे वही लड़की दिखाई दी जिसने उस दिन चन्दे का डिब्बा उसके सामने खड़खड़ाया था। वह खद्दर की, हाथ से बुनी साड़ी पहने थी और उसे लगा कि इसमें वह कितनी अच्छी लग रही है। अब तक वह यही सोचता था कि खद्दर पहनना दिखावे से ज़्यादा कुछ नहीं है। सिर फिरे लोग ही इसे पहनते हैं, लेकिन अब उसका विचार एकदम बदल गया। एक क्षण रुककर उसने यह जाँचने की कोशिश की कि

क्या यह पहनने वाले की खूबी है, या स्वयं पहनावे की, कि इतना अच्छा लग रहा है' लेकिन वह किसी निर्णय पर नहीं पहुँच सका और इन बातों को सोचने का यह समय भी नहीं था। माइक्रोफोन की बगल में वह कल्पना की मूर्ति की तरह खड़ी थी, ऊँचे मंच पर, विशाल भीड़ के सामने, लगता था कि महात्मा जी के साथ खड़े होने की उसमें पूरी योग्यता है। उसके चेहरे से आत्मविश्वास झलक रहा था। उसकी इच्छा हुई कि मंच पर जाकर माइक्रोफ़ोन पर कहे : 'जिस माइक्रोफोन में महात्मा गाँधी बोल रहे हैं, उसकी बगल में जो लड़की खड़ी है, उसे मैं जानता हूँ।' इसमें बस एक बाधा थी, कि अगर कोई पूछ लेता कि 'इसका नाम क्या है? तो वह फँस जाता। वह यह तो कह नहीं सकता था, "नाम तो मुझे पता नहीं, हाँ, कुछ दिन पहले चन्दे का डिब्बा बजाती मार्केट में मेरे सामने आ खड़ी हुई थी। मैं जानना चाहता हूँ कि वह कहाँ रहती है? इस बारे में किसी को कुछ पता हो तो मुझे बताए।"

इसी समय तालियाँ बजने लगीं और वह भी इसमें शामिल हो गया। गाँधीजी ने अपना हाथ उठाया और कहा, "आप तालियाँ बजायें और मेरी जय बोलें, यह काफ़ी नहीं है। मैं इतनी आसानी से इसे स्वीकार करने वाला नहीं हूँ। मैं चाहता हूँ कि अगर आप सचमुच अंग्रेज़ों से भारत छोड़ने के लिए कहना चाहते हैं, तो आपको अपना हृदय परिवर्तन अवश्य करना होगा। नारे लगाना और शोर मचाना एक बात है लेकिन यह काफी नहीं है। मैं चाहता हूँ कि आप अपना मन और मस्तिष्क दोनों साफ़ करें और निश्चित करें कि उनमें केवल प्रेम का निवास है, पुराने इतिहास के प्रति दुर्भाव बिलकुल नहीं है। तभी आप अंग्रेज़ों से कह सकेंगे, "अब आप कृपया हमारा देश हमारे ऊपर छोड़कर यहाँ से चले जायें, हम इसे बनाएं या बिगाड़ें, यह हमारा अपना काम है, आप इसमें दखल न दें और यहाँ आना चाहें तो मित्र अथवा सम्माननीय अतिथि के रूप में ही आएं, शासक के रूप में न आएं।"—और तभी जॉन बुल अपना सूटकेस भरना शुरू कर देगा। लेकिन विश्वास रहे कि आपके हृदय में प्रेम हो, कड़वाहट नहीं।"

यह सुनकर श्रीराम ने माइक्रोफोन के साथ खड़े उस दृश्य पर नज़र डाली और अपने से कहा, "यह हरगिज़ कड़वाहट नहीं है। मैं इससे प्रेम करता हूँ।"

लेकिन, महात्मा जी कह रहे थे, "यदि मुझे ज़रा भी सन्देह हुआ कि आपका हृदय शुद्ध नहीं है और उसमें कड़वाहट भरी है, तो मैं अंग्रेज़ों से रुक जाने के लिए कहूँगा दोनों में यह बुराई कम है।"

यह सुनकर श्रीराम ने मन ही मन कहा, "माननीय महात्मा जी, विश्वास कीजिए कि मेरा हृदय शुद्ध है और उसमें कोई कड़वाहट नहीं है। जो प्राणी इतना पवित्र लगता है, उसके लिए कड़वाहट हो ही कैसे सकती है।"

वह काफी ऊँचे मंच पर खड़ी थी और दोपहर बाद के सूरज की रोशनी में उसका चेहरा धुँधला दिखाई पड़ रहा था और उस पर चमक भी पड़ रही थी। वह

काफ़ी साँवली भी हो सकती थी लेकिन रोशनी पड़ने के कारण गोरी दिखाई दे रही थी, या सचमुच गोरी भी हो सकती थी। अगर वह एकदम काली हुई तो दादी बहू के रूप में उसे बिलकुल पसन्द नहीं करेगी। जो हो, इन दोनों में से किसी भी स्थिति में वह उसे स्वीकार नहीं करेगी, क्योंकि पोते की शादी के लिए उसकी अपनी योजना थी। यह एक भाई की पोती थी जिसका कुमबुम में पालन-पोषण हुआ था, इसलिए जो एकदम गँवार तथा सिर्फ पैसे बचाने में कुशल लड़की थी। अगर दादी उसके पैसे के लिए ज़्यादा चिन्तित थी, तो अच्छा होता कि वह उसका सारा पैसा कुमबुम वाली लड़की के हवाले कर दे। दो बुराइयों में से वह इसी को चुन सकता था, लेकिन इससे शादी करने को वह तैयार नहीं था। देखने में भी वह एकदम मामूली थी, तेल में सना मज़बूती से कसा जूड़ा और गहरे रंग की गाँव में चलने वाली साड़ी—जबकि उसे खद्दर पहनना चाहिए था। अब उसने तय कर लिया था कि खद्दर न पहनने वाली किसी भी लड़की पर वह नज़र नहीं डालेगा, क्योंकि जैसा महान सन्त गाँधीजी बार-बार लोगों को समझाते नहीं थकते, कि खादी ही देश का उद्धार कर सकती है और यहाँ से अंग्रेज़ों को बाहर निकाल सकती है। उसे यह सोचकर गहरा दुख होता था कि इस बीसवीं सदी में कुमबुम वाली लड़की जैसी लड़कियाँ हैं—जिसे उसने कई साल पहले तब एक बार देखा था, जब उसके चाचा गाँव के एक मुकदमे की पैरवी करने के लिए वकील की तलाश में मालगुड़ी आए थे।

श्रीराम चाहता था कि मंच पर शान से खड़ी इस लड़की के पास जाए और उसे विश्वास दिलाए कि उसका रूप-रंग और आदतें सभी कुछ उसे बहुत-बहुत पसन्द है। उसे यह ज़रूरी लगने लगा कि किसी तरह यह बात उस तक पहुँचा दे और सभा खत्म होने पर उसे इसका अवसर भी मिल गया।

महात्मा जी भाषण के बाद मंच से उतरने लगे। यह देखकर भीड़ का रेला आगे आया और बहुत से स्वयंसेवक लोगों को पीछे की तरफ धकेलने लगे जिससे मंच के इर्द-गिर्द खाली जगह बनी रहे। लेकिन महात्मा जी को इस सबसे कोई परेशानी नहीं हो रही थी। स्वयंसेवकों ने उनके चारों ओर जो घेरा बना लिया था, उसमें एक जगह ज़रा सी सँध देखकर श्रीराम उसके भीतर जा घुसा। सूरज की गर्मी उसके बदन को लग रही थी, नदी-किनारे खड़े बड़े-बड़े पेड़ों की पत्तियाँ भीड़ के ज़बरदस्त शोर के ऊपर इधर-उधर उड़ रही थीं, उनमें घिरे पक्षी इस हंगामे को सहन न कर पाने के कारण ज़ोर-ज़ोर से चीख रहे थे। भीड़ इतनी ज़्यादा थी कि क्षण भर के लिए श्रीराम भूल गया कि वह कहाँ था, शहर के किस हिस्से में था। लेकिन चिड़ियों की चीं-ची से वह समझ रहा था कि वह सरयू नदी के पास है। उसने जैसे गुस्से में भर कर अपने को भरोसा दिलाया कि यदि यह लड़की महात्मा जी के पास खड़ी हो सकती है, तो मैं भी हो सकता हूँ और भीड़ के बीच से रास्ता बनाता वह आगे

बढ़ने लगा। सफेद टोपियाँ लगाये बहुत से स्वयंसेवक और कार्यकर्ता महात्मा जी के लिए रास्ता बना रहे थे। श्रीराम सोचने लगा कि आधी बाँह की कमीज़ और मलमल की धोती पहन कर उसने अच्छा नहीं किया, मिल के बने कपड़ों से ये लोग नफ़रत करते हैं। उसे डर लगा कि किसी ने इस पर ध्यान दिया तो वह बाहर कर दिया जाएगा। अगर उन्होंने उसे पकड़ लिया और पूछा कि "तुम कौन हो?" तो शायद वह सही ढंग से जवाब नहीं दे पाएगा, या वह यह कहेगा, 'तुम मुझसे यह सवाल करनेवाले होते कौन हो? देखो, जो लड़की महात्मा जी के साथ चल रही है, मैं उससे परिचित हूँ। मैं उसे और जानना चाहता हूँ, बस, मुझसे उसका नाम मत पूछना। एक दिन मार्केट में वह डिब्बा लेकर चन्दा इकट्ठा करने आई थी..."

लेकिन इसका मौका ही नहीं आया। किसी ने उससे कोई सवाल नहीं पूछा और वह महात्मा जी के पीछे, स्वयंसेवकों द्वारा हाथ पकड़कर बनाई पतली-सी गली में, चलने वाले चुने हुए लोगों में शामिल हो गया—जनता की भीड़ इन लाइनों के पीछे खड़ी थी। उसने तय किया कि जब तक उसे कोई रोकेगा नहीं, वह चलता रहेगा। जब कोई रोकेगा, तो वह मुड़कर घर चला जाएगा। इसके लिए कोई उसे मार तो डालेगा नहीं। जान से मार देना! यह शब्द उसे अजीब-सा लगने लगा। ऐसे किसी व्यक्ति के पीछे चलना, ज़ो अंग्रेज़ों को भी चोट पहुँचाने के खिलाफ़ है और वह शब्द मन में लाना संगत ही नहीं है। वह विश्वास कर सकता था कि भविष्य के एक अनुयायी को ये स्वयंसेवक कभी नहीं मारेंगे।

कुछ देर बाद श्रीराम काफ़ी आगे ऐसी जगह पहुँच गया जहाँ कोई उस पर शक कर ही नहीं सकता था, इसलिए वह कुछ ज़्यादा ही अकड़ के साथ चलने लगा—कि लोग अब उसे ही देखने लगे। किसी ने उसका नाम लेकर पुकारा—'श्रीराम!' उसका एक पुराना शिक्षक उसे देखकर आवाज़ लगा रहा था। अपनी वर्तमान विशेष स्थिति में भी श्रीराम अपने पुराने शिक्षक की अवज्ञा नहीं कर सकता था,—यह एक सहज प्रतिक्रिया थी—एक क्षण के लिए वह रुका और सोचने लगा कि अनसुनी का बहाना करके वह आगे ही क्यों न बढ़ता चला जाए, लेकिन जैसे शिक्षक ने उसके इरादे को भाँपकर दुबारा आवाज़ लगाई, 'श्रीराम, ज़रा सुनना... ।" इस पर वह बुज़ुर्ग शिक्षक से, जो रंगीन शाल ओढ़े और हल्की सी दाढ़ी के साथ किसी उपदेशक की तरह लग रहा था, बात करने को रुक गया। शिक्षक ने उतावली से उसकी बाँह पकड़ी और पूछा, "तुम इनमें शामिल हो गए हो?"

"किनमें?"

"शिक्षक ने उँगली से इशारा करके दिखाया, "इनमें—"

श्रीराम क्षण भर के लिए हिचका और समझ नहीं पाया कि क्या जवाब दे, और गुनगुनाया, "मैं तो..."

"बहुत अच्छी बात है, बहुत अच्छी," शिक्षक ने उत्साह से कहा। "तुम्हारे कम नम्बर आते थे, फिर भी मुझे विश्वास था कि तुम बहुत आगे जाओगे। तुम काफी स्मार्ट हो, बस, सुस्त हो ज़रा से। अगर तुम मेहनत करते तो दूसरों की तरह प्रथम श्रेणी के अंक ला सकते थे, लेकिन तुम हमेशा सुस्त ही रहे। मुझे याद है कि इंग्लैड की राजधानी का नाम बताते हुए तुम कितना हकलाये थे। हो! हो!" वह ज़ोर से हँसे। श्रीराम परेशान हो उठा और उनकी जकड़ से मुक्त होने की कोशिश करने लगा।

शिक्षक ने आगे कहा, "मुझे तुम्हें यहाँ देखकर गर्व हो रहा है। कांग्रेस में शामिल हो जाओ, देश के लिए काम करो, तुम बहुत उन्नति करोगे। ईश्वर तुम्हारी सहायता करे... ।"

श्रीराम ने जैसे-तैसे कहा, "मुझे अच्छा लगा कि आप मेरे बारे में इस तरह सोचते हैं," और दौड़कर वापस लोगों में जा मिलने के लिए बेचैन हो उठा।

लेकिन शिक्षक ने उसके कान से मुँह लगाकर एक सवाल पूछा, "महात्मा जी वहाँ जाकर क्या करेंगे?"

"कहाँ जाकर?" श्रीराम ने पूछा क्योंकि वह खुद भी नहीं जानता था कि वे कहाँ जा रहे है, हालाँकि वह खुद उनके पीछे चला जा रहा था।

"अपनी झोंपड़ी में," शिक्षक ने कहा।

"शायद आराम करें", श्रीराम ने कहा और वहाँ से किसी भी तरह भाग निकलने का फैसला कर लिया! उसे डर था कि अगर वह काफ़ी दूर पड़ गया तो शायद उसे दुबारा घुसने न दिया जाए।

तभी एक छोटा-सा लड़का आगे बढ़ा और उससे पूछने लगा, "क्या आप मेरे लिए गाँधी जी से हस्ताक्षर ले सकते हैं?"

"हरगिज़ नहीं", श्रीराम ने जवाब दिया और शिक्षक की जकड़ से छूटने की कोशिश करने लगा।

शिक्षक ने उसके कान में फिर कुछ कहा, "जो भी हो जाए, देश को कभी झुकने मत देना।"

"नहीं, सर, कभी नहीं, मैं वादा करता हूँ," यह कहते हुए आखिरकार उसने अपने को छुड़ा लिया और दूर पहुँच गए लोगों के साथ फिर से मिल जाने के लिए तेज़ी से भागने लगा।

वे एक बाँस और खपच्चियों से बने फाटक के पास पहुँच रहे थे। उसने देखा कि वही लड़की दरवाज़ा खोलने के लिए आगे बढ़ रही है। वह उसकी तरफ़ तेजी से झपटा और भीड़ उसे देखने लगी। अब उसमें ज़्यादा आत्मविश्वास पैदा हो गया था और वह अपने को कांग्रेसी समझने लगा था। शिक्षक ने उसके मन में एक नई

भावना भर दी थी और वह अपने को कांग्रेस का महत्त्वपूर्ण व्यक्ति समझने लगा था। वह दल में शामिल हो गया और हिम्मत करके लड़की की बगल में जा खड़ा हुआ। इसके लिए उसे अपने ऊपर गर्व भी हुआ। उसने लड़की पर नज़र डाली लेकिन वह उसकी उपस्थिति से बेख़बर लगी। वह उत्तेजना से भर उठा और लम्बी-लम्बी साँसें लेते हुए उसके रंग-रूप, लम्बाई और व्यक्तित्व का जायज़ा लेने लगा। उसे यह देखकर सन्तोष हुआ कि लड़की ज़्यादा लम्बी नहीं थी; वह स्वयं मझोले क़द का था। गाँधी जी उससे कुछ कह रहे थे और वह मुस्कराती हुई सिर हिला रही थी लेकिन उसने भी उनकी तरफ़ देखकर मुस्कराना और सिर हिलाना शुरू कर दिया। वह ज़्यादा से ज़्यादा उन्हीं की तरह दिखाई देना चाहता था और आज ही मिल के कपड़े पहनकर आने के लिए उसने अपने को सौवीं बार गालियाँ दीं।

महात्मा जी झोंपड़ी में घुसे। यह उन दर्जन भर झोंपड़ियों में से एक थी जिन्हें नदी के किनारे म्युनिसिपैलिटी ने शहर के भंगियों के लिए बनाया था। यह शायद शहर का सबसे गन्दा इलाका था, इन्हें झोंपड़ी कहना भी शायद सही नहीं था। ये सिर्फ खोखे थे, जिन्हें टीन के टुकड़ों, कटे-फटे चीथड़ों और नारियल के रेशों से किसी तरह जोड़कर बनाया गया था, और जहाँ मुर्गियाँ चीखती-चिल्लाती तथा गन्दे-गन्दे बच्चे धूल में खेलते रहते थे। इनमें रहने वाले लोग म्युनिसिपैलिटी में सफ़ाई कर्मचारी थे, जो शहर भर की गन्दगी साफ़ करते थे और जिन्हें कोई विशेष सुविधा प्राप्त नहीं थी। इनमें हर एक को दस रुपए महीना पगार दी जाती थी, और चूँकि परिवार का हर सदस्य काम करता था, इसलिए मालगुडी के स्तर के लिहाज़ से इनकी आमदनी काफी अच्छी थी। ये लोग इन झोंपड़ियों में कम ही रहते थे, ज़्यादातर ये म्युनिसिपैलिटी की इमारत के इर्द-गिर्द ही नज़र आते थे, या उस शराब के ठेके में जिसे सरकार ने बगल में ही इनके लिए बना दिया था—और जिसमें इनकी सारी कमाई खत्म हो जाती थी। ये लोग अपनी आमदनी का दसवें से भी कम हिस्सा खाने और कपड़ों पर खर्च करते थे, ये चीज़ें माँग-जाँचकर ही इन्हें मिल जाती थी। मालगुडी की अँधेरी गलियों में रात को इनकी माँगने की आवाज़ें सुनाई देतीं और शैतान बच्चों को इन आवाज़ों से डराकर सुला दिया जाता था इनके पास बहुत कम सामान होता था; अगर कहीं कोई गाय या बछड़ा मर जाता तो उसकी लाश उठाने के लिए इन्हीं को बुलाया जाता, और उस दिन नदी किनारे बसी यह बस्ती जगमगा उठती, क्योंकि ये लोग पशु का माँस पकाकर खाते-पीते और चमड़ा सुखाकर उसे बेचते थे। शहर के सुधारक इनकी आलोचना करते और ऐसे कामों के लिए इन्हें बुरा-भला कहते, लेकिन इससे ज़्यादा वे कुछ नहीं करते थे—दरअसल अछूत वर्ग के होने के कारण इन्हें शहर के बाहर, नल्लप्पा की झाड़ी के उस पार, बसाया गया था, जहाँ और कोई जाता नहीं था और आगे की तरफ बहती नदी का थोड़ा सा हिस्सा ही इनके उपयोग में आता था।

यह उन लोगों के जीवन की भूमिका है, जहाँ, मालगुडी की अपनी इस यात्रा में गाँधी जी ने रहने का फैसला किया था। म्युनिसिपल चेयरमैन श्रीमान नटेश के लिए यह ज़बरदस्त आघात था क्योंकि वे कई हफ्ते से लॉली एक्सटेंशन में बने अपने शानदार बंगले, नील बाग़ में उन्हें अपने यहाँ ठहराने का विशेष प्रबन्ध करने में जुटे थे। महात्मा गाँधी की मेज़बानी का उन्हीं को अधिकार क्यों प्राप्त है, इसके लिए उनका विशेष तर्क था : "मैंने इमारत में दो लाख रुपए खर्च किए हैं; सामने के मैदान और बगीचे में ही पच्चीस हज़ार खर्च हो गए हैं। यह सब मैंने किस लिए किया है? जनाब, मैं तो सादा आदमी हूँ, मेरी अपनी ज़रूरतें बहुत कम हैं, कोई सुख-सुविधा मुझे नहीं चाहिए। मैं तो झोंपड़ी में भी रह सकता हूँ। लेकिन इतने बड़े पैमाने पर यह मकान बनाने का मेरा अकेला कारण यह है कि अपनी ज़िन्दगी में कम-से-कम एक बार मैं गाँधीजी के समान महान व्यक्ति को अपने यहाँ ठहराने की इच्छा पूरी करना चाहता हूँ। शहर भर में यही अकेला ऐसा घर है जहाँ वे आराम से ठहर सकते हैं। आप बुरा न मानें तो मैं यह भी कहूँ कि सारे मालगुडी में यही अकेला इतना बड़ा और सुविधाओं से पूर्ण मकान है और मालगुडी के नागरिक होने के नाते हमारा निश्चित रूप से यह कर्तव्य है कि महात्मा जी को सर्वोत्तम सुविधा प्रदान करें—इससे कम उनकी सेवा की भी कैसे जा सकती है?"

स्वागत समिति ने उनके इस वक्तव्य पर तालियाँ बजाईं। ज़िले के अंग्रेज़ कलेक्टर और पुलिस सुपरिंटेंडेन्ट ये दोनों भी समिति के सदस्य थे।

एक सदस्य ने इस पर आपत्ति जताई : "महात्मा जी को सरकिट हाउस में क्यों नहीं ठहराया जाता?"

शहर के किनारे ट्रंक रोड पर ईस्ट इंडिया कम्पनी की एक एकड़ में बनी पुरानी इमारत में सरकिट हाउस था। कहते हैं कि त्रिचनापल्ली का घेरा तोड़ने के लिए वहाँ मार्च करते समय राबर्ट क्लाइव यहाँ ठहरा था। मालगुडी के नागरिकों को इस इमारत पर बहुत गर्व था और शहर आने वाले हर व्यक्ति को इसे दिखाने ले जाते थे और विशेष अतिथियों को यहाँ ठहराते भी थे। गवर्नरों को यहाँ ठहराना बड़ी इज़्ज़त का सवाल था। शहर से बिलकुल अलग होते हुए भी यहाँ सभी प्रकार की सुविधाएँ उपलब्ध थीं और स्नानघरों की टाइलें हमेशा चटख सफ़ेद और चमकती रहती थीं। इसे 'ग्लास हाउस' भी कहते थे, क्योंकि बगल के एक कमरे में शीशा लगा था, जहाँ से, उन दिनों इमारत के इर्द-गिर्द रात को घूमने वाले जंगली जानवरों को यहाँ ठहरे हुए अतिथि बेखटके देख सकते थे।

आपत्ति जताने वाले व्यक्ति ने तलख़ी से सवाल किया, "क्या शासक लोगों को ही सरकिट हाउस में ठहरने का अधिकार प्राप्त है? क्या हमारे अपने महात्मा जी इसके योग्य नहीं हैं?"

ब्रिटिश साम्राज्य की प्रतिष्ठा का रक्षक कलेक्टर यह प्रश्न सुनकर उठा और एतराज़ जताते हुए प्रश्नकर्ता को झिड़की दी, "इस समय आवश्यक विषयों पर ही विचार किया जा रहा है, उनसे बाहर जाना उचित नहीं है। यदि हमने सरकिट हाउस में मिस्टर गाँधी को न ठहराने का फैसला किया है, तो उसका कारण यह है कि उनके अनुरूप इसे व्यवस्थित करने का हमारे पास समय नहीं है।"

कलेक्टर के लिए उसके पद का यह तकाज़ा था कि वह गाँधीजी को 'महात्मा' न कहकर 'मिस्टर' कहता और सदस्यों को उसके इस अधिकार का ज्ञान था कि यदि वह चाहे तो मीटिंग बरखास्त कर सकता है, यही नहीं डिफेन्स ऑफ इंडिया एक्ट के तहत सबको गिरफ्तार कर सलाखों के पीछे भी पहुँचा सकता है इसलिए वे उसकी झिड़की सुनकर शान्त बने रहे, नहीं तो उनमें से कई और भी विरोध प्रकट करते और मीटिंग से 'वॉक आउट' भी कर जाते।

कलेक्टर ने आगे कहा, "चूँकि मिस्टर गाँधी का दौरा अचानक तय हुआ, इसलिए इतने कम समय में उस इमारत की तैयारी नहीं कर सकते; और मेरे विचार में चेयरमैन का बंगला इस कार्य के लिए सबसे ज़्यादा उपयुक्त है और हमें इसके लिए उन्हें धन्यवाद देना चाहिए।"

"इस बीच मैं महात्मा जी के लिए अपना बंगला खाली करके ग्लास हाउस में जाने की तैयारी कर रहा हूँ।"

अब जैसे फैसला हो गया और चेयरमैन के पिछलगुए तालियाँ बजाने लगे महात्मा जी नील बाग़ में ठहरेंगे, इसके पक्ष में दस वोट पड़े और इसके विपक्ष में एक वोट पड़ा और चेयरमैन गम्भीर मुखड़ा लिए बाहर निकले। उन्होंने गाँधी जी के सचिव को इस आशय का पत्र भेज दिया, जिसका उत्तर आने पर चेयरमैन ने उसे मीटिंग में पढ़कर सुनाया। लिखा था : 'महात्मा गाँधी चाहते हैं कि उनके ठहरने के बारे में कोई परेशानी न उठाई जाए और उनके आने तक इसे स्थगित रखा जाए।'

इस उत्तर का क्या अर्थ हो सकता है, इस पर समिति में बहस होने लगी, लेकिन अन्त में सभी ने यह माना कि यद्यपि महात्मा जी उस समय तक किसी भी स्थान के लिए प्रतिबद्ध नहीं होना चाहते, परन्तु नील बाग़ में ठहराना वे स्वीकार कर लेंगे।

विरोधी मत वाले व्यक्ति ने प्रश्न किया, "आप कैसे कह सकते हैं कि वे इसके अलावा कुछ और नहीं चाहते?"

इस दफ़ा भी कलेक्टर की झिड़की सुनकर ही लोग चुप हुए। अन्त में उत्तर का यह अर्थ लगाया गया : "महात्मा जी क्या चाहते हैं, यह स्पष्ट है। यदि इसे कष्ट समझा जाए तो वे किसी को कष्ट नहीं देना चाहते।"

"उन्हें समझना चाहिए कि इसमें कष्ट की तो कोई बात ही नहीं है।"

"सही कहा, बिलकुल सही कहा," एक और शान्तिप्रिय व्यक्ति ने कहा। सब लोग इस मन्तव्य से बड़े प्रसन्न थे।

एक और व्यक्ति जो चेयरमैन को खुश करना चाहता था, कहने लगा, "हमें यह नहीं भूलना चाहिए कि महात्मा जी दिल्ली और कलकत्ता में बिड़ला हाउस में ही ठहरते हैं, इसलिए मुझे पूरा विश्वास है कि चेयरमैन साहब के महलनुमा मकान में ठहरने में उन्हें कोई आपत्ति नहीं होगी।"

विरोधी मत वाले ने फिर कहा, "अच्छा होगा यदि हम ये बातें लिखकर उन्हें भेज दें और पूछ लें कि जो हमने समझा है, वह सही है या नहीं..."

उसे अपना वाक्य पूरा नहीं करने दिया गया और लोग 'शूँ' 'शूँ' की आवाज़ें करने लगे। बात खत्म करने के उद्देश्य से पुलिस सुपरिंटेंडेंट ने धीरे से कहा, "सुरक्षा की दृष्टि से भी दूसरे स्थान बहुत सही नहीं होंगे।"

यह सुनकर उसके अफ़सर कलेक्टर ने उसे प्रशंसा की दृष्टि से देखा।

जब गाँधी जी मालगुडी पहुँचे, उनका भव्य स्वागत किया गया। म्युनिसिपैलिटी के चेयरमैन ने प्रमुख व्यक्तियों का उनसे परिचय कराया। भीड़ 'महात्मा गाँधी की जय' के नारे लगा रही थी और पुलिस उनको नियंत्रण में रखने की कोशिश कर रही थी। रेलवे स्टेशन के सामने उनका स्वागत करने के लिए जो विशाल बुर्जीनुमा द्वार बनाया गया था, वहाँ खड़े होकर चेयरमैन ने अपना स्वागत-भाषण पढ़ा, लेकिन भीड़ के अपार शोर के कारण किसी को कुछ सुनाई नहीं दे रहा था, जिससे वे बड़े दुखी हो रहे थे। इसे तैयार करने दे उन्होंने एक स्थानीय पत्रकार की सहायता ली थी और पूरा एक हफ्ता समय लगाया था और इसमें देश के जीवन में मालगुडी कस्बे के महत्त्व तथा स्वयं अपनी देशभक्ति पर विशेष प्रकाश डाला गया था। प्रेस में छपने के लिए भेजे जाने से पूर्व कलेक्टर ने इस पर यह जानने के लिए एक नज़र डाली थी कि कहीं इसमें ब्रिटिश साम्राज्य का तो कोई अपमान नहीं किया गया है। महायुद्ध में सहायता के विरुद्ध तो कुछ नहीं कहा गया है। कोई सैनिक रहस्य तो नहीं उजागर किए गए हैं। कई जगह उसने इसमें कलम भी चलाई, जैसे, जहाँ मालगुंडी की स्विट्ज़रलैंड से तुलना की गई थी–कलेक्टर ने इसे बिलकुल निकाल दिया क्योंकि इससे एक तटस्थ राज्य को आपत्ति हो सकती थी–; या यहाँ के हौज़री व्यापार का उल्लेख किया गया था–क्योंकि इसे चेयरमैन के अपने उद्योग का खुला प्रचार माना गया और इसलिए भी कि कहीं शत्रु देशों के विमान इसे युद्ध सामग्री का निर्माण छिपाने के उद्देश्य से लिखित सामग्री मानकर यहाँ खुद न आ धमकें; और वे सब हिस्से जिनमें राजनीतिक क्षेत्रों में गाँधी जी द्वारा किए गए कार्यों का उल्लेख किया

गया था। लेकिन जहाँ समाज-सुधारक के रूप में उनकी खुद प्रशंसा की गई थी, उन्हें रहने ही नहीं दिया गया था, बल्कि कुछ बढ़ा भी दिया गया था; जो भी यह भाषण पढ़ता, वह इस नतीजे पर पहुँचता कि गाँधी जी को राजनीति बहुत प्रिय नहीं है। जो हो, कलेक्टर भाषण को ज्यों-का-त्यों भी रहने दे सकता था, क्योंकि 'महात्मा गाँधी की जय' और 'चेयरमैन, हाय, हाय!' के जबरदस्त नारों के बीच किसी को कुछ सुनाई ही नहीं दिया। शोर इतना ज़्यादा था कि एक-दो बार गाँधीजी ने खुद लोगों को झिड़का। अन्त में जब खड़े होकर उन्होंने अपना हाथ ऊपर किया, तब लोग शान्त होने लगे और सुनने की मुद्रा में आ गए। उन्होंने कहा, "शोर बहुत ज़्यादा हो रहा है, मैं उसका समर्थन नहीं करता। आपके चेयरमैन कुछ पढ़ रहे हैं और मेरा कर्तव्य है कि मैं उनकी बात सुनूँ। आप शान्त हो जाइए और उन्हें बोलने दीजिए।

"नहीं," भीड़ से शोर उठा, "हम महात्मा जी को सुनने आए हैं, म्युनिसिपल चेयरमैन को नहीं।"

"ठीक है", गाँधीजी ने उत्तर दिया, "आप मेरा भाषण सुनेंगे, एक घंटे बाद सरयू नदी के तट पर। यही कार्यक्रम बनाया गया है।"

"किसने बनाया है?"

"किसी ने भी बनाया हो। इसे मेरा समर्थन प्राप्त है। एक घंटे के बाद सरयू नदी के किनारे मेरा भाषण होगा। चेयरमैन ने कहा है कि मुझे उनके इस भाषण का जवाब नहीं देना पड़ेगा। मैं इस समय यही चाहता हूँ कि आप उनकी बात सुनें..."

इससे भीड़ कुछ शान्त हुई और चेयरमैन ने अपना भाषण जारी रखा, हालाँकि इस प्रश्नोत्तर से वह काफी परेशान हुआ। कलेक्टर भी खुश नज़र नहीं आ रहा था और सोच रहा था कि उसे उस विरोधी सदस्य को गिरफ्तार कर लेना चाहिए था, क्योंकि इस उपद्रव के पीछे उसी का हाथ हो सकता है। उसने चेयरमैन के कान में कहा, "फ़िक्र मत करो, आराम से पढ़ो। जल्दबाज़ी की ज़रूरत नहीं है," लेकिन चेयरमैन अब उसे जितनी जल्दी हो सके, खत्म कर देना चाहता था। उसे डर था कि भीड़ कोई हंगामा खड़ा कर सकती है। लेकिन जैसे ही उसका पढना खत्म हुआ, उसी क्षण इतना भयंकर शोर उठा कि पुलिस सुपरिंटेंडेन्ट को स्वयं उठकर यह देखने जाना पड़ा कि आखिर माजरा क्या है, लेकिन वह कोई कठोर कदम इसलिए नहीं उठा सकता था क्योंकि गाँधीजी को सभाओं में पुलिस का प्रबन्ध पसन्द ही नहीं था।

स्वागत के लिए खड़े किए गए द्वारों और 'गाँधीजी की जय' के नारों के बीच महात्मा जी, चेयरमैन द्वारा उनके आने-जाने के लिए निश्चित विशाल बेंटले गाड़ी में आगे बढ़ते रहे। सारे रास्ते लोग पेड़ों और घरों की छतों पर बैठे खुशी से नारे लगा रहे थे। पुलिस ने मालगुडी के नन्हें से स्टेशन से मार्केट रोड होकर लॉली रोड

जाने वाली मुख्य सड़क के साथ की सभी दूसरी सड़कों का आवागमन बन्द कर दिया था, इसलिए रास्ता साफ़ था। हर जगह सिपाही खड़े दिखाई देते थे हालाँकि पुलिस सुपरिटेंडेन्ट को यही लग रहा था कि इन्तज़ाम सन्तोषजनक नहीं है। सब दुकानें बन्द थीं और स्कूल तथा सारा शहर खुशियाँ मना रहा था। बच्चे गाँधीजी को देख-देखकर खुश हो रहे थे। दफ्तरों और बैंकों के कर्मचारी भी बाहर निकल आए थे। वे घंटों तपते सूरज के नीचे इन्तज़ार करते रहे।

बेंटले में बैठे उन्हें गुज़रते देखा, सफेद वस्त्र, गोरा रंग, प्रसन्न, और नमस्कार से जुड़े हुए हाथ।

जब वे नील बाग़ में घुसे, जिसका विशाल लोहे का फाटक सुप्रसिद्ध बकिंघम पैलेस के नमूने पर बनाया गया था, गाड़ी में आगे की सीट पर बैठा चेयरमैन यह उम्मीद कर रहा था कि महात्मा जी यह अवश्य पूछेंगे कि "किसका है यह मकान?" लेकिन उनका ध्यान तो किसी भी तरफ नहीं था। भीतर सारे रास्ते में फूल खिल रहे थे, क्यारियाँ हरी-भरी लहलहा रही थीं, साफ-सुथरा शानदार मैदान दूर-दूर तक फैला था, और वह कान लगाए रहा कि गाँधी जी इनकी प्रशंसा में एक शब्द भी कहें, लेकिन वे बिलकुल चुप थे, और सेक्रेटरी द्वारा दिए गए कुछ कागज़ों को देखते रहे।

यह विचार कि महात्मा गाँधी वास्तव में उसके भवन में प्रवेश कर गए हैं, चेयरमैन के लिए बहुत प्रेरणादायी था। उसने यहाँ बहुत अच्छा प्रबन्ध किया था। उसने स्वयं अपना सामान कुछ दिन के लिए सरकिट हाउस भिजवा दिया था–जिसे कलेक्टर ने उसे इस शर्त पर रहने को दिया था कि वह इसकी दीवारों की पुताई तथा दरवाज़े इत्यादि की पेंटिंग करा देगा। उसे अपने त्याग का स्मरण करके बहुत अच्छा लग रहा था। कुछ वर्ष पूर्व वह यह सोच भी नहीं सकता था कि दुनिया भर में किसी भी व्यक्ति के लिए वह अपना एयरकंडीशन्ड कक्ष छोड़कर कहीं और रहने जा सकेगा। अब उसने अपना पूरा भवन गाँधी जी को समर्पित कर दिया था। भवन वास्तव में इतना ज़्यादा बड़ा था कि अपने परिवार के साथ अपने सामान्य अतिथि तथा उनके सारे सहायक तथा सेवकों को आराम से रख सकता था–ये तरह-तरह के सफ़ेद खद्दर के एक समान वस्त्र पहनें, देखने-सुनने में एक जैसे और जिनके नाम भी सही याद नहीं रहते थे, गाँधीजी के विभिन्न कार्यों में लगे रहते थे–लेकिन इतने महत्त्वपूर्ण व्यक्ति के साथ एक ही मकान में रहना उसे उचित नहीं लग रहा था, और देशभक्त होने के नाते उसे कुछ त्याग करना भी आवश्यक लग रहा था। इसलिए उसने सरकिट हाउस चले जाना ही ठीक समझा था।

उसने अपने मकान में कई परिवर्तन भी करा दिए थे, जैसे दरवाज़ों और खिड़कियों पर लगे रंगीन सिल्क के परदे हटाकर उसने खादी के परदे लगवा दिए

थे, और दीवारों पर लगी राजा-महाराजाओं तथा शिकार की तस्वीरें भी उतरवा दी थीं। उसने जार्ज पंचम के विवाह की शानदार तस्वीर भी हटा दी थी—इन सबके स्थान पर उसने मौलाना आज़ाद, जवाहरलाल नेहरू, सरोजिनी नायडू, मोतीलाल नेहरू, चक्रवर्ती राजगोपालाचारी और एनी बीसेंट के चित्र लगवा दिए थे। उसने अपने मैनेजर को आदेश दिया था कि जितनी जल्दी संभव हो, नेताओं के जितने भी चित्र बाज़ार में मिलें, एकदम खरीद लें और सब पुरानी तस्वीरें उसने गोदाम में रखवा दी थीं। वह जानता था कि गाँधीजी गीता के बड़े प्रेमी हैं, इसलिए उसने अर्जुन को उपदेश देते हुए श्रीकृष्ण का एक बड़ा-सा चित्र भी दीवार पर लगवा दिया था। खिड़कियों पर तथा कुछ और जगह उसने कई चरखे भी रखवा दिए थे।

कोई फिल्मों में सजावट करने वाला भी इतनी मेहनत से काम नहीं करता होगा। पिछली सारी रात वह इसे अन्तिम रूप देने में लगा रहा था। अपने पहनने के लिए उसने एक खद्दर का कुर्ता और गाँधी टोपी बनवा ली थी, पत्नी के लिए सफेद खद्दर की साड़ी और बेटे के लिए भी खद्दर की पोशाक बनवा ली थी। छह साल के बेटे के छोटे से सिर के लिए टोपी की तलाश में उसकी गाड़ी ने सौ मील से ज़्यादा शहर के चक्कर लगाए थे और उसकी कमीज़ पर तिरंगे झंडे और चरखे की तस्वीरें भी बनवाई थीं।

अब वह सोच रहा था कि जब उसकी गाड़ी अन्दर घुसेगी, तब उसकी पत्नी और बेटा महात्मा गाँधी का स्वागत करने के लिए सही वेश धारण किए उपस्थित होंगे—उसे उम्मीद थी कि वह इस समय अपने कानों से और बेटे के कानों से भी—हीरे के बुन्दे निकाल देगी—दरअसल वह इस बात की ताकीद करना भूल गया था। गाड़ी जैसे ही भवन के पोर्च में आकर रुकी, वह कूदकर बाहर आया और दरवाज़ा खोलकर महात्मा जी को उतारने के लिए आगे बढ़ा।

"महात्मा जी, मैं आपका अपने इस गरीबखाने में स्वागत करता हूँ," यह कहते हुए उसकी ज़बान लड़खड़ा रही थी, शब्द ठीक से निकल नहीं रहे थे।

गाँधी जी गाड़ी से उतरे और मकान पर नज़र डाली। "आपका घर है यह?" उन्होंने पूछा।

"जी, भगवान की कृपा से मैंने इसे चार साल पहले बनवाया था," यह कहते हुए उसका गला सूखा जा रहा था।

वह गाँधी जी को वरांडे की सीढ़ियों तक ले गया। यहाँ एक दीवान रखा था जिस पर छपी हुई खादी बिछी हुई थी। गाँधी जी को उस पर बिठाकर उसने उनके सचिव से पूछा, "क्या मैं महात्मा जी को सन्तरे का रस दे सकता हूँ? सन्तरे मेम्पी में मेरे अपने बाग़ों के हैं।" तरह-तरह के लोग सारे मैदान में फैल गए थे। चेयरमैन को लग रहा था कि गाँधी जी की वहाँ उपस्थिति ने भवन की दीवारें तोड़ दी हैं

और अब यह सार्वजनिक स्थान बन गया है—लेकिन यह तो इतने बड़े व्यक्ति को यहाँ लाने का मूल्यभर था। लोग जगह-जगह बैठे बातें कर रहे थे और कई क्यारियों से फूल तोड़-तोड़कर इधर-उधर फेंक रहे थे—यह बाग़ म्युनिसिपैलिटी के ओवरसियरों ने बड़ी मेहनत से तैयार कराया था और अब इसका यह हाल देखकर उसकी आँखों में आँसू आने लगे।

गाँधी जी ने उसकी तरफ सिर घुमाया और पूछा, "आप कुछ कह रहे थे?" उनके सचिव ने सन्तरे का रस पीने के बारे में पूछा।

"हाँ, पियेंगे। मुझे आपके अपने बाग़ों में उगाए सन्तरे देखना अच्छा लगेगा।"

यह सुनते ही चेयरमैन तेज़ी से उठा और भीतर जाकर एक बड़ी ट्रे में लाल-लाल सन्तरे भर लाया। वह महात्मा जी के साथ इतना प्रसन्न था कि इस तरह के कार्यों के लिए नौकरों की सेवा लेना उसे ठीक नहीं लगा। उसने बड़े आदर से सन्तरों की प्लेट महात्मा जी के सामने रख दी।

फिर बोला, "आप जैसे महापुरुष के लिए यह मेरी तुच्छ भेंट है। ये मेम्पी पहाड़ियों में मेरे अपने बागीचों में ही उगाए गए हैं। आज सवेरे ही इन्हें उतारा गया है।"

फिर उसने प्रश्न किया, "मैं आपको एक गिलास जूस पीने को दे सकता हूँ? आपको थकान हो गई होगी।"

लेकिन महात्मा जी ने जूस लेने से इनकार कर दिया। उन्होंने कहा, "इस समय मैं कुछ नहीं लेता।" फिर एक सन्तरा हाथ में उठाकर उसे इधर-उधर घुमाकर देखने और उस पर टिप्पणी करने लगे। चेयरमैन खुश हो रहा था, मानो ये टिप्पणियाँ उसके अपने बारे में ही थीं। महात्मा जी ने देखा कि सामने खड़ी भीड़ के पीछे एक छोटा-सा लड़का खड़ा है। उन्होंने उसे हिन्दी में पास आने को कहा, "आओ, आओ...।" जब लड़के ने इस पर कोई प्रतिक्रिया नहीं की, तो उन्होंने इस बीच जो ज़रा सी तमिल भाषा सीखी थी, उसका प्रयोग करते हुए कहा, "इंगे वा।" लोगों ने लड़के को आगे ढकेला, वह हिचकता हुआ पास आया। गाँधीजी ने उसे अपने पास दीवान पर बिठा लिया और हाथ में एक सन्तरा पकड़ाया। यह जैसे संकेत था और बहुत से बच्चे वहाँ आ खड़े हुए। जब सन्तरों की ट्रे खाली हो गई, गाँधी जी ने चेयरमैन से पूछा, "और भी हैं?" चेयरमैन दौड़कर भीतर गया और एक टोकरी भर सन्तरे ले आया। लड़के उनपर टूट पड़े और बात की बात में सारी टोकरी खाली हो गई। गाँधी जी ने अपने सचिव से कहा, "गाड़ी में फूल और मालाएँ हैं",—ये सब रास्ते में आते हुए उनके ऊपर डाली गई थी, जलसे में भी अनेक संस्थाओं के प्रतिनिधियों ने उन्हें मालाएँ पहनाई थी। वातावरण में चमेली और गुलाब की खुशबू भरी हुई थी। ये मालाएँ गाँधी जी ने भीड़ में खड़ी लड़कियों को बाँट दीं। चेयरमैन को यह

देखकर कोफ़्त हो रही थी कि कार्यक्रम बच्चों की पार्टी में बदलता जा रहा है। उसे लग रहा था कि सन्तरे और फूल खत्म होने के बाद बच्चे यहाँ से चले जाएंगे, लेकिन वे वहीं डटे रहे। वह सोचने लगा, "अब इनकी नज़र सेबों पर लग रही है।"

गाँधी जी एकदम आराम के मूड में आ गए थे। उनका सचिव बता रहा था, पन्दह मिनट बाद...का प्रतिनिधि मंडल आएगा, इसके पन्द्रह मिनट बाद...का।" वह एक सूची में ये नाम पढ़-पढ़कर बता रहा था।

चेयरमैन को अफसोस हो रहा था कि ज़िला कलेक्टर तथा पुलिस सुपरिटेंडेन्ट दोनों उसके बकिंघम पैलेस द्वार तक जुलूस के साथ रहकर वापस चले गए थे, क्योंकि सरकारी तौर पर उनकी ड्यूटी यहाँ पर खत्म हो जाती थी; अगर वे इस समय भी यहाँ होते तो इस भीड़ को सँभाल सकते थे। कुछ समय बाद उसे यह चिन्ता भी सताने लगी कि कहीं ये बस रात भर तो यहाँ नहीं रहना चाहते। लेकिन उसकी यह समस्या अचानक अपने आप ही सुलझ गई। महात्मा जी ने एक बच्चा देखा जो सबसे अलग खड़ा था—गहरा काला रंग, पेट आगे निकला हुआ, शरीर पर एक फटे-चिथड़े कपड़े के अलावा और कुछ नहीं, यह भी काफ़ी बड़ा, गन्दा और छेदों से भरा, नीचे पैरों तक पहुँचता हुआ। लड़का भीड़ के किनारे चुपचाप खड़ा था। चेहरा मिट्टी से सना, गन्दगी लगे पैर, मुँह में हाथ डाले दूसरों को टुकुर-टुकुर देख रहा था। उसकी आँखें जैसे आश्चर्य से निकली पड़ रही थी। हालाँकि सन्तरों पर उसकी नज़र थी, लेकिन पास आने की हिम्मत नहीं हो रही थी। फिर भी वह कोशिश कर रहा था कि किसी तरह वहाँ पहुँच जाए।

महात्मा जी की नज़रें भीड़ पर से घूमती हुई इस बच्चे पर आकर ठहर गईं—चेयरमैन यह देखकर परेशान हो उठा। गाँधी जी ने बच्चे को अपने पास आने का इशारा किया तो वह बेचैन हो गया। एक आदमी बच्चे को गाँधीजी के पास ले आया। यह देखकर तो चेयरमैन का खून खौल उठा। यह ठीक है कि ये लोग ग़रीबों से हमदर्दी और इस तरह की बातें करें, लेकिन इतने ज़्यादा गन्दे बच्चे को, जो अछूत है, इतना महत्त्व देने की क्या ज़रूरत है? क्षणभर के लिए तो उसे महात्मा जी पर ही गुस्सा हो आया लेकिन इसे अनुचित बात मानकर उसने उसे एकदम दबा दिया। उसने सोचा कि वह इस वातावरण से दूर हट जाए जिससे कि फिर बिना परेशान हुए, यहाँ जो हो रहा है उसे देखता रहे। महात्मा जी ने उस बच्चे को अपने साथ दीवान पर बिठा लिया था। 'हे भगवान, दुनिया भर की सब गन्दगी इसके बदन पर जमी है और अब इस कीमती कश्मीरी चादर पर भी यह हमेशा के लिए छप जाएगी!' बच्चा बड़े मज़े से दीवान पर जमकर बैठ गया था और गाँधीजी के सत्कार का आनन्द भोग रहा था। वह गाँधी जी के शरीर से भी चिपकता जा रहा था, जो उसके बाल एक-एक करके साफ़ करते हुए उससे बातें करते जा रहे थे।

क्या बात हो रही है, यह चेयरमैन को सुनाई नहीं पड़ रहा था। वह पास आया और आदर से दोनों की बातचीत सुनने लगा। इसका इनाम भी उसे मिला, कि महात्मा जी उसे देखकर मुस्करा दिए। लड़का कह रहा था, "मेरा बाप सड़क पर झाड़ू लगाता है।"

गाँधीजी ने सवाल किया, "झाड़ू लम्बी है या छोटी?"

लड़के ने जवाब दिया, "दोनों तरह की हैं, लम्बी भी और छोटी भी।" वह सन्तरे के बीज जमीन पर थूकता जा रहा था।

महात्मा जी किसी की तरफ़ मुड़े और उसे बताने लगे : "इसका मतलब यह हुआ कि वह म्युनिसिपैलिटी का सफाई कर्मचारी भी है और लोगों के घरों में भी सफ़ाई का कार्य करता है। लम्बी झाड़ू म्युनिसिपैलिटी का प्रतीक भी हो सकती है।" फिर उन्होंने बच्चे से पूछा, "इस वक्त तुम्हारे पिता कहाँ होंगे?"

"मार्केट में काम कर रहे हैं। जब काम खत्म हो जाएगा, मुझे लेकर घर चले जाएगे।"

"और तुम यहाँ कैसे पहुँचे?"

"मैं सड़क पर बैठा उसका इन्तज़ार कर रहा था और भीड़ के साथ यहाँ चला आया। मुझे किसी ने फाटक में घुसने से भी नहीं रोका।"

"बड़ा तेज़ लड़का है," गाँधी जी बोले। "मैं तुम्हें देखकर बहुत खुश हुआ। लेकिन देखो, बीज तुम्हें जमीन पर नहीं थूकना चाहिए। बल्कि बिलकुल भी थूकना नहीं चाहिए। यह गन्दी बात है और इससे दूसरों को परेशानी होती है। सन्तरा इस तरह खाओ कि किसी को दिखाई ही न दे। फर्श हमेशा साफ़ और एकदम चमकता हुआ लगना चाहिए।"

यह कहकर वे हँसे और बच्चे को बताने लगे कि बीजों को कहाँ डालना चाहिए, छिलका किस तरह सफ़ाई से उतारना चाहिए और फाँक के रेशे किस तरह निकालना चाहिए—और फिर किस तरह ये सब चीजें छिलके में रखकर उसे बन्द कर देना चाहिए। लड़का हँसते हुए सिर हिलाता रहा। आसपास खड़े लोग आदरपूर्वक गाँधीजी की बातें सुनते रहे। फिर उन्होंने पूछा, "तुम रहते कहाँ हो?"

लड़के ने बाँहें आगे बढ़ाकर काफी दूर का इशारा किया, "वहाँ, नदी के पास..."

"तुम मुझे अपने घर ले चलोगे?"

लड़का हिचकिचाया और कहने लगा, "अभी नहीं, वह तो बहुत दूर है..."

"इसकी फिक्र मत करो। मेरे पास मोटर गाड़ी है, जो इस बहुत धनी आदमी ने मुझे घूमने-फिरने के लिए दी है। मैं एक मिनट में वहाँ पहुँच सकता हूँ। अगर तुम मुझे अपने घर का रास्ता बताओगे तो मैं तुम्हें भी गाड़ी पर बिठाकर ले चलूँगा।"

"लेकिन मेरा घर तो ऐसा नहीं है, वह तो बाँस और पत्तों-वत्तों का बना है।"

"यह बात है", गाँधीजी ने कहा। "तब तो मुझे और भी अच्छा लगेगा। मुझे वहाँ जाकर बहुत खुशी होगी।"

इसके बाद उन्होंने एक प्रतिनिधि-मंडल से कुछ देर बात की जो समय लेकर उनसे मिलने आया था; जब वह चला गया, सचिव को कुछ नोट्स लिखाए, खुद कुछ लिखा, फिर अपना डंडा उठाकर खड़े हो गए और चेरयमैन से बोले, "इस लड़के के घर चलना है। मैं जानता हूँ, तुम्हें भी अच्छा लगेगा।"

"अभी?" चेयरमैन ने परेशानी से कहा। "क्या हम वहाँ कल नहीं जा सकते?"

"नहीं! मैंने उससे कहा है कि तुम्हें घर ले चलूँगा। नहीं तो उसे बड़ी निराशा होगी। रास्ते में कहीं उसका पिता मिल गया, तो मैं उससे भी बात करना चाहूँगा।"

गाँधीजी ने अपनी उँगली लड़के को पकड़ा दी और उसके साथ चलने लगे। चेयरमैन ने दुखी होकर कहा, "आप मेरे गरीब खाने को घूमकर नहीं देखना चाहेंगे?"

"मुझे पता है, यह कैसा होगा। बहुत शानदार होना चाहिए। लेकिन मुझ जैसे बूढ़े को इतनी दूरियाँ चलने में परेशानी हो सकती है। आप मुझ पर दया करें। अभी मेरे साथ इसके घर चलो। अगर मुझे वहाँ अच्छा लगा, तो मुझे वहीं छोड़ देना।"

चेयरमैन हकलाने लगा, "मैं चाहता था...," लेकिन गाँधी जी ने मुस्कराकर उसे चुप करा दिया। कहा, "तुम अभी मेरे साथ चलो। वहाँ मेरे साथ झोंपड़ी में रहने का भी आनन्द लो।"

उसे कोई जवाब नहीं सूझा तो बोला, "ठीक है, जैसी आपकी आज्ञा।"

महात्मा जी के मीठे शब्दों के कारण वह चेयरमैन के नाते अपनी समस्याएँ और ज़िम्मेदारियाँ भी भूल गया। नहीं तो उसे याद आ जाता कि भंगी बस्ती कोई दिखाने की जगह नहीं है। इसके लिए बाद में कलेक्टर ने उसे तलब किया और डाँटा कि गाँधी जी की यात्रा के समय उसने इस बस्ती पर कोई ध्यान न देकर बड़ी भयंकर भूल की थी।

कलेक्टर ने उससे कहा, "चेयरमैन, तुम में इतनी बुद्धि नहीं आई कि दो घंटे के लिए ही किसी भी तरह वहाँ जाना स्थगित कर देते और इस बीच वहाँ की सफाई करा डालते? हम सब जानते हैं कि शहर की यही सबसे गन्दी जगह है।" चेयरमैन चुपचाप यह फटकार सुनता रहा।

वह महात्मा जी के शब्दों से एकदम पिघल गया था, और उसकी पत्नी ने भी बाद में एक और भूल के लिए उसे सख्त-सुस्त कहा "यहाँ मैं, लड़के को लिए, जैसे तुमने कहा था, कपड़े पहने इन्तज़ार करती रही और तुम बिना हमें बुलाये चले गए।"

उसने बेवकूफ़ की तरह कहा, "तुम खुद क्यों नहीं निकल आईं?"

"कैसे निकल आती जबकि तुम ज़ोर देकर कह गए थे, कि जब बुलाया जाए, तभी आना?" यह कहकर वह सुबकने लगी। "इतने महान आदमी हमारे घर आए और मैं उनको देख भी न सकी। बच्चे को कितना सदमा पहुँचेगा।"

लेकिन, जब यह अद्‌भुत घटना सामने आ गई, अधिकारियों ने बस्ती को साफ़-सुथरा बनाने में एड़ी-चोटी का ज़ोर लगा दिया। सारी गन्दगी बात की बात में गायब हो गई, जो माँस और चमड़ा सूखने के लिए छतों और दूसरी जगहों पर बेतरतीब पड़े थे, उठा लिए गए। वह सारी रात म्युनिसिपेलिटी के तथा दूसरे कर्मचारी पेट्रोल लैंपों की सहायता से काम करते रहे; यहाँ रोशनी एक बिलकुल नई बात थी, इसलिए बच्चे लैंपों के चारों तरफ नाचते-कूदते रहे। गाँधी जी ने भी देखा कि क्या हो रहा है लेकिन उन्होंने कुछ भी कहना सही नहीं समझा। जब सब काम खत्म हो गया, तब उन्होंने ज़रूर कहा, "अब यह विश्वास करना पड़ेगा कि शहर के सच्चे सफ़ाईकर्मी यहीं रहते हैं।"

बस्ती के पुरुषों ने सफेद पगड़ियाँ निकालकर पहनीं और स्त्रियों ने इस अवसर के लिए अपनी सर्वोत्तम साड़ियाँ ढूँढ़-ढूँढ़कर निकालीं। वे अपने बच्चों को घसीट-घसीटकर नदी में किनारे ले गईं और उन्हें रगड़-रगड़कर तब तक साफ किया, जब तक वे चीखने न लगे। लोगों ने लड़ना एकदम बन्द कर दिया, कोशिश की कि ताड़ी की दुकानों पर कोई न दिखाई दे, हालाँकि जो लोग इसके बिना बिलकुल भी नहीं रह सकते थे, वे ज़रूर बोतलें ले आए लेकिन सबसे छुपकर ही उन्होंने इसका सेवन किया, और इस बात का भी ख्याल रखा कि न अपनी बीवियों को पीटें, न घर में बर्तन तोड़ें-फोड़ें। जगह-जगह रोशनी की गई और खंभों पर आम के हरे पत्तों की कतार चारों तरफ लटका दी गई।

गाँधी जी जिस झोंपड़ी में रहे, उसका द्वार नीचा था। वह किसी को अपनी झोंपड़ी से निकालना नहीं चाहते थे, इसलिए उन्होंने ऐसी झोंपड़ी चुनी जिसमें रहनेवाला कहीं चला गया था। इसके सामने नदी की रेत फैली थी। चेयरमैन ने एक ज़रा नीचा-सा दीवान यहाँ लाकर रख दिया और उसके सामने लोगों के बैठने के लिए एक खुरदरी चटाई बिछा दी। श्रीराम चटाई पर आकर बैठ गया। गाँधीजी दीवान पर बैठे थे और अपने एक सचिव को कुछ लिखा रहे थे। और सचिन भी कुछ लिख रहे थे। गाँधी जी अनेक काम एक साथ करते थे। लोगों से बातें करते। पत्र लिखवाते। खुद भी लिखते। प्रार्थना करते। उन्होंने दूध और मेवों का हल्का-सा नाश्ता किया और फिर खुद भी दीवान पर लेटकर फौरन सो गए। इसके बाद किसी ने रोशनी बुझा दी और लोग झोंपड़ी से बाहर आ गए।

श्रीराम को लगा कि वह यहाँ और नहीं बैठ सकता। हालाँकि किसी ने उससे यह नहीं पूछा कि वह यहाँ क्या कर रहा है, फिर भी वह उठने की सोचने लगा।

उसने देखा कि वह लड़की भी झोंपड़ी से बाहर को जाने की तैयारी कर रही है, तो उसने सोचा कि अब भी यदि वह यहीं रहा तो कोई उससे पूछताछ कर सकता है।

लड़की ने गाँधी जी का चरखा उठाया, उसे बिना शोर किए बगल में रखा और चुपचाप बाहर निकल गई। पहले तो उसने श्रीराम को देखा ही नहीं, लेकिन जिस तरह उसकी नज़र लगातार लड़की का पीछा कर रही थी, उसका प्रभाव उस पर ज़रूर पड़ रहा था। वह क्षण भर के लिए रुकी और धीरे से श्रीराम से बोली, "अब आप यहाँ से जाएं।" श्रीराम यह सुनकर फुर्ती से उठा और बाहर आ गया।

लड़की ने ज़रा गम्भीरता से उससे पूछा, "क्या आप यह नहीं जानते कि जब बापूजी सोते हैं, तब सब वहाँ से हट जाते हैं?"

वह पूछना चाहता था, "बापू जी कौन?" लेकिन फौरन उसकी समझ में आ गया कि महात्मा जी ही बापू जी हो सकते हैं और यह सख्त लड़की उसे कहीं भगाने ही न लगे, यह सोचकर वह बोला, "मैं जानता हूँ। मैं तो यह इन्तज़ार कर रहा था कि आप कब बाहर निकलें।"

"आप कौन हैं? मैंने तो आपको कभी नहीं देखा।"

इस सवाल का वह शुरू से ही इन्तज़ार कर रहा था और इसका कुछ जवाब भी उसने सोच रखा था, लेकिन अब जब वह सामने आ ही गया, तो उसकी ज़बान एकदम जकड़ गई। वह इतना परेशान दिखने लगा कि लड़की को उस पर दया आने लगी और उसी ने फिर पूछा, "नाम क्या है तुम्हारा?"

"श्रीराम।"

"यहाँ क्या कर रहे हो?" उसने पूछा।

"तुम्हें मेरी याद नहीं रही?" उसकी जो समझ में आया, जवाब दिया। "उस दिन जब तुम चन्दे का डिब्बा लिए बाज़ार आई थीं, मैंने तुम्हें देखा था।"

"अच्छा, हाँ," उसने नम्रता के नाते कहा। "लेकिन बहुत से लोगों ने डिब्बे में पैसे डाले थे, इसलिए तुम्हारी याद रहना ज़रूरी तो नहीं है। खैर, मैंने यह पूछा कि यहाँ कर क्या रहे हो?"

"शायद मैं भी एक स्वयंसेवक हूँ," श्रीराम बोला।

"लेकिन 'शायद' क्यों?" उसका सवाल था।

"इसलिए, क्योंकि अभी मैं हुआ नहीं हूँ", जवाब आया।

"हर कोई स्वयं सेवक नहीं हो सकता। जानते हो यह?" वह पूछने लगी।

"क्या मैं यह नहीं जानता? जानता हूँ, और ज़्यादा भी जानता हूँ?"

"ज़्यादा क्या जानते हो?" उसने सवाल किया।

"कि मैं 'कोई' नहीं हूँ", उसने जवाब दिया और इस तरह उससे बात करने की अपनी बेवकूफ़ी पर ताज्जुब भी करने लगा, क्योंकि लड़की उसे एकदम बाहर भी निकाल सकती थी।

"मेरा ख्याल है, तुम कुछ तो ज़रूर हो", लड़की ने हँसते हुए उससे कहा।

"लेकिन कुछ बन सकने में तुम मेरी मदद ज़रूर कर सकती हो", वह बिना सोचे-समझे यह बात कह गया और अपनी बात पर ताज्जुब भी करने लगा।

लेकिन लड़की भी उसकी बराबरी करने को तैयार थी और उसने ज़रा तलख़ी से कहा, "हम रात भर यहीं खड़े बातें करते रहेंगे?"

"हाँ, नहीं तो आप मुझे कहीं और ले चलें।"

"मुझे खुद कहाँ जाना है, यह तो मैं जानती हूँ।" वह बोली। "सामने वह झोंपड़ी देख रहे हैं न?" उसने ज़रा दूर एक झोंपड़ी की ओर इशारा करते हुए कहा, "उसी में यहाँ की स्वयं सेविकाएँ रह रही हैं।"

"कितनी स्वयं सेविकाएँ हैं वहाँ?" श्रीराम ने बातचीत जारी रखने के उद्देश्य से पूछा।

उसने तल्खी से जवाब दिया, "जितनी सामने देख रहे हो, उससे ज़्यादा।" फिर पूछा, "इसमें इतनी रुचि क्यों है?"

इस प्रश्न से श्रीराम चिढ़-सा गया। बोला, "तुम काफी बददिमाग़ और ज़बान की तेज़ दिखाई देती हो। किसी भी सवाल का जवाब चुनौती के बिना नहीं देती हो।"

"अच्छा, अब चुप करो। तुम्हारी बातों से बापूजी की नींद खुल जाएगी।"

"अगर किसी की आवाज़ से उनकी नींद खुलेगी तो वह तुम्हारी आवाज़ होगी। ज़्यादा तो तुम ही बोल रही हो," उसने कहा।

अब उसने अपनी आवाज़ में अधिकार भरकर कहा, "मुझे तुमसे यह पूछने का हक़ है कि यहाँ क्या कर रहे हो। अगर तुम मुझे सही नहीं लगे तो मैं चालक को खबर कर दूँगी।"

"मैं तुम्हें सही क्यों नहीं लगूँगा?" उसने पूछ लिया।

"बापूजी के सामने उनके सहायकों और मिलनेवालों के अलावा और कोई नहीं जा सकता।"

"मैं उनसे कह दूँगा कि मैं तुम्हारा मित्र हूँ और तुम मुझे यहाँ लाई हो," वह बोला।

"तुम इसके लिए झूठ बोलोगे?" उसने पूछा।

"क्यों नहीं बोलूँगा?"

"महात्मा जी के शिविर में सच बोलने वालों को ही प्रवेश दिया जाता है। यहाँ जो लोग आते हैं, उन्हें पहले सत्यवादी बनने की शपथ लेनी होती है, तभी वे उनके सामने जा सकते हैं।"

"मैं शिविर का सदस्य बनते ही शपथ ले लूँगा। तब तक मैं कुछ ऐसा व्यवहार करुँगा जो सत्य जैसा लगता हो", उसने कहा।

"जब महात्मा जी इसके बारे में सुनेंगे, उन्हें बहुत दुख होगा और वे तुमसे बात करेंगे।"

अब श्रीराम वास्तव में डर गया और दयनीयता दिखाकर कहने लगा, "मैंने ऐसा क्या कर दिया है जो तुम मुझे इस तरह धमका रही हो?"

यह सुनकर लड़की पिघल-सी गई और श्रीराम ने देखा कि पहली बार उसकी बात में कोमलता आ गई है।

"तुम यहाँ से हटकर वहाँ चलोगे और ज़रा इन्तज़ार करोगे? हमें महात्मा जी की झोंपड़ी के पास इस तरह बातें नहीं करनी चाहिए। मैं अपनी झोंपड़ी में जाऊँगी और फिर तुमसे आ मिलूँगी।"

यह कहकर वह तेज़ी से मुड़ी और एकदम गायब हो गई। उसकी चाल नर्तकी जैसी थी और इसी तरह उस दिन भी वह उछलती-थिरकती डिब्बे में चन्दा इकट्ठा करती घूम रही थी। वह थोड़ी दूर पर बनी अपनी झोंपड़ी में पहुँच गई। श्रीराम भी धीरे-धीरे आगे बढ़ा। वह खड़े-खड़े थक गया था। वह नदी के किनारे एक पत्थर पर जा बैठा, पैर के अँगूठे से रेत सहलाने लगा और इस तरह अपने भाग्य को बदलते देख उस पर सोचने लगा। उसने कभी उम्मीद नहीं की थी कि इस तरह लड़की उसे मिल जाएगी। उसे लगा कि कहीं यह सपना तो नहीं है। कल इस वक्त वह यह सोच भी नहीं सकता था कि इतनी जल्दी डिब्बे वाली लड़की से बात कर सकेगा। उसे याद आया कि अभी तक उसने लड़की का नाम नहीं पूछा है। यह भी कि उसे बड़ी देर से भूख और प्यास दोनों लग रही थी। शायद महात्मा जी के कैंप में कुछ खाने-पीने को भी मिले। लेकिन महात्मा जी तो सिर्फ मेवा और छुहारे ही खाते हैं। उसने चारों तरफ़ नज़र डाली कि कहीं कोई कुछ बेचता नज़र आ जाए। तालुका ऑफिस के घंटे ने नौ बजाये। उसने एक-एक करके ये सब गिने और सोचने लगा कि इतनी देर हो गई है, दादी क्या सोच रही होगी। शायद वह परेशान होकर पुलिस में रिपोर्ट लिखा दे। अच्छा होता, अगर वह मास्टर जी से कह देता कि घर जाकर दादी को बता दें, कि जब तक महात्मा जी शहर में रहेंगे, वह घर नहीं आएगा। लेकिन फिर उसने सोचा कि मास्टर जी से यह न कहकर उसने अच्छा ही किया, नहीं तो वे शहर भर में यह कहते फिरते कि गाँधी जी तो एक बहाना हैं, वह तो एक लड़की के पीछे यह सब दौड़-भाग कर रहा है। लेकिन उसका नाम क्या है? उसे ताज्जुब होने लगा कि उसने अभी तक उसका नाम भी नहीं पूछा, इसलिए जैसे ही वह वापस आई, उसने कहा, "तुम्हारा नाम क्या है?"

'भारती,' उसने जवाब दिया, "लेकिन क्यों?"

"सिर्फ जानने के लिए, और क्या। मैंने तुम्हें अपना नाम बताया या नहीं—श्रीराम है।"

"तुम तो एक से ज़्यादा दफ़ा मुझे अपना नाम बता चुके हो," वह बोली, "मैंने कितनी दफा, कि मैं श्रीराम हूँ, श्रीराम हूँ। तुम्हारे मुँह से सुना है।"

"तुम्हारी ज़बान बड़ी तीखी है", वह कहने लगा। "यहाँ के लोग तुम्हें बरदाश्त कैसे करते हैं, क्योंकि यहाँ तो शान्ति और दया पसन्द की जानी चाहिए।"

"मैं दया ही कर रही हूँ, नहीं तो तुमसे बात तक नहीं करती। अगर मैं दया न करती तो तम्बू में जाकर चालक जी से आज्ञा लेकर यहाँ तुमसे बातें करने वापस नहीं आती। रात के समय लोगों से बात करने के लिए उनकी आज्ञा लेनी ज़रूरी होती है। हर कैंप में अनुशासन नाम की एक चीज़ होती है। यह मत सोचना कि चूँकि यह महात्मा जी का कैंप है, यहाँ कोई अनुशासन नहीं है। अगर तुम उनसे ही यह सवाल पूछोगे तो वे भी तुम्हें यही बताएंगे।"

"तुम्हारा बात करने का ढंग मेरी दादी जैसा ही है। वह भी तुम्हारी ही तरह तेज़ जबान की है", श्रीराम ने दयनीयता दिखाते हुए कहा।

लड़की ने इस तुलना पर ध्यान नहीं दिया और पूछने लगी, "और तुम्हारी माँ?"

"मैंने उसे कभी नहीं देखा, दादी ही मेरी माँ और पिता दोनों है। तुम दादी से मिलती क्यों नहीं? वह तुम्हें अच्छी लगेगी, दोनों की बोलचाल एक जैसी है।"

"हाँ, क्यों नहीं," लड़की ने धीरज से कहा, "जब यहाँ का काम खत्म हो जाएगा, मैं किसी दिन ज़रूर आऊँगी। यहाँ तो तुम देखते ही हो, मैं कितनी बिज़ी हूँ।"

यह सुनते ही, कि वह किसी बिना माँ के लड़के से बात कर रही है, बड़ी मुलायमियत से उससे बात करने लगी और यह देखकर श्रीराम सोचने लगा कि बिना माँ के होना और दादी के द्वारा देखभाल किए जाना काफ़ी फ़ायदेमन्द भी हो सकता है। वह भी उसी सीढ़ी पर बैठी थी जिस पर श्रीराम बैठा था और नदी के पानी में अपने पैर हिला रही थी—दोनों के बीच एक-दो फीट का अन्तर था। अँधेरी तारों से चमकती रात में नदी मंथर गति से बहती चली जा रही थी, सीढ़ियों के ऊपर लगे घने पुराने पेड़ की पत्तियां सरसराती और कभी-कभी आह भरती सुनाई पड़ रही थीं। काफ़ी दूर नल्लप्पा की झाड़ी के पास बैलगाड़ियाँ और पैदल यात्री नदी पार कर रहे थे। रात के सन्नाटे में कहीं से आवाज़ें भी आ रही थीं। महात्मा जी के शिविर में लोग सो चुके थे। चारों ओर इतनी शान्ति थी कि श्रीराम का मन हुआ कि लड़की को अपनी बाँहों में भर ले। लेकिन इस विचार पर उसने लगाम लगाई। उसे डर लगा कि अगर उसने लड़की को छुआ भी तो वह उसे नदी में ढकेल देगी। लड़की बड़ी झगड़ालू थी। वह सचमुच दादी की तरह सख्त निकलेगी, क्योंकि उसकी

ज़बान भी उन्हीं जैसी है। लेकिन उसके पास होने से श्रीराम का खून गर्म हो उठा था और नसों में तेज़ी से दौड़ने लगा था।

वह सोचने लगा, 'आसपास कोई नहीं है। वह करना क्या चाहती है?...ठीक है, मुझे नदी में ढकेल कर तो देखे, पता चल जाएगा कि किससे पाला पड़ा है!' फिर तुरन्त ही वह अपने इन विचारों को कोसने लगा। उसे डर लगा कि 'कहीं महात्मा जी ने उसके ख्यालों को भाँप ही न लिया हो और वे यहाँ खुद न आ धमकें।' उनके महात्मा होने का मतलब ही यह है, कि सोते और जागते, हर समय उन्हें पता चलता रहता है कि उनके चारों तरफ़ क्या हो रहा है। और यह ईश्वर ही जानता होगा कि जो व्यक्ति लड़कियों के बारे में इस तरह सोचता होगा, उससे वे किस तरह पेश आएंगे। इससे उसे परेशानी तो होगी, लेकिन अगर उनके शिविर में कोई रहना चाहेगा तो उनके बनाए नियमों को तो उसे मानना ही पड़ेगा। वह मन में इस तरह के विचारों को दबाने की कोशिश करते-करते अचानक चिल्ला पड़ा, "भारती!" लड़की यह सुनकर चौंक उठी और वह खुद भी इस नाम की संगीतमयता से पुलकित हो उठा।

वह बोला, "कितना अच्छा नाम है तुम्हारा!"

"मुझे खुशी है कि तुम्हें मेरा नाम अच्छा लगा। बापू जी ने खुद यह नाम मुझे दिया है।"

"अच्छा, वाह!" वह चीख उठा।

वह कहने लगी," मेरे पिता का 1920 के आन्दोलन में देहान्त हो गया था। तभी मेरा जन्म हुआ था। जब बापूजी को इसका पता चला, वे दक्षिण के दौरे पर आए थे, तो वे मेरे धर्मपिता बन गए और मुझे यह नाम दिया–इसका अर्थ तो तुम जानते ही होंगे?

"हाँ, भारत यानी हमारा देश और भारती हुआ देश की पुत्री ठीक है न?"

"बिलकुल ठीक", वह बोली, और उसके समर्थन से श्रीराम को खुशी हुई।

वह बोली, "जब मेरी माँ की मृत्यु हुई, तब स्थानीय सेवक संघ ने एक तरह से मुझे गोद ले लिया, और तब से मैं उसके सिवा और किसी को अपना घर नहीं मानती।"

"तुम्हारा मतलब यह है कि हर वक्त तुम इन्हीं लोगों के साथ रहती हो?"

"इसमें ग़लत क्या है?" उसने प्रश्न किया, "यही मेरा घर है।"

"मेरा मतलब यह नहीं है। मैं तो तुमसे रश्क कर रहा हूँ। मैं भी चाहता हूँ कि हमेशा तुम सबके साथ रहूँ और ज़िन्दगी बरबाद करने की जगह मैं भी कुछ कर दिखाऊँ।"

यह बात उसे अच्छी लगी, और उसने पूछा, "तुम क्या करना चाहते हो?"

"वही जो तुम कर रही हो, "उसने जवाब दिया और प्रश्न किया, "क्या कर रही हो तुम?"

"सेवक संघ मुझसे जो भी करने को कहता है, वह करती हूँ, कभी-कभी वे मुझे लोगों को चरखा चलाना सिखाने के लिए या महात्मा जी के विचारों का प्रचार करने के लिए भेजते हैं। कभी-कभी गाँवों में या ग़रीबों की बस्तियों में काम करने भेज देते हैं। मैं सबसे मिलती हूँ, बातचीत करती हूँ और उन्हें कुछ सिखाती भी हूँ। महात्मा जी की सेवा करती हूँ।"

"तुम मुझे भी अपने साथ कुछ करने का मौका दो," उसने विनती की। तुम मुझे अपना शिष्य क्यों नहीं बना लेतीं? मैं भी कुछ अच्छे काम करना चाहता हूँ। गरीबों से बात करना चाहता हूँ।"

"उन्हें तुम क्या बताओगे?" उसने पूछा।

उसने कुछ बताने की कोशिश की। "मैं उन्हें बताऊँगा...जो भी तुम कहोगी, वही बताऊँगा।" यह सुनकर, कि वह श्रीराम से ज़्यादा बुद्धिमान है, वह बड़ी प्रसन्न हुई।

"हाँ...लेकिन क्यों?" उसने सवाल किया।

उसने अपनी सारी हिम्मत बटोरकर जवाब दिया, "क्योंकि तुम मुझे अच्छी लगती हो और मैं तुम्हारे साथ रहना चाहता हूँ।"

यह सुनकर वह बेसाख़्ता हँस पड़ी और कहने लगी, "यह नहीं चलेगा...ये...", उसने अपने पीछे इशारा किया जैसे वहाँ बहुत से दुश्मन खड़े हो," ये लोग तुम्हें निकाल बाहर करेंगे...अगर तुम ऐसी बातें करोगे।"

वह उदास हो गया और अप्रसन्न दिखने लगा। फिर, अपने को सँभालकर बोला, "मैं जी जान से कुछ करना चाहता हूँ।"

"अच्छा?" उसने फिर मज़ाक के स्वर में कहा।

श्रीराम ने निराश और निरुपाय-सा होकर कहा, "मेरा मज़ाक उड़ा रही हो?"

"नहीं, लेकिन जो तुम कह रहे हो, उसका मतलब समझना चाहती हूँ।" यह कहकर वह ज़रा देर रुकी, फिर बोली, "मैं तुम्हें बापू के पास ले चलूँगी। चलोगे?"

वह घबड़ा गया, बोला, "नहीं, हरगिज़ नहीं।"

"लेकिन तुम तो उनके पास ही आए हो।"

अब उसे अपने कामों की गम्भीरता का अन्दाज़ होने लगा और क्या स्पष्टीकरण दे, यह उसकी समझ में नहीं आ रहा था। बोला, "नहीं। मैं नहीं जानता कि उनसे कैसे बात की जाए, क्या कहा जाए और कैसे कहा जाए।"

"लेकिन तुम तो उनके सामने ऐसे बैठे थे, जैसे हमेशा से उन्हें जानते हो...दोस्त की तरह।" यह कहकर वह हँसने लगी। उसे परेशान करने में अब बड़ा मज़ा आ रहा था।

"हाँ, मैं यह कर ज़रूर बैठा, लेकिन आगे से नहीं करूँगा," वह कहने लगा। "अब सामने जाऊँगा तो वे एकदम समझ जाएंगे।"

अचानक वह गम्भीर हो गई और कहने लगी, "अगर तुम हमारे साथ काम करना चाहोगे तो बापू जी से तो मिलना ही पड़ेगा।"

श्रीराम निरुत्तर हो गया। उसका दिल तेज़ी से धड़कने लगा। इच्छा हुई कि एकदम उठे और वहाँ से भाग निकले, हमेशा के लिए वहाँ से चला जाए, इससे छुटकारा पा ले, और फिर कभी इस दिशा में मुँह न करे। यह तो बहुत ज़्यादती थी। लगता था, देवता लोग उसकी मूर्खताओं और ज़िद के लिए उसे दंड दे रहे हैं।

वह परेशानी से बोला, "भारती, मुझे यह बताओ कि कहीं और मुझसे मिल सकती हो, नहीं तो मेहरबानी करके मुझे यहाँ से जाने दो।" उसे पसीना आने लगा था। "उनके सामने तो मैं बोल ही नहीं पाऊँगा। मेरी तो घिग्घी ही बँध जाएगी।"

"तुम्हारी तो अब भी वही हालत हो रही है," वह हँसते हुए बोली।

उसने दयनीय भाव से कहा, "तुम्हें मुझे परेशान करने में मज़ा आ रहा है। मैं आता ही नहीं, तो अच्छा होता।"

"तुम इतने कायर क्यों हो?" वह पूछने लगी।

श्रीराम ने ज़ोर देकर कहा, "मैं महात्मा जी से बात नहीं कर सकता। उनके सामने कैसे व्यवहार करना चाहिए, यह मैं जानता ही नहीं।"

"तुम जैसे हो, वैसा ही व्यवहार करना। सब ठीक हो जाएगा।"

"मैं उनके सवालों का ठीक जवाब ही नहीं दे सकूँगा।"

"वे स्कूल इंस्पेक्टर की तरह तुम्हारी जाँच थोड़े ही करेंगे। जब तक तुम्हें खुद कुछ न कहना हो, चुप बने रहना। अपना मुँह बन्द रखोगे तो वे कुछ नहीं कहेंगे। तुम जैसे ही, वैसे ही बने रहना, जो ठीक लगे, वही कहना। उन्हें यही ठीक लगेगा, लेकिन जब भी कुछ कहना हो, सच बात कहना।"

"सच! हर बात में?" उसने डरते हुए पूछा।

"हाँ, हर बात में। तुम जितना स्पष्ट बोलना चाहो, बोलना, वे कुछ नहीं कहेंगे, लेकिन बोलना सच ही होगा।"

यह सुनकर श्रीराम और भी दुखी हो उठा। इस अँधेरी रात में एक बड़ी समस्या उसके सामने मुँह बाये खड़ी थी। कुछ देर इस पर विचार करने के बाद उसने कहा, "भारती, मुझे यह बताओ कि कहीं और मिल सकती हो या नहीं। नहीं तो मुझे जाने दो।"

उसने भी उसी दृढ़ता से जवाब दिया, "अगर तुम्हें मुझसे मिलना हो तो बापूजी के सामने आना ही पड़ेगा, वहीं तुम मुझसे मिल सकते हो। अगर और नहीं मिलना चाहते तो तुम जा सकते हो।"

उसका संकट और बढ़ गया। "कहाँ? कैसे?" वह पूछने लगा।

"बापूजी की झोंपड़ी के द्वार पर जाकर मेरा इन्तज़ार करना।"

"कब? कैसे?"

"कल सवेरे तीन बजे। मैं तुम्हें उनके पास ले चलूँगी।"

यह कहकर वह तेज़ी से उठी और अपनी झोंपड़ी की तरफ भाग गई।

दादी उस रात ठीक से सो ही नहीं पाई। शाम को वह पाँच दफ़ा कन्नी की दुकान पर यह पूछने गई कि किसी ने श्रीराम को देखा है या नहीं और एक लड़के को, जो वहाँ कुछ खरीदने आया था, चारों तरफ श्रीराम की खोज करने के लिए भेजा। अन्त में स्कूल मास्टर ने, जो उसी सड़क पर रहता था, उसे श्रीराम की खबर दी।

"तुम्हारा लल्ला महात्मा जी के कैंप में है। मैंने उसे देखा है।"

"अच्छा! वहाँ वह क्या करने गया है?" चौंककर दादी ने सवाल किया। उसके लिए महात्मा गाँधी एक खतरनाक व्यक्ति थे, जो अछूतों को मन्दिरों में भेजते थे और लोगों को पुलिस के चंगुल में फँसाते थे। उसे ये बातें बिलकुल पसन्द नहीं थीं। वह चिल्लाने लगी, "अरे, मास्टर, तुमने उसे वहाँ क्यों रुकने दिया? तुम्हें उसे घर भेजना चाहिए था। अब इतनी देर हो गई है और वह वापस नहीं लौटा है। उसके पुराने अध्यापक हो तुम, तुम्हें उसे इन सब बातों से बचाना चाहिए।"

"अम्मा, आप फिक्र न करें। वह बिलकुल सुरक्षित है। हममें से कितनों को महात्मा जी के इतने पास जाने का मौका मिलता है? तुम्हें खुश होना चाहिए कि वह इतना आगे निकल गया। हमारे देश को उस जैसे बहुत से लोग चाहिए।"

"तुम जैसे मास्टरों ने ही लड़कों और देश को बर्बाद कर दिया है," यह कहकर वह भीतर चली गई और पटाख़ से दरवाज़ा बन्द कर दिया।

जब श्रीराम घर लौटा और उसने कुंडी खटखटाई, तब दादी आधी नींद में थी और उसका मूड एकदम खराब था। उसने दरवाज़ा खोला, उसे भीतर किया, फिर से कुंडी लगाई और यह कहती हुई बिस्तर पर जा लेटी, "उस बर्तन में तुम्हारे लिए दही भात है और दूसरे में सादा भात। जब खा लो तो रोशनी बुझा देना।" बिस्तर पर लेटे-लेटे उसने प्लेट को ढकने और फिर किचेन बन्द करने की आवाज़ सुनी। इसके बाद उसने करवट बदलकर सो जाने का नाटक किया, इस उम्मीद से कि लड़का उसका मूड समझ जाएगा, उसके पास आकर माफी माँगेगा और आगे से ऐसा न करने का वचन देगा, लेकिन लड़के के मन में तो कुछ और ही चल रहा था। उसकी स्मृति अर्ध-विस्मृत व्यक्ति जैसी थी। भारती की उपस्थिति और बातचीत उसके दिमाग़ में घूम रही थी और उसका स्पर्श उसे याद आ रहा था। उसे यह

सोचना अच्छा लग रहा था कि उसने भारती के उसका हाथ छूंने और कन्धा थपथपाने को महत्त्व नहीं दिया है। अगर इसी तरह सारी ज़िन्दगी उसके साथ बीते तो कितना अच्छा होगा—लेकिन इसमें एक बाधा थी—महात्मा जी के सामने जाना। इस ज़बरदस्त चिन्ता के सामने उसे और सब कुछ बेकार लग रहा था। अगर कोई और बात होती तो वह दादी को सोते से जगाकर भी दिन भर की बातें सुनाता और अगर वह गुस्सा होती, तो उसको खुश भी कर देता। वह समझ गया था कि दादी का मूड ठीक नहीं है, भीतर घुसते ही उसे इसका ज्ञान हो गया था, लेकिन उसने उसे अकेला छोड़ देना ही सही समझा; वह सोच रहा था कि दादी का मूड ठीक करने से कहीं ज़्यादा बड़ी समस्या उसके सामने मुँह बाये खड़ी है।

वह बिस्तर पर जाकर पड़ रहा और घंटे भर सोया। भारती चाहती थी कि वह तीन बजे वहाँ पहुँच जाए और एक घंटा पहुँचने में भी लगना था। इसलिए वह एक बजे से पहले उठा, तैयारी की, विशेष वस्त्र पहने, और दादी के बिस्तर पर जाकर उसके कान में बोला, "ज़रूरी काम से जा रहा हूँ, दरवाजा बन्द कर लेना।"

दादी चौंक गई, उसने पूछने की कोशिश की, "क्या! इस वक्त? तुम्हें हो क्या गया है?" लेकिन वह दबे कदमों से बाहर निकल गया और दरवाज़ा भी उढ़का गया।

श्रीराम महात्मा जी की झोंपड़ी के सामने साँस रोके खड़ा था। वह तय नहीं कर पा रहा था कि अब क्या करे। उसने तो यही कहा था कि यहाँ आ जाए—लेकिन कहीं वह उसे मूर्ख तो नहीं बना रही थी? उसे डर लग रहा था कि ज़रा-सी भी आवाज़ हुई तो महात्मा जी जग जाएंगे और बात की बात में सारा कैंप यहाँ इकट्ठा हो जाएगा। वह लाचार परेशान दरवाज़े को देखता रहा। कहीं दूर कुत्तों के भूँकने की आवाज़ सुनाई दी। कभी-कभी पेड़ों की शाखाएँ और पत्तियाँ सरसरातीं और आवाज़ करतीं। उसने औरतों की झोंपड़ी की तरफ़ नज़र डाली। वहाँ एक लालटेन जल रही थी और लगता था कि लोग जग गए हैं और चल फिर रहे हैं। उसने सोचा, 'लालटेन जलने से क्या हुआ? हो सकता है उसे जलाकर ही सोते हों। औरतें डरपोक तो होती ही हैं?' जो आवाज़े-सी आ रही हैं, वे उनके बिस्तरों पर लुढ़कने-पुढ़कने की आवाज़ें भी हो सकती हैं, ये शोर-शराबा तो करती ही हैं! आश्चर्य की बात यह कि उसे औरतों से चिढ़ हो रही थी, भारती भी तो औरत ही थी! फिर उसे महात्मा जी की झोंपड़ी में भी रोशनी दिखाई दी। दरवाज़ा बन्द था। भीतर चलने-फिरने की आवाज़ें भी आने लगीं। कुछ देर पहले तालुक ऑफिस का घंटा बजा था। उसे विश्वास नहीं हो रहा था कि इतनी रात में वह ठंडी हवा सहता हुआ यहाँ अकेला खड़ा है। शहर में सबसे जल्दी जाग जाने वाले भंगी भी अभी तक सो रहे थे। अचानक उसे डर

लगने लगा कि कहीं चोर या भूत उस पर हमला न कर दें। इसके अलावा, अगर कोई पुलिस वाला उसे देख ले और चोर समझ कर उससे पूछताछ करे, तो वह क्या सफ़ाई देगा? वह यह तो कह नहीं सकता था कि, "भारती ने मुझे तीन बजे यहाँ आकर खड़े होने को कहा था। इससे अच्छा है कि वह वापस लौट जाए और यहाँ बेकार टहलने के बजाय अपने घर पहुँचकर दादी को ही खुश करने की कोशिश करे। यहाँ तो उसे समझ में ही नहीं आ रहा था कि क्या करे क्या न करे। वह दादी से यह कह देगा, "मैं महात्मा जी के दर्शन करने गया था लेकिन रास्ते में मेरा दिमाग...बदल गया और मैं लौट आया। मैं उनसे क्यों मिलूँ-जुलूँ और अपने लिए मुश्किलें मोल लूँ? है न दादी?" यह सुनकर वह सचमुच एकदम खुश हो जाएगी।

उसने स्त्रियों की झोंपड़ी पर एक उड़ती हुई नज़र डाली और पूरी तरह यह निश्चय करके पीछे की तरफ मुड़ा, कि इन महात्मा जी जैसे बड़े-बड़े लोगों और अविश्वसनीय भारती और उसके साथियों के वादों के पीछे दौड़ने की जगह अपनी दादी के एकदम ठोस प्यार की तरफ वापस लौट जाना ही बेहतर होगा। पता नहीं, इनके दल में और कैसे-कैसे लोग होंगे। लेकिन भारती का आकर्षण अब भी प्रबल था और जितनी आसानी से वह यहाँ से लौटना चाहता था, वह सम्भव नहीं था। उसने सोचा कि एक दफ़ा और उससे मिले और विदा ले ले। हो सकता है, उसकी स्थिति बदल गई हो और मुझे उसकी सहायता करनी पड़े, लोगों ने उसे खाट से बाँध ही दिया हो और मुँह भी बन्द कर दिया हो। उस जैसी सुन्दर लड़की के साथ कुछ भी किया जा सकता है। नहीं तो, उसके यहाँ न आने का और क्या कारण हो सकता है? जो भी हो, अब उसका यही कर्तव्य है कि वह जाकर पता लगाए कि क्या बात है। वह स्त्रियों के कैंप की तरफ जाना तो चाहता था, लेकिन इतनी हिम्मत नहीं जुटा पा रहा था, इसलिए उसने वही करना तय किया जिसमें वह कुशल था : कि दबे कदमों से महात्मा जी की झोंपड़ी के पास जाए और चुपचाप भीतर झाँककर देखे कि भारती वहाँ है या कहीं और सुरक्षित है और फिर घर चला जाए। लेकिन अपनी इस उलझी हुई मनःस्थिति में वह इस बात को भूल गया कि उसके किसी को देखने से पहले यह हो सकता है कि कोई और ही उसे देख ले और हुआ भी यही। महात्मा जी की झोंपड़ी का दरवाज़ा आधा खुला था। उसमें से रोशनी बाहर आ रही थी। वह पतंगे की तरह उसकी तरफ खिंचने लगा। अगर वह ज़रा देर रुककर कुछ सोचता, तो उसे समझ आ जाती कि दुबारा ऐसा काम करना बेवकूफी होगा। लेकिन नींद की कमी और नसों के खिंचाव के कारण उसकी बदहवासी ज़रा ज़्यादा ही बढ़ गई और जिस तरह पिछली शाम वह एकदम झोंपड़ी में जा घुसा था, उसी तरह इस दफा भी करने को तैयार हो गया। जोकर की तरह उसने भीतर झाँकने की कोशिश की। दरवाज़ा अधखुला ज़रूर था लेकिन इतनी जगह नहीं थी कि भीतर पूरा मुँह घुसाये बिना कुछ देख सके।

"अरे, यह आ गया," भारती ज़ोर से बोली। उसकी आवाज़ में हँसी थी। उसने कहा, "आना चाहो तो दरवाज़ा खोलकर भीतर आ जाओ।" श्रीराम को लगा कि वह यहाँ भी उसका मज़ाक उड़ा रही है। महात्मा जी के सामने भी उसे कोई संकोच नहीं है। श्रीराम को उम्मीद थी कि कम से कम यहाँ तो उसकी आवाज़ में शरारत नहीं होगी। इससे उसे इतनी चिढ़ हुई कि उसने भी अपनी आवाज़ में ज़्यादा-से-ज़्यादा तुर्शी भरकर जवाब देने की कोशिश की, "तुम तो...लेकिन मैं तुम्हारा वहाँ इन्तज़ार कर रहा था...।"

महात्मा जी ने कहा, "भीतर आ जाओ। वहाँ क्यों खड़े हो? तुम्हें सीधे यहाँ आ जाना चाहिए था।"

"लेकिन भारती ने मुझे बाहर ठहरने के लिए कहा था," श्रीराम बोला और धीरे से कदम भीतर रखे। दरवाज़े से महात्मा जी के स्थान तक करीब दस फीट की दूरी थी, लेकिन उसे लगा कि वहाँ तक पहुँचने में घंटों लग जाएँगे। उसके पैर कमज़ोर पड़ने लगे, लड़खड़ाने भी लगे, लगता था, जैसे उसने शराब पी ली हो, जो महात्मा जी को बिलकुल पसन्द नहीं था, और वे तो सफ़ाई-कर्मचारियों से भी शराब छोड़ देने का आग्रह कहते थे। उसने मन में तुरन्त महात्मा जी के एक सवाल का जवाब भी सोच लिया—अगर अचानक वे पूछ बैठें कि ताड़ी पीकर आए हो या ह्विस्की, तो वह क्या उत्तर देगा।

लेकिन उसकी आशंका सच नहीं हुई और गाँधीजी ने उससे यह कहकर उसका मन शान्त कर दिया कि "भारती अभी तुम्हारा ज़िक्र कर रही थी।" यह कहते हुए वे दोनों हाथों से चरखा भी चला रहे थे, जिसमें से बहुत महीन सूत निकल रहा था। कोने में बैठा एक आदमी, घुटनों पर पैड रखे, कुछ लिख रहा था। हमेशा की तरह महात्मा जी एक साथ कई काम कर रहे थे। हाथों से चरखा कात रहे थे, आँखों से एक पत्र पढ़ रहे थे जिसे एक आदमी उनके सामने लिए खड़ा था, इसी के साथ श्रीराम का भी स्वागत कर रहे थे। झोंपड़ी के पिछले दरवाज़े से कुछ लोग आ-जा रहे थे और हर आदमी से वे एकाध बात कर लेते थे।

उन्होंने श्रीराम की तरफ देखकर कहा, "बैठ जाओ। मेरे जितने पास आना चाहो, आकर बैठो।" उनकी वाणी में इतनी सरलता और सादगी थी कि श्रीराम का सारा डर एकदम गायब हो गया। उसका संकोच जाता रहा। वह तेज़ी से आगे बढ़ा, महात्मा जी के एकदम पास जा बैठा और ध्यान से उनको चरखा चलाते हुए देखने लगा। भारती झोंपड़ी के भीतर कहीं गई और जाते हुए उस पर एक नज़र डालती गई, जिसका अर्थ श्रीराम ने यह लिया कि, कोई बेवकूफी मत करना।

महात्मा जी कहने लगे : "आजकल मैं ज़्यादातर एक घंटा पहले उठता हूँ जिससे यह काम कर सकूँ—मेरे लिए एक निश्चित मात्रा में रोज़ सूत कातना ज़रूरी है, इसे

मैं प्रार्थना से भी ज़्यादा महत्त्व देता हूँ। मैं तो चाहता हूँ कि तुम भी यह व्रत लो कि अपने हाथों से काते हुए सूत के ही कपड़े पहनोगे।"

"हाँ, मैं ज़रूर करूँगा", श्रीराम ने वादा किया।

जब तालुका ऑफिस के घंटे ने चार बजाए, महात्मा जी ने श्रीराम से घूमने के लिए चलने को कहा। एक हाथ में उन्होंने अपना डंडा पकड़ा, दूसरा भारती के कन्धे पर टिकाया और झोंपड़ी से बाहर निकल आए—सफेद कपड़ों में उनका लम्बा शरीर बहुत अच्छा लग रहा था। उन्होंने अपनी घड़ी धोती के एक किनारे पर भीतर डालकर बाहर लटका रखी थी। उसे निकालकर देखा और बोले, "आधा घंटा सैर करूँगा, तुम भी चलो। इस समय तुम जो चाहो बात कर सकते हो।" कुछ और लोग भी उनके साथ चल पड़े। श्रीराम को लगा कि वह किसी सपने की दुनिया में चला जा रहा है। महात्मा जी उसके और भारती के बीच थे, इसलिए भारती पर जितनी बार चाहे, नज़र डालना मुश्किल हो रहा था। कई दफ़ा वह एक कदम पीछे इसलिए हो जाता कि भारती का हँसता हुआ चेहरा देख सके। वे नदी के किनारे घूमने लगे। पूरब में आसमान गुलाबी होने लगा था। गाँधी जी ने पीछे मुड़कर साथ चल रहे कुछ लोगों से काम की कुछ बातें कीं। फिर अचानक श्रीराम से बोले, "तुम्हारा शहर बहुत सुन्दर है। पहले कभी तुमने इस बात पर गौर किया है?"

श्रीराम चौंक उठा और साँस लेने के लिए रुका। सवेरे की ठंडी हवा उसके चेहरे का स्पर्श कर रही थी, चिड़ियाँ चहचहाने लगी थीं। शहर निस्तब्ध था : यह कोई खास बात नहीं थी लेकिन महात्मा जी ने इस समय उससे यह सवाल क्यों पूछा! इसके जवाब में वह 'हाँ' कहे या 'नहीं'? अगर वह 'हाँ' कहता है तो वह झूठ बोलेगा, और उसका झूठ एकदम पकड़ भी लिया जाएगा और अगर वह 'नहीं' कहता है, तो ईश्वर जाने, महात्मा जी उसके बारे में क्या सोचें? उसने इधर-उधर नज़र डाली। बस्ती में दो सफ़ाईकर्मी, जो उनके साथ शामिल हो गए थे, उसकी तरफ़ उत्सुकता से देखने लगे, कि यह क्या जवाब देता है : वे उसकी परेशानी का मज़ा ले रहे थे, और वह भारती की तरफ भी नज़र नहीं डाल पा रहा था। महात्मा जी बोले : "ईश्वर सब जगह है। अगर तुम उसकी उपस्थिति महसूस करना चाहो तो ऐसी ही जगह चले आओ, जहाँ सुन्दर-सी नदी बह रही हो, सूरज रंग बरसाता निकल रहा हो और चारों तरफ़ ताज़ी हवा हो। कोई सुन्दर दृश्य, या सुन्दर वस्तु, या शान्त समय देखना और उसका अनुभव करना भी एक तरह की प्रार्थना ही है।" श्रीराम आदरपूर्वक उनकी बातें सुनने लगा, जवाब देने से छुटकारा पाकर वह प्रसन्न था। जब गाँधी जी ने सूरज और हवा के सुन्दर होने की बात कही, तो वह उसे अयथार्थ नहीं लगी, लेकिन अगर वह भारती पर इसे लागू करता तो यह एकदम व्यावहारिक

और सत्य बन जाती थी। अन्त में गाँधी जी ने कहा, "जब हम दोबारा मिलेंगे, तब तुममें परिवर्तन दिखाई देना चाहिए।"

यह कहकर वे धीरे से हँसे। श्रीराम बोला, "जी, बापूजी, मैं तब बदला हुआ दिखाई दूँगा।"

"तुमने 'बदला हुआ' शब्द क्यों कहा? तुम जैसे हो, बिलकुल वैसे ही बने रहोगे, तभी ठीक होगा।"

इस पर भारती बोली, "मेरा ख्याल है, यह काफ़ी नहीं है। अगर इन्हें कुछ अच्छा करना है, तो जैसे हैं, उससे अपने को बदलना होगा। ये सुस्त बहुत हैं। आठ बजे सोकर उठते हैं, फिर सारा दिन घूमने में गँवा देते हैं।"

श्रीराम ने उद्विग्न होकर पूछा, "तुम्हें यह कैसे पता?"

"यह मेरा अन्दाज़ है," लड़की ने उत्तर दिया। इस तरह ग़ैर ज़िम्मेदारी की बातें करने से श्रीराम उस पर गुस्सा हो उठा। सब लोग हँसने लगे।

महात्मा जी बोले, "भारती, तुम्हें तब तक ऐसी बात नहीं करनी चाहिए, जब तक तुम इसे बदलने की ज़िम्मेदारी लेने के लिए तैयार न हो जाओ।"

सैर के आखिरी पन्द्रह मिनट महात्मा जी चुप बने रहे और नीचे धरती की तरफ़ देखते हुए आगे बढ़ते रहे। वे चुप हो गए तो दूसरे लोग उनसे भी ज़्यादा चुप हो गए और उनके कदमों के साथ क़दम मिलाते, जितनी तेज़ी से वे चल रहे थे, उतनी ही तेज़ी से चलने की कोशिश करते हुए, कुछ लोग हाँफ़ते हुए भी और अपनी हँफ़नी दबाने की भरसक कोशिश करते हुए भी, चलते रहे। महात्मा जी की शान्ति इतनी गहरी और व्यापक थी, कि श्रीराम को थूक निगलने और खाँसने में भी डर लगने लगा, हालाँकि उसकी इच्छा हो रही थी कि वह खाँसता, खखारता, थूकता, और हाथ हिलाता सबके साथ चले। नदी के बहने और चिड़ियों के चहचहाने की आवाज़ों के अलावा और कोई आवाज़ नहीं सुनाई दे रही थी। कहीं से एक गाय की आवाज़ आ रही थी। भारती भी, जो सामान्य तौर पर हँसती-बोलती ही रहती थी, इस समय एकदम गम्भीर थी। महात्मा जी ने अपनी घड़ी निकालकर देखी और बोले, "अब हम वापस चलेंगे। इससे ज़्यादा आज मैं नहीं जाऊँगा।" श्रीराम पूछना चाहता था, "क्यों?" लेकिन उसने अपनी ज़बान बन्द रखी। वापस लौटते हुए महात्मा जी उससे पूछने लगे, "मैंने सुना है कि तुम दादी के साथ रहते हो, माता-पिता नहीं है?"

"जी हाँ, दादी बहुत बूढ़ी हैं।"

"होना ही चाहिए, नहीं तो तुम्हारी दादी कैसे होती?" यह सुनकर लोग हँसने लगे और श्रीराम भी उनका साथ देने के लिए हँसा।

"जब तुम उससे इतनी देर तक अलग रहते हो, तब उसे बुरा लगता होगा?"

"जी, बहुत ज़्यादा। वह बहुत गुस्सा करती है और मेरी समझ में नहीं आता कि क्या करूँ।" बड़ी हिम्मत करके श्रीराम ने यह कहा। उसे खुशी हुई कि उसने अपनी तरफ से कुछ कहा है, लेकिन उसे डर भी लगा कि भारती इस पर कोई ऐसी बात न कह दे जो उसे बुरी लग जाए, पर इस वक्त भारती एकदम चुप रही और यह उसे अच्छा लगा।

महात्मा जी बोले, "तुम्हें दादी का ख्याल रखना चाहिए, उसने तुम्हें पालने में बहुत परेशानियाँ उठाई होंगी।"

"ठीक है, लेकिन जब मैं इस तरह कहीं चला जाता हूँ, तब वह बहुत चिन्ता करने लगती है।"

"क्या यह ज़रूरी है कि तुम उससे इतने ज़्यादा वक्त तक दूर रहो?"

"जी, बापू, नहीं तो मैं दुनिया में कुछ भी कैसे कर सकूँगा?

"तुम क्या करना चाहते हो?"

अब श्रीराम को समस्या हुई कि क्या बताए। उसके दिमाग़ में ढेर सारे विचार दौड़ने लगे और बहुत ज़्यादा विचारों से जो गड्ड-मड्ड पैदा होती है, उससे उसे परेशानी होने लगी। उसने कुछ कहने की कोशिश की भी और महात्मा जी ने उसे ध्यान से सुना, दूसरे लोग उसी ध्यान से उसे सुनने का दिखावा करने लगे, और कई क्षण संघर्ष करने के बाद श्रीराम अपने मन में एक पूरा बोलने लायक वाक्य बना पाया। फिर उसकी आन्तरिक आकांक्षाओं ने जबरदस्त दबाव डालकर यह वाक्य उसके होंठों से बाहर निकाला और वह बोला, "मैं वहाँ पहुँचना चाहता हूँ जहाँ भारती है।"

महात्मा जी ने कहा, "अच्छा, तो यह बात है?" फिर भारती की पीठ थपथपाकर वे बोले, "तुम्हें बहुत अच्छा दोस्त मिला है! इससे तुम्हें बहुत खुशी होती होगी? तुम इसे कब से जानती हो?"

भारती ने एक झटके में कहा, "कल से। मैंने इसे आपकी झोंपड़ी में पहली दफ़ा देखा, जब वह वहाँ बैठा था और मैंने पूछा कि तुम कौन हो?"

इस पर श्रीराम ने दखल देकर कहा, "लेकिन मैं इन्हें पहले से जानता था; बात ज़रूर पहली दफ़ा कल हुई।"

महात्मा जी अपनी झोंपड़ी में घुस गए और कामों में लग गए। बहुत से लोग उनका इन्तज़ार कर रहे थे। वहाँ पहुँचते ही भारती भीतर चली गई। श्रीराम पीछे रह गया और बाहर खड़े लोगों में शामिल हो गया। उसे भारती की स्थिति से जलन होने लगी। कुछ देर बाद वह बाहर आई और उसके पास जाकर कहने लगी, "तुम अभी

यह बात जानते नहीं, लेकिन बापू के सामने हम पूरा सच ही बोलते हैं, न उससे कम और न ज़्यादा।"

वह गुस्से से कहने लगा, "अब वे मेरे बारे में क्या सोचेंगे, कि तुम्हें मैं ज़्यादा दिनों से नहीं जानता, फिर भी..."

"फिर भी क्या?" उसने चुटकी ली।

"यह कि फिर भी मैं तुम्हारा साथ चाहता हूँ... इस तरह की बातें।"

"अब तुम भीतर जाकर यह क्यों नहीं कह देते कि जो भी तुम कह रहे हो, बिना सोचे-समझे कह रहे हो, तुम्हारा अपने ऊपर नियन्त्रण नहीं है और यह सब बकवास है? तुम उनसे यह क्यों नहीं कह सकते थे कि तुम देश की सेवा करना चाहते हो, तुम देशभक्त हो और यहाँ से अंग्रेज़ों को बाहर भगाने के लिए अपना खून भी देने को तैयार हो? दूसरे लोग जब उनसे मिलते हैं, यही कहते हैं। हज़ारों लोग उनसे मिलने आते हैं और यही सब कहते हैं।"

"और महात्मा जी उन पर विश्वास भी कर लेते हैं?" श्रीराम ने प्रश्न किया।

"नहीं भी करते होंगे, लेकिन वे मानते हैं कि अविश्वास करना सही नहीं है।"

"लेकिन तुम तो कहती हो कि उनके सामने सच ही बोलना चाहिए।"

"अगर तुम सच बोल सकते हो, तो ज़रूर बोलो, लेकिन न बोल सको तो चुप रहना ही ठीक होता है।"

श्रीराम दयनीयता से कहने लगा, "लेकिन तुम मुझ पर इतना गुस्सा क्यों कर रही हो? क्या तुम्हारा यह भी कर्तव्य नहीं है कि दूसरों पर गुस्सा न करो?"

"मैं परवाह नहीं करती। इस तरह तो वे भी परेशान हो जाएंगे। अब वे मेरे बारे में क्या सोचेंगे, कि जिस आदमी को मैं एक दिन से ज़्यादा नहीं जानती, उसे यहाँ मटरगश्ती करने का मैं बढ़ावा दे रही हूँ?"

इस पर श्रीराम बेचैन हो उठा और फुर्ती से बोला, "इससे क्या फर्क पड़ता है कि मैं तुम्हें कब से जानता हूँ? तुम्हारा ख्याल है कि अगर तुम मेरे बोलने से पहले नहीं बोल उठतीं, तो क्या मैं झूठ बोलता?"

तभी किसी ने भीतर से भारती को आवाज़ लगाई और वह श्रीराम को वहाँ खड़ा छोड़कर चली गई।

भारती से बात करके उसे एक ख्याल आया। उसे अपनी गलती समझ में आ गई और वह सोचने लगा कि अगली दफ़ा महात्मा जी के साथ घूमने जाएगा तो इसे सुधार देगा। श्रीराम को यह चिन्ता लगी रही कि जब महात्मा जी जागेंगे, तब वह सोता न रह जाए, यह चिन्ता उसे रात भर जगाए रही। शिविर के एक अन्य व्यक्ति के साथ वह ज़मीन पर सो रहा था। झोंपड़ी में इस तरह सोने से उसके मन में एक नई भावना जगी, कि वह अब एक बिलकुल नई दुनिया का नागरिक

हो गया है। अब कबीर लेन के अपने घर का आरामदेह कमरा उसे उपलब्ध नहीं था; दो तकिये, मुलायम गद्दा और उसके नीचे दरी, ये भी उसे सोने के लिए उपलब्ध नहीं थे; यही नहीं, कबीर लेन का शोर-शराबा भी, जो उसके जीवन में रच-बस गया था, उसे अपनी तरफ़ खींचता प्रतीत होता था। अब उसे एक बिलकुल नए तरह का जीवन बिताना पड़ रहा था। अब वह एक पतली सी झोंपड़ी में, जिसकी छत लकड़ी और पत्तों की बनी थी और जिसमें हर समय बदबू दौड़ती रहती थी, रहता था—हालाँकि यहाँ रहने का फैसला उसने खुद ही किया था। इसका फर्श गोबर से लिपा था और उसमें ऊपर रेत की एक हल्की-सी परत बिछी थी। तकिए की जगह उसे अपनी बाँह को मोड़कर ही इस्तेमाल करना होता था। यह जगह भी उसे कैंप के एक और स्वयं सेवक के साथ बाँटनी होती थी, जो पीला-सा दुबला-पतला, खादी की नेकर, बंडी और सफेद टोपी लगाए, बहुत गम्भीर कार्यकर्ता प्रतीत होता था। वह कभी मुस्कराता नहीं था और चेहरे से आग-सी बरसती लगती थी। वह उत्तर भारतीय था, टूटी-फूटी अंग्रेज़ी बोल लेता था और तमिल का एक शब्द भी नहीं जानता था। जब श्रीराम सोने पहुँचा, उसने देखा कि वह अपने कपड़ों का थैला सिर के नीचे रखे वहाँ फैला पड़ा है।

भारती ने श्रीराम से कह दिया था, "अगर तुम महात्मा जी के साथ जुड़ना चाहते हो, तो यहाँ कैंप के साथ ही चिपके रहो। लेकिन याद रखना, यहाँ आराम नहीं मिलेगा। हम सब इसी तरह रहने के आदी हो गए हैं।"

श्रीराम ने इस पर हिकारत से कहा था, "अरे; आराम चाहता कौन है? मैं तो उसकी बिलकुल परवाह नहीं करता। तुम्हारा ख्याल है कि मैं विलास की कामना करता हूँ?"

समाज का एक वर्ग ऐसा होता है जिसे विलास की सामग्रियों से ऊँचा स्तर प्राप्त होता है, लेकिन यहाँ उसका एक दम उलटा था। यहाँ जितना ज़्यादा कोई यह कहे कि वह विलास की परवाह नहीं करता, जितना ज़्यादा वह कठिनाइयों के प्रति अपना आकर्षण व्यक्त करे, उतना ही ज़्यादा उसे महत्त्व प्राप्त होता था और इस समाज में सम्मिलित होने की सम्भावना बढ़ती थी। श्रीराम ने कैंप में अपना पैर रखते ही यह समझ लिया था। यहाँ कष्ट सहने और पीड़ाओं को स्वीकार करने का सिक्का चलता था। यहाँ हर कोई इस कोशिश में लगा दिखाई देता कि अपने साथी से ज़्यादा कष्ट सहने और कठिन परिस्थितियों को झेलने की क्षमता प्रदर्शित करे और श्रीराम ने भी इस भावना को स्वीकार कर लिया था, यद्यपि उसे इसे गहराई से समझने तथा इसका आदी बनने में समय लगा।

शाम के समय एक बैठक हुई और उसके बाद निश्चित समय साढ़े सात बजे महात्मा जी सोने चले गए। कैंप के और सब लोग भी अपनी झोंपड़ियों में जा पहुँचे।

भारती ने श्रीराम को तलाश किया और उसे एक प्लेट चावल, छाछ और एक सन्तरा खाने को दिया। इसी के साथ चमेली का एक फूल भी उस गुच्छे से निकाल कर दिया, जिसे कुछ देर पहले बच्चों ने महात्मा जी को भेंट दिया था। उसने फूल लेकर उसे सूँघा और खुश होकर पूछा, "तुम्हें कैसे पता लगा कि चमेली का फूल मुझे पसन्द है?"

"यह जानना कोई मुश्किल काम नहीं है," यह कहकर उसने यह विषय यहीं खत्म कर दिया।

फिर वह बोली, "मैंने तुम्हारे सोने का इन्तज़ाम कर दिया है। तुम गोरपद नाम के स्वयं सेवक के साथ सोओगे।"

श्रीराम जब उसकी झोंपड़ी में घुसा, तब गोरपद अध सोया पड़ा था। भारती ने भीतर झाँका और पुकारा, "भाई...," और उससे हिन्दी में कुछ कहकर वहाँ से चली गई। गोरपद ने सिर ज़रा-सा उठाया और कहा, "आकर सो जाओ।

"ज़मीन पर ही?" श्रीराम ने पूछा।

"और क्या? और कहाँ सोओगे?" उसने उत्तर दिया।

"क्यों?" श्रीराम ने पूछा।

"क्यों क्या, इसलिए कि महात्मा जी यही कहते हैं।"।

"अच्छा," श्रीराम बोला, और सोचने लगा कि उसने खतरनाक जमीन पर पैर रख दिया है।

"मैं समझ गया कि इसके अलावा ज़मीन पर सोने का और कोई कारण नहीं है।"

"इसके अलावा से तुम्हारा क्या मतलब है?" दूसरा जैसे बहस पर उतर आया।

श्रीराम गोरपद के बगल में जम गया और बोला, "मेरा मतलब वह नहीं था।"

"तो क्या था?" दूसरा जैसे लड़ मरने को तैयार दिखा। श्रीराम को उस से डर लगने लगा। लड़की ने उसे इस झगड़ालू के साथ क्यों रख दिया है? कहीं वह मुझे नापसन्द तो नहीं करती और इससे पिटवाना चाहती हो? लेकिन नापसन्द करती तो फूल क्यों देती? यह सब जानते हैं कि जो लोग एक दूसरे को पसन्द करते हैं, वे ही चमेली का फूल भेंट करते हैं, फिर भी उसने एक तरफ तो चमेली का फूल भेंट किया और दूसरी तरफ़ मुझे इस खतरनाक आदमी के हवाले कर दिया। यह तो मेरे सोते समय मेरे सीने पर बैठ जाएगा और मेरी गर्दन दबा देगा।

गोरपद बोला, "तुम नए आए लगते हो।"

"हाँ," श्रीराम ने जवाब दिया, "यहाँ के लिए मैं नया हूँ। महात्मा जी की दया है जो यहाँ पर सो रहा हूँ, नहीं तो घर पर सो रहा होता।"

"ठीक है," गोरपद ने जवाब दिया और इससे उसे स्थिति को सही समझने में सहायता मिली।

"तुम्हारा यहाँ स्वागत है। हम सब सिपाहियों की तरह हैं जो कैंप में एक साथ रहते हैं। सच कहा जाए तो हम सिपाही ही हैं जिन्हें अंग्रेज़ों को देश से बाहर निकालना है। इसके लिए हम अपना जीवन भी कुरबान करने को तैयार हैं। हम यहाँ ज़मीन पर इसलिए सोते हैं क्योंकि ज़िन्दगी का ज़्यादा हिस्सा हमें जेलों में बिताना होगा और वहाँ तब तक हमें आरामदेह बिस्तर नहीं मिलेंगे, जब तक हम 'ए' या 'बी' क्लास के कैदी न हों, इसलिए हमें उसके लिए तैयार रहना चाहिए। हमें पुलिस के द्वारा पीटे जाने के लिए, घसीटे जाने के लिए, लाठियाँ खाने के लिए, यहाँ तक कि गोली खाने के लिए भी तैयार रहना चाहिए। दस साल पहले मेरे पिता की पुलिस की गोली से मौत हो गई थी।"

राजनीतिक संस्मरणों के बारे में श्रीराम भी पीछे नहीं रहना चाहता था, इसलिए उसने कहा, "मैं जानता हूँ कि भारती के पिता की भी इसी तरह मृत्यु हुई थी, पुलिस की पिटाई से।"

"यह 1920 के पहले असहयोग आन्दोलन की बात है, उसके पिता ने सत्याग्रहियों के पहले जत्थे का नेतृत्व किया था, जो मद्रास के सेक्रेटरिएट से यूनियन जैक उतारने जा रहा था। उन्हें पुलिस ने लाठियों से मारा और एक लाठी उनके सीने पर पड़ी, जिससे उनकी मौत हो गई; लेकिन मेरे पिता तो गोली खाकर मरे थे। तुम्हें पता है पुलिस ने उन्हें ताक कर ही रायफ़िल चलाई थी? मैं भी भीड़ में था और उन्हें देख रहा था। वे एक दुकान पर धरना दे रहे थे जो ताड़ी और शराब बेचती थी और एक पुलिस के दस्ते ने उनसे वहाँ से चले जाने को कहा। लेकिन वे वहीं डटे रहे। काफ़ी भीड़ जमा हो गई। दंगा भी हुआ और अन्त में पुलिस ने सीधे उन्हीं को निशाना बनाकर गोली दाग दी।" यह याद करके वह रो पड़ा और कहने लगा, "जब तक अंग्रेज़ यहाँ से भगा नहीं दिए जाते, मैं चैन से नहीं बैठूँगा।" कुछ देर बाद वह कहने लगा, "मेरा भाई क्रान्तिकारी हो गया और उसने बहुत से अंग्रेज़ अफसरों को मारा, अब पता नहीं वह कहाँ है? मुझे भी उसी की तरह अंग्रेज़ों को मारना चाहिए था, लेकिन महात्मा जी तो हमें विचार से भी हिंसक नहीं होने देते, उसने अफसोस जताते हुए कहा।

श्रीराम ने सोचा कि इससे सहानुभूति जतानी चाहिए इसलिए उसने कहा, "ये सब अंग्रेज़ मार डालने चाहिए। इन्होंने बड़ा अत्याचार किया है।"

इस पर गोरपद बोला, "अगर तुम्हें सच्चा सत्याग्रही बनना है तो तुम्हें इस तरह नहीं सोचना चाहिए।"

"नहीं, यह बात नहीं है। मैं इस तरह सोचता नहीं हूँ, मैं तो सिर्फ अफसोस जता रहा था," श्रीराम ने फौरन सफाई दी। "हमें किसी को गोली मारने की बात नहीं करनी चाहिए और फिर बन्दूकें हैं कहाँ। हमारे पास बन्दूकें नहीं हैं। मेरी दादी कहा करती थी कि हमारे घर में पिताजी के पास बन्दूक थी। तुम्हें मालूम है, उनकी मेसोपोटामिया में मृत्यु हुई थी? उनके भी सीने पर गोली मार दी गई थी।"

"युद्ध में उनकी मृत्यु हुई थी, पिछले युद्ध में?"

"हाँ," श्रीराम ने कहा।

"तो वे ज़रूर ब्रिटिश फौज में सैनिक रहे होंगे," गोरपद ने कहा, उसकी आवाज़ में नफ़रत थी।

श्रीराम इसे समझ गया लेकिन चुप रहा। फिर भी उससे यह कहे बिना न रहा गया, "लोग कहते हैं कि वे महान योद्धा थे।"

"हो सकता है," गोरपद ने बड़प्पन दिखाते हुए कहा। श्रीराम को लगा कि वह मुकदमा झेल रहा है।

उस रात श्रीराम को ढेर सारी राजनीतिक जानकारी मिली। गोरपद दो बजे तक बातें करता रहा, फिर दोनों नदी किनारे निकल गए, निवृत्त हुए और जब तक कैंप के और लोग जागे, वे तैयार होकर खड़े थे। भारती ने उन्हें देखकर कहा, "तुम लोग पहले ही दिन साथी बन गए लगते हो।" गोरपद की बातें श्रीराम ध्यान से सुनता रहा जिससे उसे वहाँ के राजनीतिक मुहावरे ज्ञात हो गए और अब वह निस्संकोच महात्मा जी के साथ आने-जाने योग्य हो गया था।

महात्मा जी से उसने कहा, "मेरी जीवन में यही सबसे बड़ी तमन्ना है कि भारत से अंग्रेज़ों को निकालने का व्रत लूँ।"

महात्मा जी उसकी तरफ देखकर मुस्कराये और पूछने लगे, "तुम यह काम किस तरह करना चाहते हो?"

अब इस प्रश्न का उत्तर श्रीराम को नहीं मिला और यह ऐसा मौका था जब उसे लगा कि उसने बेकार कुछ कहा। चुप ही रहना उसके लिए उचित होता। भारती सामने ही खड़ी उसकी उलझन का लुत्फ़ ले रही थी। उसे भारती की मुस्कान देखकर चिढ़ हुई। इसलिए उसने गर्व से फिर कुछ कहा, "आपके आशीर्वाद से मैं इसके योग्य बन सकूँगा। मैं, आप जब तक चाहेंगे आपके साथ रहूँगा और आपके मार्गदर्शन में ऐसा शानदार सैनिक बन जाऊँगा कि अंग्रेज़ों को देश के बाहर निकाल सकूँ।"

महात्मा जी ने उसका यह निश्चय सुनकर प्रसन्नता व्यक्त की। कुछ देर वे रेत पर शान्त खड़े रहे और उन्हें देखकर अन्य लोग भी एकदम गम्भीर हो गए। फिर बोले, "ईश्वर चाहेगा तो तुम अवश्य बड़े काम करोगे; उस पर विश्वास रखो, बाकी सब ठीक हो जाएगा।"

लेकिन श्रीराम को सिपाही की यह कल्पना बहुत अच्छी नहीं लगी। यदि सम्भव होता तो वह सैनिक की खाकी वर्दी पहनकर और उस पर शानदार तमग़े लगाकर, जो उन दिनों लोगों को बहुतायत से मिल भी रहे थे, भारती के सामने लेफ्ट-राइट करना पसन्द करता।

महात्मा जी ने उसे विस्तार से बताना शुरू किया : ''अंग्रेज़ों को देश से बाहर निकालने का संकल्प करने से पहले तुम्हें अपने दिल और दिमाग़ से हिंसा का प्रत्येक विचार निकालकर बाहर फेंक देना होगा। तुम्हें याद रखना है कि यह लड़ाई डंडों, छुरी-चाकू या बन्दूक से लड़ी जाने वाली लड़ाई नहीं है, बल्कि इसे केवल प्रेम से लड़ना है। जब तक तुम्हें यह विश्वास नहीं हो जाए कि अपने शत्रु के प्रति तुम्हारे मन में अपार प्रेम है, तब तक तुम्हें लड़ने का विचार भी नहीं करना चाहिए। दरअसल तुम्हें 'शत्रु' शब्द ही भूल जाना होगा। तुम्हें उसे मित्र समझना होगा, जिसे देश छोड़ देना चाहिए। तुम्हें स्वयं को पूरे सौ प्रतिशत अहिंसा का सिपाही बनाना होगा। इसके लिए तुम्हें यह भी करना होगा कि मारे हुए पशुओं की खाल के बने जूते भी न पहनो, इसकी जगह नंगे पैर भी घूमना, फिरना पड़े तो उसके लिए भी तुम्हें तैयार रहना चाहिए; हाँ, यदि अपनी मौत मरे हुए पशु की खाल से बने जूते मिल जाएं, तो उन्हें तुम ज़रूर पहन सकते हो।''

श्रीराम ने कहा, ''ठीक है, मैं इसका वचन देता हूँ,'' लेकिन यह उत्तर देते समय उसकी नज़र महात्मा जी के पैरों पर ही जमी रही और उसके मन में बहुत से सवाल उभरने लगे—परन्तु वह उन्हें पूछने की हिम्मत नहीं कर सकता था।

महात्मा जी उसके विचारों को समझ गए और बोले, ''मेरी चप्पल इसी तरह के चमड़े से बनी हैं। वर्धा की अपनी टैनरी में हम ऐसे ही जूते बनाते हैं। आश्रम में हर कोई इन्हीं को पहनता है।''

श्रीराम पूछना चाहता था, ''आपको कैसे पता चलता है कि कोई जानवर मरने वाला है। इसका पता आप कैसे लगाते हैं?'' लेकिन उसने यह सवाल अपने मन में जबरदस्ती दबा दिया, क्योंकि यह उचित नहीं होता।

श्रीराम से कहा गया कि अगर वह अपनी दादी से आज्ञा ले आए, तो महात्मा जी के साथ गाँवों में जा सकता है। श्रीराम ने इससे बचने की कोशिश की और कहा कि वह घूमने के मामले में स्वतन्त्र है और कहीं भी आ-जा सकता है। इसलिए उसे दादी की आज्ञा की ज़रूरत नहीं है, लेकिन महात्मा जी को चकमा देना आसान नहीं था और उन्होंने फौरन मुस्कराकर कहा, ''मुझे याद है कि तुमने कहा था कि दादी हम लोगों से तुम्हारा मिलना पसन्द नहीं करती।''

श्रीराम ने कुछ सोचकर कहा, ''जी, बापूजी, लेकिन मैं हमेशा दादी से बँधा कैसे रह सकता हूँ? यह तो सम्भव नहीं है।''

''अच्छा, तुम निश्चय के साथ कह सकते हो कि तुम अपना जीवन बदलना चाहते हो?'' महात्मा जी ने प्रश्न किया।

''और कुछ तो मैं सोच ही नहीं सकता,'' श्रीराम ने उत्तर दिया। ''जैसे मैं अब तक जिया, उसी तरह आगे भी कैसे जी सकता हूँ?'' यह कहकर उसने भारती पर नज़र डाली, जो महात्मा जी के लिए कुछ पत्र लिए इधर आ रही थी। उसे देखकर वह आगे जो कहना चाहता था, उसे नहीं कह सका। वह कहना चाहता था कि ''मैं भविष्य में हमेशा भारती के साथ रहना चाहता हूँ, दादी के साथ नहीं।''

महात्मा जी बोले, ''तुम जब तक चाहो, मेरे साथ रह सकते हो, लेकिन पहले तुम्हें अपनी दादी का आशीर्वाद लेकर यहाँ आना होगा। तुम्हें उसे स्पष्ट बताना होगा कि तुम क्या करना चाहते हो, लेकिन उसे कोई तकलीफ़ नहीं देनी होगी।''

श्रीराम हिचका। दादी से मिलने से उसे बड़ा डर लगता था। उसका विचार श्रीराम के लिए ऐसे पुराने ढंग के जीवन का विचार था, जिसे वह हमेशा के लिए छोड़ चुका था; उसकी नई दुनिया अब भारती, गोरपद और अपनी मौत से खुद मरने वाले पशुओं और चरखे पर कताई-बुनाई की दुनिया थी। वह हर समय इसी दुनिया में रहना चाहता था; अब उसके लिए कबीर स्ट्रीट की पुरानी दुनिया में, अपने चबूतरे वाले मकान में, सामने वाली दुकान की दुनिया में रहना सम्भव नहीं था। जहाँ के लोग उसे अब भी आठ बरस का बच्चा समझकर उसके साथ व्यवहार करते थे। वह महात्मा जी के आगे खड़ा उनसे यह आशा करने लगा कि वे उससे दादी के पास जाने का आग्रह नहीं करेंगे, लेकिन उनका निर्णय अटल था। वे बोले, ''जाकर दादी से बात करो। मेरा ख्याल है, वह इतनी कठोर नहीं होगी कि तुम्हारी महत्त्वाकांक्षाओं को पूरा न होने दें। उनसे कहना कि मैं तुम्हें अपने साथ रखना चाहता हूँ। अगर तुम दो हफ्ते मेरे साथ रहोगे तो ऐसी बहुत सी बातें देखोगे और सीखोगे, जो आगे की ज़िन्दगी में तुम्हारे काम आएंगी। उससे कहो कि तुम्हारी सफलता देखकर उसे खुशी होगी और मैं यहाँ तुहारी सुरक्षा का भार लेता हूँ।''

ये शुब्द सुनकर वह डर गया क्योंकि दादी ने महात्मा जी के लिए जो कुछ कहा था, वह उसे याद था। वे बातें महात्मा जी के सामने दोहराने की उसे हिम्मत नहीं थी। उसे महात्मा जी पर दया आने लगी, क्योंकि वे समझते थे कि दुनिया का हर आदमी उन्हें चाहता है। उसे दादी पर गुस्सा आया कि वह कितने पुराने ख्यालों की, अशिक्षित और गँवार है! उसे इस तरह अपने पोते की ज़िन्दगी खराब करने का क्या हक है? अगर वह स्वतन्त्र होता तो दादी की अवज्ञा भी कर देता, लेकिन अब उसे महात्मा जी की आज्ञा तो माननी ही थी।

''ठीक है, बापू जी,'' उसने कहा। ''मैं घर जाता हूँ और दादी का आशीर्वाद लेकर कल सवेरे लौट आऊँगा।''

वह चल पड़ा और कई बार वापस लौटने को हुआ, कि महात्मा जी से कह दे कि वह दादी से मिल आया है। उन्हें पता कैसे चलेगा कि सचाई क्या है? लेकिन हर बार उसने इसे अव्यावहारिक मानकर छोड़ दिया, हालाँकि इन परिस्थितियों में यही करना शायद सही होता। मान लो कि दादी यह सुनकर कुछ तमाशा करे, उसे गश आ जाए या वह आत्महत्या करने पर तुल जाए, या बाहर निकलकर शोर मचाये और पड़ोसी एकदम इकट्ठे होकर उसे दबा लें और घर के भीतर बन्द करके बाहर से ताला लगा दें! यह खतरा उसे क्या सिर्फ इसलिए मोल लेना चाहिए कि महात्मा जी से जाकर कह सके कि वह अपनी महा ज़िद्दी दादी से उनकी आज्ञानुसार मिल आया है? इसके बजाय समझदार आदमी की तरह क्या इससे बच निकलना ही ठीक नहीं होगा! यह भी हो सकता है कि दादी यह मान ले कि मैं भारती के लिए यह कहानी गढ़ रहा हूँ, महात्मा जी वगैरह की बातें झूठ हैं। अगर दादी ने महात्मा जी के लिए कोई अपमानजनक बातें कहीं तो वह अपने शान्त रहने का भरोसा नहीं कर सकेगा। वह कुछ ऐसा भी कर सकता है जिसके लिए बाद में उसे पछतावा हो। वह सोचने लगा कि वह किस तरह महात्मा जी के लिए दादी के अपमानजनक शब्दों का विरोध करेगा, इसमें कुछ हिंसा होगी या नहीं, लेकिन महात्मा जी के कारण उसे कुछ भी करना सम्भव नहीं लगा। उन्हें बाद में जब पता लगेगा तो वे बहुत बुरा मानेंगे।

उसने सोचा कि अब वह गाड़ी को वापस मुड़वा ले और गाँधीजी से जाकर कहे कि दादी का आशीर्वाद ले आया है। लेकिन ऐसा करना इसलिए खतरनाक था कि महात्मा होने के कारण वे उसके विचारों को पढ़ सकते थे और उसे दादी के पास सचमुच जाने और उनका आशीर्वाद लेकर आने की आज्ञा दे सकते थे; यह भी कह सकते थे कि ऐसा नहीं करोगे तो मैं भूख हड़ताल कर दूँगा। लेकिन उसे आश्चर्य हो रहा था कि उनके दिमाग़ में तो बहुत सी बातें चलती रहती हैं, फिर वे दादी की इस बात को इतना महत्त्व क्यों दे रहे हैं। उन्हें तो अंग्रेज़ों को देश से बाहर निकालने का अत्यन्त महत्त्वपूर्ण कार्य करना है, इसलिए दादी का यह मसला उन्हें श्रीराम पर ही छोड़ देना चाहिए। वह इस ऊहापोह में झूल ही रहा था, कि उसकी गाड़ी कबीर स्ट्रीट में प्रवेश कर गई। उसने बिना हुज्जत किए किराया चुकाया और चुपचाप नीचे उतर आया क्योंकि पड़ोसी उसे देखें यह वह नहीं चाहता था।

उसे दादी ज़्यादा परेशान नहीं नज़र आई! उसकी लम्बी अनुपस्थिति ने दादी को चिन्ता में ज़रूर डाल दिया था, लेकिन उसने यही दिखाने की कोशिश की कि कोई खास बात नहीं है। उसे शायद यह डर था कि अगर उसने कुछ कहा तो वह फिर घर छोड़ कर जा सकता है।

उसने सिर्फ यह कहा, "लौटने में काफी वक्त लगा दिया, बेटा," और ये शब्द भी हलके-फुलके से ढंग से ही कहे। श्रीराम ने बैठने के लिए इधर-उधर देखा। उसने

कैनवास की आराम कुर्सी उठा ली और रोशनी के बगल में उसे रखकर बैठ गया। दादी उससे कुछ इस तरह व्यवहार कर रही थी, मानो वह लम्बे समय से बिछुड़ा हुआ था। दादी ने शुद्ध घी में बनाए ढेर सारे पकवान उसके सामने रख दिए और बोली, ''यह वकील साहब के घर से आया है। उनके आठवें बच्चे की पहली सालगिरह थी। हर बच्चे के लिए वे बहुत कुछ करते हैं।''

श्रीराम ने एक टुकड़ा मुँह में रखा, चखकर देखा और बोला, ''हाँ, अच्छा बना है। असली घी है। अच्छे आदमी हैं।'' फिर कचर-कचर करके खाने लगा।

दादी बोली, ''मैंने तुम्हारे लिए रख लिया था। मैं जानती थी, तुम्हें अच्छा लगेगा। मैं सोच रही थी कि कब तक ये ठीक रहेंगे। मेरे तो दाँत हैं नहीं। और तुम नहीं थे तो पकवान किसे अच्छे लगते। सब मत खा जाना, नहीं तो खाना नहीं खाओगे।''

''खाना तो मैं खा आया हूँ, दादी।''

''इतनी जल्दी?''

''हाँ, आश्रम में सात बजे तक लोग खा लेते हैं। यह वहाँ का नियम है।''

''सात बजे क्या खाना-पीना हो सकता है!'' वह ज़ोर से बोली। ''तुम फिर से खा लेना। तब तक भूख भी लग आएगी।''

''नहीं, दादी। वहाँ के नियम बहुत पक्के हैं। हम जो चाहें, नहीं कर सकते। हर बात के अपने नियम हैं। खाना बहुत अच्छा मिलता है।''

''उसका पैसा देना पड़ता है?'' दादी ने पूछा।

''नहीं, बिलकुल नहीं', श्रीराम बोला। ''तुम्हारा ख्याल है, महात्मा जी होटल चलाते हैं?''

''फिर तुम्हें क्यों खिलाते हैं?''

''क्योंकि हम उनके अपने हैं।''

''क्या वे ग़रीबों के लिए सदावर्त करते हैं?''

इस पर श्रीराम का मूड खराब हो गया। कितनी अंजान है दादी! ''मैंने कहा कि हम लोग जो उनके अपने हैं, उन्हें खिलाते हैं। समझ में आया!''

''लेकिन क्यों खिलाते हैं?''

''क्योंकि हम स्वयं सेवक हैं।''

''किस बात के स्वय सेवक?'' दादी पुराने ढंग से व्यवहार करने लगी थी। ''और खाने को देते क्या हैं?''

''चपाती, दही, छाछ, सब्जियाँ।''

''तो फिर ठीक है। मेरा ख्याल था कि अंडे-मुर्गी देते होंगे।''

श्रीराम यह सुनकर दुखी हो उठा। ''तुम महात्मा जी को समझती क्या हो? पता है तुम्हें, उन्हें मारे हुए जानवर की खाल का जूता पहनना भी पसन्द नहीं है।''

यह सुनकर दादी ज़ोर-ज़ोर से हँसने लगी। उसके गालों पर आँसू ढुलकने लगे। हँसती हुई वह कहने लगी, "तो वे चप्पल भी नहीं पहनते! ...ऐसी बात तो कभी नहीं सुनी। वे यह करते कैसे हैं? जानवर का कत्ल करने से पहले वे उसकी खाल उतार लेते हैं? बताना ज़रा।"

"दादी, चुप करो," श्रीराम गुस्से से बोला। "कितनी ग़लत बात करती हो तुम। मैंने कभी सोचा भी नहीं था।"

दादी को पहली दफ़ा अपने पोते में किसी के प्रति गहरी लगन दिखाई दी। वह शान्त होकर कहने लगी, "तो वह तुम्हारा देवता है, ईश्वर है?"

"हाँ, हैं, और मैं उनके लिए कोई भी हलकी बात सुनने को तैयार नहीं हूँ।"

"मैं किसी के बारे में कैसे कुछ जान सकती हूँ? क्या मैं अखबार पढ़ती हूँ? लेक्चर सुनती हूँ! कोई मुझे किसी के बारे में कुछ बताता है? फिर मैं गाँधी नाम के इस आदमी के बारे में कैसे जान सकती हूँ?"

"वह आदमी नहीं है, महात्मा है!" श्रीराम ने चीख कर कहा।

"अच्छा, तुम क्या जानते हो कि महात्मा कैसा होता है?" दादी ने सवाल किया।

श्रीराम इन सवालों से बहुत परेशान हो उठा और आरामकुर्सी में आँखें बन्द करके झूलने लगा। उसे गुस्सा आने लगा था क्योंकि उसे दादी से ऐसे सवालों की उम्मीद नहीं थी। वह दादी का गुस्सा झेलने के लिए ही तैयार होकर आया था, इस तरह के उलटे-सीधे सवालों के लिए नहीं और न गाँधीजी के प्रति ऐसी अभद्रता की, उसे लगा कि दादी हर तरह से सबकी छीछालेदर करने पर उतारू है। इस स्थिति की तो उसने कल्पना भी नहीं की थी और इसका उपाय कैसे—क्या किया जाए, यह भी उसकी समझ में नहीं आ रहा था। क्रोध व्यक्त करना इसका इलाज नहीं हो सकता था, क्योंकि इससे वह और ज़्यादा भड़क सकती थी और जब उसकी आज्ञा लेकर बाहर जाने की बात होती, तो वह हरगिज़ तैयार न होती। वह पड़ोसियों को बुला लेती और उनके सामने उसका मज़ाक उड़ाती। उसने अपनी नीति बदलने का फैसला किया। वह अचानक उठकर खड़ा हो गया और कहने लगा, "दादी, तुमने खाना नहीं खाया अभी तक? मैं तुमको इस तरह बातों में उलझाये हुए हूँ।"

दादी ने इस पर भी 'ही-ही' करते हुए कहा, "कोई बात नहीं, बेटा। कितने साल हो गए जब से मैं शाम को ही खा-पी लेती हूँ—बीस साल हो गए होंगे। रात को तुमने मुझे कभी खाते देखा है?"

उसकी आवाज़ में कुछ ऐसा घमंड-सा था कि श्रीराम का मन हुआ कि यह कहे, 'तो इसमें खास बात क्या है? कोई भी बिना खाये रह सकता है।' वह इसमें यह भी जोड़ना चाहता था, 'महात्मा जी तो न जाने कितने दिन बिना खाये रहते

हैं, और वे कई बार उपवास रखते हैं।' लेकिन वह चुप रह गया। दादी ने शायद उसकी बात समझ ली और कहने लगी, "महात्मा गाँधी जब उपवास रखते हैं, सारा देश उनकी बात करता है।"

"और तुम रात को जब उपवास करती हो तब कोई ध्यान नहीं देता। तुम में और गाँधीजी में यही फर्क है।" बात करने के उसके तीखे ढंग पर दादी का ध्यान गया।

"तुम खाना खाओगे?"

"हाँ, लेकिन तुम्हें खुश करने के लिए ही। मुझे भूख नहीं है, यह तो मैंने बता ही दिया है। और ये चीज़ें अच्छी हैं, अच्छे घी की बनी हैं। तुम उन्हें बता भी देना। ये मैंने काफ़ी खा ली हैं और अब पेट एकदम भर गया है।"

दादी इस गर्मा-गर्मी के बाद अब सही मुद्रा में आ गई थी। उसने गम्भीरता से कहा, "लेकिन बेटा तुम्हें खाना ज़रूर चाहिए।" यह कहकर वह तैयारी में इस तरह जुट गई जैसे कोई खास मेहमान आ गया हो। उसने अलमारी से केले का बड़ा पत्ता निकाला, उसे ज़मीन पर बिछाया, पानी डालकर उसे साफ़ किया, और ताँबे का चावल का पतीला अपने पास खींचकर रख लिया जिससे उसे बार-बार उठना न पड़े। सामने ही दिया रखा था। श्रीराम ने चुपचाप खाना खाया, साथ में रखे पानी के बर्तन से पानी निकालकर पिया, और उस बड़े पतीले पर नज़र डाली जिसमें से उसे सालों-साल चावल परोसा जाता रहा था। अचानक उसे ये सब चीज़ें देखकर धक्का-सा लगा। वह सोचने लगा कि आज के बाद वह यहाँ बैठकर इस तरह इन बर्तनों से खाना नहीं खायेगा—जैसे यह उसका विदाई भोजन था। इसके बाद वह एकदम नई ज़िन्दगी बिताने चला जाएगा। भगवान जाने वह ज़िन्दगी कैसी होगी। यह सब सोचकर उसे बहुत बुरा लग रहा था। वह समझ गया था कि अपनी योजनाओं या महात्मा जी या भारती के बारे में उसे दादी से कोई भी बात करने की ज़रूरत नहीं है। उसे कुछ भी समझ में नहीं आएगा। उसे तो सिर्फ खाने-पीने की चीज़ों और रात को उपवास रखने जैसी बातों की ही समझ है जिससे पड़ोसियों को अपनी धार्मिकता से प्रभावित कर सके। इसलिए उससे क्या बात की जाए? अच्छा यही होगा कि बिना शोर मचाये सवेरा होते ही चला जाए। उसने गाँधीजी की इच्छा का इतना तो पालन कर ही लिया था कि घर आकर दादी से बातचीत कर ली थी। महात्मा जी को भी इतने से सन्तुष्ट हो जाना चाहिए, क्योंकि कोई भी यह तो आशा कर नहीं सकता कि दादी का विचार परिवर्तन इतना ज़्यादा हो जाएगा, कि उसे घर छोड़ने के लिए आशीर्वाद दे सके।

दादी काफी वृद्ध थी, अस्सी वर्ष की। नब्बे की-या सौ की भी हो सकती थी। श्रीराम ने कभी उसकी सही उम्र जानने की कोशिश नहीं की थी और आज की

नई बातें उसकी समझ से परे थीं। देर रात जब उसे विश्वास हो गया कि दादी सो गई होगी, वह बिस्तर से उठा, कागज़ पर अपना सन्देश लिखा, उसे खिड़की पर रखे पानी के बर्तन के नीचे दबाकर इस तरह रख दिया, कि जब वह सुबह उठते ही पानी पीने वहाँ जाए तो उसे सन्देश मिल जाए। फिर वह अपना चश्मा तलाश करेगी और न मिला तो पड़ोसियों के पास उसे पढ़वाने ले जाएगी। हो सकता है, वह पड़ोसियों से उसे पढ़वाना ही न चाहे। वह हमेशा चश्मे के लिए मुझे ही आवाज़ लगाती थी; अरे श्रीराम, कहाँ है मेरा चश्मा! कहाँ खो जाता है हमेशा! जब भी उसे पढ़ने के लिए कुछ मिल जाता तो वह हमेशा चश्मा लाने के लिए उसे आवाज़ लगाती, वह अलमारी तक जाकर उसे निकालकर देता। इसलिए इस दफ़ा उसने यह काम पहले ही कर दिया। वह धीरे-धीरे अलमारी तक गया, चश्मे की डिब्बी खोलकर उसमें से चश्मा निकाला, लेकिन डिब्बी को बन्द नहीं किया, खुला ही रहने दिया, क्योंकि बन्द होते ही उसमें 'क्लिक' की ज़ोरदार आवाज़ होती थी। फिर चश्मा विदाई के पत्र के पास रख दिया, धीरे से दरवाज़ा खोला और बाहर निकल गया।

2

अब वह महात्मा गाँधी के दल का स्वीकृत सदस्य बन गया और जिस गाँव में भी जाता, वहाँ लोग बड़े आदर से उससे पेश आते और उसके इर्द-गिर्द घूमते। वे उसे आश्चर्य की वस्तु की तरह देखते थे। भारती और गोरपद के साथ उसकी तिकड़ी बन गई थी और जब कभी ग्रामवासी महात्मा जी के बारे में कुछ जानना चाहते, उसके पास आते और सम्मानपूर्वक पूछते। इस प्रकार, भारती तथा गोरपद से उसे जो ज्ञान प्राप्त हुआ था, उसे वह इन लोगों में वितरित करता था। इस तरह वह अपना काम एक साथ सीखता भी था और करता भी था। इस समय तक उसे ग्राम जीवन की कोई कल्पना ही नहीं थी। मालगुडी कस्बे में वह पैदा हुआ था और वहीं पला-बढ़ा भी था। यहाँ भी कबीर स्ट्रीट, मार्केट रोड तथा दो-एक अन्य स्थानों के अलावा और कुछ उसे पता नहीं था। जब कभी उसे 'गाँव' शब्द सुनाई देता, उसकी कल्पना में हमेशा हरे-हरे नारियल के पेड़, बड़ा सा तालाब जिसके चारों तरफ लम्बी-लम्बी सीढ़ियाँ बनी हैं, रंग-बिरंगे कपड़े पहने और बाँहों में पानी-भरे कलसे सँभाले औरतें, तालाब के पीछे ऊँची बुर्जी वाला प्राचीन मन्दिर, छोटे-छोटे घर जिनके सामने चबूतरे हैं, चटाई से ढकी बैलगाड़ियाँ, जिनके पशु रुनझुन करते आराम से चले जा रहे हैं और गाड़ीवान हमेशा गाना ही गाता रहता है—यही सब नज़र आता। यह सब कल्पना उसे उन तमिल फिल्मों से प्राप्त होती, जिन्हें वह स्थानीय रीगल सिनेमा में नियमित रूप से देखता था। लेकिन जो सचमुच के गाँव उसने देखे, वे एकदम भिन्न थे। कुछ गाँव तो थोड़ी-सी झोंपड़ियों के अलावा और कुछ नहीं थे। पहली दफ़ा मालगुडी से दस मील दूर जब वह एक गाँव में पहुँचा तो भौंचक्का होकर भारती से पूछने लगा, "लेकिन यहाँ गाँव कहाँ है?"

"कौन सा गाँव?"

"कोई भी गाँव," उसने जवाब दिया।

"यह तुम्हें गाँव नहीं लगता?" भारती ने पूछा।

"नहीं तो," वह बोला। महात्मा जी आराम करने चले गए थे, इसलिए उन्हें बातचीत का समय मिल गया था।

भारती बोली, "कितने अफ़सोस की बात है। यह हालत है आज के लोगों की। देखो और सीखो, शहर के बाबू! असली गाँव यही है। मैं झूठ नहीं बोल रही। हमारे देश में इस तरह के करीब सात लाख गाँव हैं।"

"तुम्हें कैसे मालूम है?" बातचीत को बढ़ाने की गरज से उसने सवाल किया।

"पढ़े-लिखों से पता चला है," वह बोली।

"कितने पढ़े-लिखे?" श्रीराम ने फिर पूछा।

अब उसने इस चर्चा की उपेक्षा की और अपने मिशन के बारे में बताने लगी। वे उन गाँवों का सर्वे करने निकले थे, जो पिछले अकाल का शिकार हुए थे! यह सेवा का मिशन था, महात्मा जी अकाल की स्थितियों की स्वयं वहाँ जाकर परख करना चाहते थे, और पीड़ितों को धीरज तथा साहस बँधाना चाहते थे। यह काम गम्भीर और कठोर था। महात्मा जी इस कार्य को बहुत महत्त्व देते थे और इसके लिए उन्होंने बहुत से अन्य कार्यक्रम छोड़ दिए थे। दूर यूरोप में एक महायुद्ध लड़ा जा रहा था, जो सुदूर पूर्व में भी आरम्भ हो सकता था और दोनों का प्रभाव यहाँ भी पड़ रहा था। यहाँ बम तो नहीं गिरे थे, लेकिन स्थिति ज़्यादा बेहतर नहीं थी। कहीं कोई एयररेड का निशान भी नहीं था, न कोई युद्ध का पोस्टर लगा था, लेकिन पश्चिमी यूरोप में चल रहे घमासान के लिए, यहाँ का हर छोटे-से-छोटा स्टेशन मालवाहक प्रणाली के अंग के रूप में काम कर रहा था। पटरियों पर खड़े डिब्बे समीप के मेम्पी जंगल की लकड़ी, अनाज और वहाँ जाकर लड़ने के लिए तैयार ग्राम वासियों से हर समय भरे रहते थे।

स्थिति इतनी ज़्यादा गम्भीर होते हुए भी श्रीराम और भारती को यह सब नज़र नहीं आता था। एक-दूसरे के साथ होने का जो सुख उन्हें प्राप्त था, उसके सामने सभी परेशानियाँ अर्थहीन थीं। सिर्फ गोरपद ही इस त्रासदी से प्रभावित था। वह बहुत कम बोलता था, जल्दी सोने चला जाता था और इसी के बारे में सोचता रहता था। वह कहता : "देखो, अंग्रेज़ों ने हमारे देश का क्या हाल कर दिया है। यह अकाल उन्होंने इसीलिए फैलाया है कि हम उनके गुलाम बने रहें। वे जंगलों और खेतों को लूट रहे हैं जिससे उनका युद्ध चलता रहे। असली पीड़ित तो यह बच्चा है,"—यह कहकर गाँव का जो भी दुर्बल बच्चा सामने आ जाता, उसकी हड्डियाँ और फूला हुआ पेट दिखाकर वह अपनी बात खत्म करता।

वह भरे गले से कहता, "इन गाँवों में खाने को कुछ नहीं बचा है। इनकी देखभाल करने को कोई नहीं है; कौन करता है इनकी फ़िक्र? इनकी परेशानियाँ दूर करने वाला कहीं कोई है? सब लड़ाई में लगे हैं। बनियों ने सारा अन्न अपने गोदामों में जमा कर लिया है, उसकी कीमतें आसमान छू रही हैं। लड़ाई वाले लोग मुँह माँगी कीमतें देकर इसे खरीद रहे हैं। इन गरीब लोगों को अन्न कहाँ से मिलेगा!"

श्रीराम यह सब सुनकर सोचता, "यह मुझसे ये बातें क्यों कर रहा है? इसके लिए क्या मैं ज़िम्मेदार हूँ?" वह चाहता था कि भारती के साथ अकेले रहने को मिले। लेकिन गोरपद तो लोहे का बना आदमी था और उसे जब भी कुछ और करने को मिलता, वह इन्हें एकदम अकेला छोड़ देता था। उसके घूमते ही दोनों की आँखें मिलतीं और दोनों हँस पड़ते, उन्हें लगता कि जो कुछ हो रहा है उसके लिए वे कर भी क्या सकते हैं?

श्रीराम की कल्पना का गाँव तो कहीं भी नहीं था। भूखे, दुबले-पतले आदमी और औरतें, ऊपर दिखाई देतीं हड्डियाँ, खुश्क धरती, सूखे हुए तालाब, मिट्टी की दीवारों से टूट-टूटकर गिरते छप्पर, सड़कों पर गड्ढे और उड़ती हुई रेत, चारों तरफ़ सूखे पड़े हुए खेत—यह था उनके सामने का गाँव। श्रीराम को विश्वास नहीं होता था कि वह मालगुडी कस्बे तथा सभ्यता से सिर्फ बीस मील दूर यह सब देख रहा है। यहाँ सूखे पड़े नालों में कुत्ते और सुअर लोट रहे हैं। यहाँ का हर हिस्सा गन्दा है और खुश्क गटर लगता है। श्रीराम को ताज्जुब हुआ कि ऐसे माहौल में लोग रह कैसे लेते हैं। वह हर जगह रुककर हर आदमी से पूछना चाहता, 'तुम यहाँ कब तक रहोगे? मालगुडी या कहीं और जाकर नहीं रहोगे? क्या हमेशा-हमेशा यहीं रहते रहोगे?'

महात्मा जी ने अफसरों की तैयारियों पर यह कहकर पानी फेर दिया था कि दौरे की उनकी योजना निश्चित नहीं है और वे जहाँ भी चाहते, चले जाते। अफ़सर बड़ी नम्रता से उनसे पूछते कि वे कहाँ जाना चाहते हैं, तो वे कहते "मैं हर जगह जाना चाहता हूँ, 'या' काश, मैं खुद जानता होता!"

"हम चाहते हैं कि आपके लिए सब प्रबन्ध कर दें।"

"मेरे लिए? कोई तकलीफ की ज़रूरत नहीं है। मैं किसी भी झोंपड़ी में सो सकता हूँ। लोगों के साथ उन्हीं की तरह रह सकता हूँ। मुझे सुविधाओं की ज़रूरत नहीं है। फ़िक्र मत कीजिए। हम अपनी देखभाल खुद कर सकते हैं। मैं यहाँ मेहमान थोड़े ही हूँ, मैं तो खुद मेज़बान हूँ! आप भी शामिल हो जाइए। हमारे मेहमान बनकर देखिए।" उन्होंने ज़िले के कलेक्टर से यह सब कहा और यह भी जोड़ा, "हम वादा करते हैं कि आपकी बहुत अच्छी देखभाल होगी और आपको वे सब सुविधाएँ दी जाएंगी, जो आप चाहेंगे।"

कई बड़े-बड़े अफसर उनके पीछे-पीछे फिर रहे थे। महात्मा जी ज़्यादातर पैदल ही सब जगह आते-जाते थे। जहाँ भी मन होता, ठहर जाते। गाँव की सबसे छोटी झोंपड़ी मिल जाती, तो उसमें रह लेते, नहीं तो किसी मन्दिर में या खुली हवा में रहने में भी उन्हें कोई परेशानी नहीं होती थी। वे घंटों अपनी लठिया पकड़े और अपने किसी साथी के कन्धे पर हाथ रखे घंटों चुपचाप चलते रहते थे। चलते-चलते

वे अक्सर रास्ते में पेड़ काटते किसी किसान के साथ या जमीन खोदते मज़दूर के साथ बातचीत करने के लिए रुक जाते थे।

श्रीराम रास्ते में किसी भी गाँव के लिए यह नहीं पूछता था, कि यह कौन सा गाँव है, क्योंकि सब गाँव एक जैसे ही थे। रोज़ का ढर्रा एक ही था, गाँधीजी की ज़िन्दगी इस तरह चलती रहती जैसे वे एक ही जगह रह रहे हैं, और सब लोग भी उन्हीं की तरह करते थे। वे गाँव के स्त्री-पुरुषों से बातें करते, उन्हें ईश्वर के बारे में बताते, रोगियों को सांत्वना देते और मार्गदर्शन चाहने वालों को सलाह देते। वे उन्हें चरखा कातने के बारे में, लड़ाई के बारे में, इंग्लैड के बारे में, और धर्म के बारे में बताते। वे झोपड़ियों के भीतर उनसे चर्चा करते या गाँव के बरगद के नीचे-हर गाँव का अपना विशाल बरगद ज़रूर होता था—उन्हें कुछ बताते।

गाँधीजी का दौरा खत्म होने को आ रहा था। उन्हें मेम्पी पहाड़ी के नीचे छोटे से स्टेशन कोप्पल से गाड़ी पकड़नी थी। वे चाहते थे कि उनके जाने का समय गुप्त रखा जाए, इसलिए उनकी गाड़ी का प्रबन्ध देखने के लिए नियुक्त दो अफसरों के अलावा प्लेटफार्म पर कोई नहीं था। छोटे-से क़द का स्टेशन मास्टर, जिसकी विलियम कैसरनुमा तावदार मूँछें थी और जो सादा धोती के ऊपर हरी पट्टीदार पगड़ी बाँधे था, अपने कुली की सहायता से एक खूब बड़ी, भारी-भरकम पुरानी कुर्सी बाहर प्लेटफार्म तक घसीट लाया। उसने अपने छहों बच्चे साफ़-सुथरे तैयार करके गुलमोहर के फूलों से खिले पेड़ के नीचे क़तार बनाकर खड़े कर दिए। टेलीग्राफ से लगातार आने वाले सन्देशों के बीच उसे महात्मा जी की मेज़बानी भी करनी थी। उसने उन्हें कुर्सी पर बैठने का बेतहाशा आग्रह किया लेकिन वे यही कहते रहे, "मैं भी दूसरों की तरह खड़ा रह सकता हूँ," और इसके बाद पास खड़े अपने साथियों की तरफ एक नज़र देख लेते। छोटे-से क़द के स्टेशन मास्टर को यह सुनकर बड़ी परेशानी होती और उसके माथे से पसीने की बूँदें उसकी आँखों की कोरों से नीचे आकर टपकती रहतीं। रेलवे लाइन के उस पार पहाड़ियों की कतारें थीं और उनके पीछे था नीला आसमान। स्टेशन मास्टर परेशानी से बुरी तरह हाँफ रहा था और बार-बार अपने लड़कों को चुपचाप ठीक से खड़े रहने की हिदायत भी दे रहा था, हालाँकि बेचारे न जाने कब से मूर्तियों की तरह साँस रोके एकदम शान्त खड़े थे।

यह देखकर महात्मा जी ने कहा, "स्टेशन मास्टर साहब, आप बच्चों को मैदान में दौड़ने-भागने क्यों नहीं दे रहे? उन्हें इस तरह क्यों खड़े रखा है?"

"यह कोई नई बात नहीं, महात्मा जी, यह तो उनकी आदत है", कहकर उसने महात्मा जी की ओर देखा, कि वे लड़कों के अनुशासन पर प्रसन्न होंगे?

लेकिन महात्मा जी बोले, ''भाई, मेरा ख्याल है कि तुम मुझे दिखाने के लिए उन्हें इस तरह खड़ा किए हो। लेकिन उन्हें दौड़ते-भागते देखकर मुझे ज़्यादा खुशी होगी, जब वे जमीन पर बिखरे ये फूल उठाते फिरेंगे। मैं चाहता हूँ कि बच्चे आज़ाद रहें और खेलते-कूदते नज़र आएं।''

हमेशा की तरह महात्मा जी ने रास्ते में उन पर फेंके गए फूल और पहनाई गई मालाएँ इकट्ठी कीं, बच्चों को अपने पास बुलाया और सब में उन्हें बाँट दिया। लेकिन उनका पिता यह सोचकर परेशान होता रहा कि कहीं कोई गलत व्यवहार न कर दें! रेल लाइन के पार आसमान लाल हो रहा था। छोटे से दफ्तर में एक घंटी टिनटिनाई। स्टेशन मास्टर दौड़कर भीतर गया और माथे पर पहले से ज़्यादा पसीना लिए बाहर आया। ''सेविन डाउन परियापुर से चल पड़ी है। पन्द्रह मिनट में यहाँ पहुँच जाएगी। अठारह बजकर बयालीस मिनट पर।'' वह चिन्तित था कि ट्रेन के कारण कहीं वह यहाँ के किसी कर्तव्य से न चूक जाए। महात्मा जी ने कहा, ''आप केबिन में अपना काम देखें। यहाँ की चिन्ता करने की ज़रूरत नहीं है।''

''अच्छा।'' उसने परेशानी से कहा, ''मुझे रिकार्ड लिखने हैं, ट्रेन के लिए लाइन को ठीक करना है।''

''हाँ, हाँ, कीजिए,'' महात्मा जी ने कहा।

इन दिनों में पहली दफ़ा श्रीराम परेशानी महसूस कर रहा था। महात्मा जी के चले जाने पर यहाँ अकेले ज़िन्दगी बिताने का ख्याल उसे खलने लगा था। भारती की उपस्थिति भी अब उसे सन्तुष्ट नहीं कर सकेगी। जैसे ही ट्रेन के आने की आवाज़ सुनाई देने लगी, वह एकदम जड़ दिखाई देने लगा। महात्मा जी ने उसे देखकर कहा, ''खुश रहना। भारती तुम्हारी देखभाल करेगी।'' श्रीराम ने भारती पर उम्मीद की नज़र डाली। महात्मा जी ने आगे कहा, ''याद रखना कि भारती तुम्हारी गुरु है, उसे इज्ज़त की नज़र से देखोगे तो तुम और वह, दोनों बिलकुल ठीक रहोगे।'' श्रीराम को यह वाक्य हज़म करने में काफी देर लगी। ट्रेन प्लेटफार्म पर आकर रुकी। महात्मा जी एक तीसरे दर्जे में घुस गए।

ठंडे दिमाग वाला गोरपद किसी के भी आने या जाने से प्रभावित नहीं होता था। वह श्रीराम से बोला, ''अब तुम्हें अपने कर्तव्यों का ज्ञान हो गया है और यह भी कि काम कैसे करना चाहिए। भारती बहिन, तुम तो सब जानती ही हो। अच्छा, नमस्ते।'' यह कहकर वह भी गाँधीजी के साथ डिब्बे में चढ़ गया। उसके बाद और लोग भी जा घुसे।

एक घंटी बजी, फिर दूसरी। स्टेशन मास्टर बाहर आया और बोला, ''सेविन डाउन यहाँ आम तौर पर दो मिनट रुकती है, लेकिन आज हमने इसे साढ़े तीन मिनट रोका है।'' वह उन लोगों की भीड़ देखकर परेशान था जो दूसरे डिब्बों में

से निकल-निकलकर महात्मा जी की खिड़की के सामने आकर इकट्ठे हो गए थे। इंजन धूँ-धूँ कर रहा था। एक सिरे से इंजन ड्राइवर और दूसरे से गार्ड भी महात्मा जी के दर्शन के लिए वहाँ आ गए थे। महात्मा जी ने उनके नमस्कार को स्वीकार करके पूछा, "अब गाड़ी कैसे चलेगी, उसका दिल और आत्मा तो दोनों यहीं आ गए हैं?" इंजन ड्राइवर हँसकर पीछे लौटा, तो महात्मा जी ने यात्रियों से कहा, "अब आपको अपने डिब्बों में चले जाना चाहिए।" भीड़ वापस लौटी और स्टेशन मास्टर ने अपनी झंडी हिलाई।

गाँधी जी श्रीराम से बोले, "मुझे पत्र लिखते रहना। मैं भी लिखता रहूँगा। अब तुम्हें अपने काम का ज्ञान हो गया है। बहुत जल्दी अच्छी कताई करना सीख लेना। निराश होने की ज़रूरत नहीं है।"

"जी, बापूजी," श्रीराम ने उत्तर दिया, यह विदाई उसे बहुत प्रभावित कर गई थी।

भारती ने स्पष्टता से यही कहा, "बापू जी, नमस्कार।"

बापू ने मुस्कराकर उसकी तरफ देखा और कन्धे थपथपाए। "तुम तो कार्यक्रम के अनुसार काम करती ही रहोगी और मुझे लिखती भी रहोगी।"

"जी हाँ, बापू।"

"कोई चिन्ता मत करना।"

"जी, बापू।"

आसमान पहले लाल, फिर काला और अँधेरा होता गया और सेविन डाउन अपनी पटरी पर महात्मा जी को त्रिची की ओर ले चली; फिर वे मद्रास, बम्बई, दिल्ली और बाहर की पूरी दुनिया में घूमते रहे। यहाँ इस छोटे से स्टेशन पर रात घिर आई और स्टेशन मास्टर गैस लेंप तथा सिग्नल की रोशनी जलाने चले गए।

यद्यपि अब महात्मा जी उसके साथ नहीं थे, लेकिन उसे लगता था कि उसकी गतिविधियों पर नज़र रखी जा रही है। अब उसका घर मेम्पी पहाड़ी की एक ढलान पर एक टूटा-फूटा मन्दिर था, जिसके सामने घाटी फैली हुई थी। इसके नीचे एक टेढ़ी-मेढ़ी पगडंडी मुख्य मार्ग से जा मिलती थी। जो एक मील आगे कोल स्टेशन पर खत्म हो जाता था। उसे अक्सर डाक हरकारा एक बड़े से थैले में चिट्ठियाँ वगैरह भरे हाथ में डंडा हिलाता, जिसमें लगी घंटियाँ एक मील की दूरी तक सुनाई देती थी, उसे ऊपर चढ़ता दिखाई देता था। श्रीराम को अपने लिए किसी चिट्ठी की उम्मीद तो नहीं होती थी, लेकिन हरकारे को चढ़ते हुए देखना उसे अच्छा लगता था—यह पत्थर पर जाकर रुकता, फिर एक मोड़ लेकर और भी ऊपर बसे गाँवों और फ़ार्मिंग बस्तियों में प्रवेश कर ज़ाता था।

यह जगह शायद उसके भाग्य में ही लिखी थी, जिसे किसी ने हज़ारों-हज़ार साल पहले यह सोचकर ही बनाया होगा कि कभी श्रीराम यहाँ आकर इस इमारत का उपयोग करेगा। यह बिलकुल खंडहर था, दीवार से कहीं-कहीं कुछ मूर्तियाँ निकली पड़ रही थी, जगह-जगह ईंट-पत्थर उखड़-उखड़कर गिर रहा था। मन्दिर की भीतरी कोठरी में एक चार हाथ की किसी देवता की मूर्ति थी जिसके चारों तरफ काई उग आई थी। लेकिन रहने की दृष्टि से यह जगह बहुत आरामदेह थी। काफी बड़े हाल में शानदार खम्भे लगे थे, जिनकी ईंटें उखड़ रही थीं; दीवारें थीं जिन पर छत नहीं थी, लेकिन जिनमें से पौधे निकल रहे थे; विशाल प्रवेश स्थल पर बैल और मोर की एक बड़ी ज़बरदस्त प्रतिमा वहाँ ज्यों-की-त्यों स्थिर थी। भारी, ताँबे की घुंडियों वाले, मजबूत दरवाज़े अपनी जगह जैसे धरती में गढ़े हुए थे, जिन्हें ज़रा भी हिलाना सम्भव नहीं था। श्रीराम के लिए यह कोई डर की बात नहीं थी क्योंकि इस रास्ते कोई आता ही नहीं था और अगर आता भी तो उसके पास ताले में बन्द रखने के लिए था ही क्या? अगर वह नज़रों से बचना चाहता तो झाड़ियों के एक पर्दे के पीछे कोठरी में जा सकता था। काफी दूर पर रेलगाड़ी के आने और जाने की आवाज़ें आती थीं। नीचे के गाँवों से पहाड़ के ऊपर बने फार्मों में जाने वाले ग्रामीणों की आवाज़ें भी उसे सुनाई देती थीं। उसके पास एक चरखा था, बिछाकर सोने के लिए एक दरी, दो बर्तन, कुछ खाना और एक दियासलाई की डिब्बी थी। रात को जब कभी कुछ काम करना होता, वह लेंप जला लेता। हर रोज़ चिड़ियों की चहचहाहट सुनकर वह जागता और एक जैसे काम करता रहता। वह सोचता, "यहाँ से कबीर स्ट्रीट में बहुत अच्छा था। चिड़ियाँ ही इतना शोर मचाती हैं कि आदमी शान्ति से सो भी नहीं सकता। फिर वह उठकर बैठ जाता। वह अपने को नियन्त्रण में रखने की एक प्रक्रिया से गुज़र रहा था, जो काफ़ी मुश्किल काम था, क्योंकि अक्सर अपने विचारों का विश्लेषण करते हुए वह यह पाता कि वे हमेशा की तरह अशुद्ध हैं। उसने सोचा था कि गोरपद के साथ रहकर उसने जिन नियमों का अभ्यास करना शुरू किया है, उनसे उसमें एकाएक परिवर्तन आ जाएगा। आत्मविकास के उसके इस प्रयत्न को महात्मा जी ने आशीर्वाद दिया था। उन्होंने कहा था, "सूत कातो और भगवद्गीता पढ़ो, राम नाम का निरन्तर जाप करो, तो तुम्हें जीवन का उद्देश्य ज्ञात हो जाएगा।"

श्रीराम के पास बदलने के लिए एक जोड़ी कपड़े थे, जिन्हें वह पहाड़ी के नीचे एक झरने पर धोने के लिए ले जाता। फिर ठंडे पानी में ही नहाता, जिससे उसके शरीर में एकदम स्फूर्ति आ जाती और वह अकेला ही उस जंगल में ज़ोर ज़ोर से गाना शुरू कर देता। महात्मा जी का भजन 'रघुपति राघव राजा राम। पतित पावन सीताराम।' वह देर तक गाता रहता। इसे गाते हुए उसे लगता कि महात्मा जी उसके

पास हैं और उनके आदेश से वह कुछ कर रहा है। उसमें पवित्रता की भावना इतनी प्रबल हो जाती कि अपने स्थान पर वापस पहुँचने पर वह आत्मिक उल्लास से नाचने लगता। उसके हाथों में झरने पर धोये हुए कपड़े होते जिन्हें वह सूखने के लिए बाहर लगे पौधों पर डाल देता। उसे इस बात का गर्व था कि खुद काते हुए सूत से ही बने कपड़े वह पहने है। भारती ने उसे सिखा दिया था कि किस तरह सूत डाला जाए, पहिया घुमाया जाए और कैसे काता जाए। एक गाँव में यात्रा करते हुए गाँधी जी ने उसे यह चरखा दिया था और साथ में यह भी कहा था; 'यही तुम्हारा भविष्य है।' श्रीराम इतना प्रसन्न हुआ था कि उनसे यह भी पूछ नहीं सका था कि उनके शब्दों का अर्थ क्या है। उसने बड़े सम्मान से चरखा स्वीकार किया था और काफी भारी-भरकम होते हुए भी उसने शब्दशः इसे अपने हृदय के पास ही रखा था।

फिर एक गाँव में निवास करते समय भारती ने उसे इसके उपयोग की शिक्षा दी थी। उसने सूत कातने का अभ्यास शुरू किया, लेकिन हज़ारों गलतियाँ भी कीं। वह कभी भी डेढ़-दो इंच से ज़्यादा सूत नहीं कात पाता था, वह टूटता ही रहता था और सूत न लगकर रुई के एक-दूसरे से जुड़े बुलबुलों जैसा ही लगता था। भारती उसका काम देखकर हँसते-हँसते लोट-पोट होने लगती और कहती, 'गज़ भर सूत कातने में तुम हिन्दुस्तान और मिस्र दोनों देशों की रुई खर्च कर डालोगे।'' इसके बाद वह कातने के बिन्दु पर श्रीराम की उगलियों पर सही दबाव डालती, लेकिन जैसे ही वह अपना हाथ हटाती, श्रीराम भी अपनी उँगलियाँ छोड़ देता, तो रुई गिर जाती और फिर किसी काम की नहीं रहती थी।

सारी यात्रा में वह इसी का अभ्यास करता रहा। दिन का काम खत्म होते ही उसकी शिक्षा शुरू हो जाती। रोज महात्मा जी पूछते, ''आज कितनी प्रगति हुई?''

उसके जवाब देने से पहले ही भारती बोल पड़ती, ''दो इंच और, बापूजी; कुल मिलाकर आज छह इंच काता, लेकिन मोटाई नापनी होगी। शायद पाँच सूत मोटा होगा, लैंप की बत्ती के बराबर।''

महात्मा जी कहते, ''बहुत जल्द सौ सूत के बराबर कातने लगेगा। ज़्यादा घमंड अच्छा नहीं है, बिटिया।''

''मैं घमंड कहाँ कर रही हूँ। सचाई बयान कर रही हूँ।''

गाँधी जी कहते, 'घमंड तो कर रही है। मालूम है, कुछ साल पहले इसे खादी प्रतियोगिता में इनाम मिला था? इसका सूत नुमायश में रखा है।''

श्रीराम सोचने लगा, ''हर बात में यह मुझसे आगे रहती है। बहुत समर्थन मिलता है, इसलिए इसे बरबाद किया जा रहा है और यही इसकी कमी है। अपने को तीसमारखाँ समझती है!''

महात्मा जी कहने लगे, ''मैं जानता हूँ, वह तुम्हें अपने से भी आगे बढ़ना सिखायेगी।'' और भारती ने यह कर भी दिखाया। रात-दिन ज़रा भी चैन न लेने

देती। यात्रा से जब भी छुटकारा मिलता, आ जाती और पूछती, "अब क्या प्रोग्राम है महान शिष्य का?" श्रीराम फौरन चरखा निकालता, रुई के पैकेट सँभालता और कातना शुरू कर देता। उसे डर लगता कि गलती करेगा तो यह हँसना शुरू कर देगी। इस व्यवहार के लिए वह उससे नफरत करने लगा, कई दफा तो वह अपने को बेवकूफ ही समझने लगता था। लेकिन वह कोशिश में लगा रहा। वह गलती करता भारती हँसती और जब उसके पास खड़ी होकर उसका हाथ पकड़ती और सही ढंग सिखाती, तो श्रीराम अपने अपवित्र विचारों पर काबू नहीं रख पाता था। वह तब तक ज़बरदस्त ध्यान लगाए रखता जब तक चरखे की सरसर की ध्वनि से उसका दिमाग़ सुन्न न पड़ जाता और सूत की निरन्तर गति से उसकी उँगलियाँ दर्द न करने लगतीं और आँखों में जलन पैदा हो जाती।

अन्त में, महात्मा जी के जाने के बारह हफ्ते बाद उसे इस उद्योग में पूरी सफलता प्राप्त हो गई। इस समय वह मालगुडी से लगभग पचास मील दूर एक चरखा केन्द्र में काम कर रहा था। भारती भी वहाँ उसी के साथ थी और उसने बराबर श्रीराम पर अभ्यास करने का दबाब बनाए रखा। उसने तब तक उसे छुटकारा नहीं दिया जब तक एक धोती और कुरती बुनने लायक सूत तैयार नहीं हो गया। कई हफ्ते लगातार मेहनत करने के बाद यह काम पूरा हो पाया था। लेकिन यह अच्छा ही साबित हुआ। भारती उसकी इस सफलता से बहुत प्रसन्न थी। उसने अखबार का एक टुकड़ा फाड़ा और उस पर बना-बनाकर ये अक्षर लिखे : "यह घोषणा की जाती है कि श्री श्रीराम अब कुशल बुनकर बन गए हैं और हर जगह उनका आदर किया जाना चाहिए।" उसने उसे सारा सूत मद्रास के एक केन्द्रीय डिपो तक पहुँचाने में सहायता की, जहाँ उतने ही वज़न का बुना हुआ कपड़ा उसे प्राप्त हो गया। श्रीराम को अचानक महसूस होने लगा कि वह एक जादुई दुनिया का सदस्य बन गया है जहाँ आप अपने ही हाथों से अपनी आवश्यकता की सभी वस्तुएँ निर्मित कर सकते हैं। लेकिन उसे अब भी यह असन्तोष था कि वह सौ काउंट का सूत नहीं कात पाता है और उसका काता हुआ सूत खुरदरा होता है। लेकिन भारती ने कहा कि "चालीस काउंट का सूत ही इस्तेमाल के लायक असली कपड़ा होता है। सौ काउंट का सूत तो नुमाइशों में दिखाने और इनाम जीतने के लिए ही बनाया जाता है। इसलिए इसकी चिन्ता अब छोड़ दो।"

जिस दिन उसे अपने नए खादी के कपड़े, एक धोती और एक सादा-सा कुर्ता–जिन्हें गाँव के दर्जी ने उसके सामने ही काटा और सिला था–प्राप्त हुए, उसने अपने मिल के बने पहने हुए कपड़े उतारे, सड़क के बीचों बीच उनकी गड्डी बनाकर रखा, एक बोतल मिट्टी का तेल उन पर उड़ेला और दियासलाई से उसमें आग लगा

दी। कपड़े धू-धू करके जलने लगे। गाँव के लोग और बुनाई केन्द्र के कर्मचारी इसे देखने इकट्ठे हो गए थे।

श्रीराम ने सबके सामने यह घोषणा की, "अब मैं मशीन से बने कपड़े कभी नहीं पहनूँगा।" खादी की धोती और कुर्ता वज़न में कुछ भारी थे, जैसे उनकी बुनाई में सूत के साथ सीसे का इस्तेमाल किया गया हो लेकिन इन्हें पहनकर उसे गर्व हो रहा था। उसे लगा कि वह अस्तित्व के एक नए धरातल पर पहुँच गया है। उसने उसी समय महात्मा जी को पत्र लिखा : "मैंने आज अपने पुराने कपड़े जला डाले। चालीस काउंट का धागा था। भारती सन्तुष्ट है।"

लौटती डाक से महात्मा जी का उत्तर आ गया : "बहुत खुश हुआ। ऐसे ही आगे बढ़ते रहो। भगवान तुम्हारे साथ है।"

भारती दोपहर बाद वहाँ पहुँची। श्रीराम उसे देखकर कहने लगा, तुम यहाँ नंगे पैर कैसे घूमती रहती हो?"

"क्यों? हम पैरों में जूते पहने पैदा हुए हैं?...और वर्धा से मेरे लिए चमड़ा अभी नहीं आया है, तब तक इसी तरह काम चलाना पड़ेगा। लेकिन..." इसके बाद उसने विषय बदला, "वहाँ शायद अब हमारी चिन्ता करने वाला कोई नहीं है। पता नहीं, कितने लोग जेल चले गए हैं। सरकार ने तो अब यह सूचनाएँ देना भी बन्द कर दिया है।"

दोनों ज़मीन पर बैठे थे, बीच में एक दिया जल रहा था। श्रीराम ध्यान से उसका चेहरा देख रहा था, 1942 में महात्मा जी के जेल चले जाने के बाद से उस पर ढेरों लकीरें बन गई थीं, जैसे देश भर की ज़िम्मेदारी उसी के कन्धों पर हो। भारती—और श्रीराम भी—उस बहुत बड़ी मशीन का एक पुर्जा भर थे, जो सारे देश में कार्यरत थी—और जिसके पीछे पुलिस पड़ी हुई थी।

श्रीराम ने फिर कहा, "तुम्हें नंगे पैर नहीं निकलना चाहिए।"

"क्यों नहीं? हमारे देश के साढ़े छत्तीस करोड़ लोग नंगे पैर ही चलते-फिरते हैं।"

इस तरह के आँकड़े उसे पसन्द नहीं थे। उसने तुर्शी से कहा, "हो सकता है, लेकिन इसका मतलब यह नहीं है कि तुम भी नंगे पैरों सब जगह घूमो-फिरो। साँप तुम्हें काट सकते हैं, यहाँ ऐसी चीज़ें बहुत हैं।"

"वाह, यानी चप्पल पहनकर चलेंगे तो साँप नहीं काटेंगे?"

"तुम बहस बहुत करती हो।"

"मैंने कहा न कि वर्धा से मेरे लिए सही किस्म का चमड़ा आना है," उसने शिकायत के लहज़े में कहा। फिर जोड़ा, "लेकिन इसका मतलब यह नहीं कि मैं

तुम्हें यह भी बताऊँ कि कोई काम मैं क्यों नहीं करती या क्यों करती हूँ। मैं तुमसे डरती नहीं हूँ। न मैं साँपों से डरती हूँ, न खाली सड़क से। डरती होती तो यहाँ नहीं होती।"

"हाँ, तुम्हें मुझसे डरने की ज़रूरत नहीं है", श्रीराम बोला, "तुम तो सिर्फ यह चाहती हो कि दूसरे सब तुमसे डरें।"

"हाँ, क्योंकि मैं तुम्हारी गुरु हूँ।"

श्रीराम ने मन में सोचा, 'यह कितनी गलत बात है। इसे तो मेरी पत्नी बनकर मेरी बाँहों में होना चाहिए।' उसका दिमाग़ आगे चल पड़ा : 'मैं इसे छू नहीं सकता, यह क्या बात है? यहाँ यह कर क्या सकती है? बिलकुल अकेली है यहाँ तो। अगर चिल्लाएगी तो दस मील तक कोई नहीं सुनेगा।' वह इस विचार का मज़ा लेने लगा। लेकिन यह सपना बनकर रह गया।

भारती बोली, "मैं कल मद्रास जा रही हूँ। तुम से कुछ समय तक भेंट नहीं होगी।"

"अच्छा?...कब जा रही हो, कहाँ...?"

"मुझे आदेश देने के लिए बुलाया गया है। पुलिस चारों तरफ लगी है, लेकिन मैं चली जाऊँगी और वापस भी लौट आऊँगी, इसका मुझे भरोसा है।" यह कहकर वह उठने लगी।

श्रीराम ने सोचा, 'यह सिर्फ मुझे बताने के लिए यहाँ आई है? यह क्यों? क्या इसका अर्थ मैं यह लगाऊँ कि मुझसे प्यार करती है? कोई दो मील नंगे पैर चलकर किसी को यह बताने नहीं आएगा कि अगले तीन दिन वह बाहर रहेगी। इसका ज़रूर कुछ और मतलब होना चाहिए। शायद यह मुझे बहुत चाहती है और इन्तज़ार कर रही है कि कब मैं इसका हाथ पकड़ूँ और अपने मन की बात कहूँ; इसके बाद यह मुझे समर्पण कर देगी। यह सोचना बकवास है कि वह अपने को सिर्फ मेरा 'गुरु' समझती है, हरगिज़ नहीं। यह सोच ही गलत है कि इतनी सुन्दर युवती किसी को शिक्षा देगी। किस बात की शिक्षा?' यह सोचकर उसने आँखें झपकाईं। भारती बोली, "तुम एकदम इतने गम्भीर क्यों हो गए? क्या बात है?"

श्रीराम ने उसकी बाँह छुई। यहाँ की निर्जनता उसे उत्साहित कर रही थी। भारती ने उसका हाथ धीरे से नीचे कर दिया और कहा, "जब तक मैं आदेश लेकर वापस न आ जाऊँ, यहीं आराम करना। बाहर भी ज़्यादा मत निकलना।" यह कहकर वह चलने को तैयार हो गई।

श्रीराम ने कहा, "मैं तुम्हें आधी दूर तक पहुँचा आता हूँ।"

"कोई ज़रूरत नहीं है," यह कहकर वह तेज़ी से नीचे उतरने लगी।

श्रीराम उसे जाते हुए देखता रहा। 'किसी दिन कोई इसे पकड़ ले जाएगा।

समझती ही नहीं कि औरत हूँ।' वह भी पीछे लौटने को मुड़ा और कुछ सोचता हुआ खंडहरों को देखने लगा। काफी दूर कोई ट्रेन रुकी और फिर अपने सफ़र पर आगे चल दी, उसकी रोशनी दूर तक पड़ रही थी। वह सोचता रहा कि भारती गाँव तक आराम से पहुँच जाएगी और कोई दुर्घटना नहीं होगी।

तीन दिन बाद वह नए आदेश लेकर वापस आ गई और इसी क्षण से श्रीराम की ज़िन्दगी में परिवर्तन आ गया। भारती अपने साथ एक पेन्ट का डिब्बा और ब्रुश लेकर आई थी। ये दोनों उसने श्रीराम को इस तरह दिए जैसे कोई कमान्डर अपने सिपाहियों को लड़ने के लिए हथियार बाँटता है। फिर उसने कहा, "तुम्हें सब बाग़ानों का काम सौंपा गया है। यानी काफी चलना पड़ेगा। रास्ते में दर्जन भर गाँव पड़ते हैं, उन्हें भी मत भूलना। गाँव वाले तुम्हारी हर जगह सहायता करेंगे। मुझे मालगुडी और उसके अगल-बगल काम करना है। सावधानी से करना। कुछ दिन बाद फिर मिलने आऊँगी। महात्मा जी जेल में हैं, इसलिए हमें खुद ही सब करना होगा। उनका सन्देश सब जगह फैलाना है।"

महात्मा जी ने अगस्त 1942 के अपने प्रसिद्ध प्रस्ताव में कहा था, "अंग्रेज़ों को भारत छोड़ देना चाहिए और इस वाक्य में मन्त्र जैसी जादुई शक्ति उत्पन्न हो गई थी। देश भर में चारों तरफ लोग नारे लगाने लगे, "अंग्रेज़ो, भारत छोड़ो।" गृह सचिव इसे सुनकर परेशान होता था। सभ्य समाज में यह वाक्य अच्छा नहीं माना जाता था। महात्मा जी ने जैसे ही यह वाक्य बोला, उन्हें जेल में डाल दिया गया, लेकिन इसमें ऐसी जान पैदा हो गई कि यह पंख लगाकर देश भर में उड़ने लगा और एक ऐसी ताक़त पैदा हो गई जिसके प्रभाव से अन्त में अंग्रेज़ों को देश छोड़ना ही पड़ा। देश भर में हर दीवार पर यह वाक्य लिख दिया गया; कहीं भी, एक भी दीवार इससे खाली नहीं बची। कोई कहीं भी नजर डालता, उसे लिखा मिलता, "अंग्रेज़ों भारत छोड़ो!"

दूसरे दिन श्रीराम एक थैले में पेन्ट का डिब्बा, ब्रुश और एक कपड़ा लेकर गाँवों के लिए निकल पड़ा। रास्ते में जो पहला गाँव पड़ा, वहाँ उसने इस काम के लिए सबसे अच्छी दीवार की तलाश की—यह एक नए मकान की बाहरी दीवार थी, जिसके चबूतरे पर बच्चे अक्षर सीख रहे थे। वे सब कोरस की तरह वर्णमाला को गा रहे थे, जिसकी मीठी आवाज़ में अध्यापक जी आँखें बन्द करके सो रहे थे—बच्चों की आँखें सड़क से गुज़रती बैलगाड़ियों के पीछे लगी थी, उनके पीछे धूल के गुब्बार उड़ रहे थे। आसमान साफ़ था और हरे-भरे पेड़ों की पत्तियों और शाखाओं पर सुहानी धूप पड़ रही थी। बच्चों का मन रटने में नहीं लग रहा था, उनकी आँखें इधर-उधर घूम रही थीं, इसलिए जैसे ही श्रीराम ने दीवार पर 'भारत छोड़ो!' लिखने का काम शुरू किया, वे खुशी से भरकर क्लास से बाहर निकल आए और देखने लगे कि

यह नया काम क्या हो रहा है। गाँव के बुजुर्ग भी अपनी उत्सुकता न रोक पाने के कारण सभी काम-धन्धे छोड़कर श्रीराम के इर्द-गिर्द ज़मा हो गए।

श्रीराम ने ब्रुश पेन्ट में डुबोया और धीरे-धीरे दीवार पर बड़ा-बड़ा लिखा—"भारत छोड़ो।" पहला अक्षर लिखने में उसे काफी परेशानी हुई और पेन्ट भी बहुत ज़्यादा खर्च हो गया। उसे लगा, कि इस तरह इतना ज़्यादा पेन्ट लगाना तो बर्बादी ही होगी—अक्षर छोटे लिखकर किफ़ायत से काम करना होगा। जिन अंग्रेज़ों के खिलाफ यह लड़ाई की जा रही है, वे तो बहुत साधन-सम्पन्न हैं और जितना चाहे हथियार वगैरह में खर्च कर सकते हैं, लेकिन उसके साथियों और खुद उसे भी अपनी चीज़ों को बहुत सँभालकर खर्च करना होगा। और बहुत कम पेन्ट में काम चलाना होगा। जब वाक्य पूरा हो गया, गाँव वालों ने पूछा, "बाबू, अब यह यहाँ कब तक रहेगा?"

"जब तक काम न हो जाए।"

"इसका मतलब क्या है?"

"मतलब है—'छोड़ो'—अंग्रेज़ों, हमारा देश छोड़ दो।"

"बे देश छोड़ देंगे तो क्या होगा, बाबू? फिर हम पर कौन राज करेगा?"

"हम खुद अपने ऊपर राज करेंगे।"

"तो महात्मा जी हमारे बादशाह हो जाएंगे?"

"हाँ, और क्या?" यह कहते हुए वह शब्दों को ठीक-ठाक करता रहा। फिर उसने बच्चों से नारे लगवाये! "अंग्रेज़ों, भारत छोड़ो!" बच्चों ने ख़ुशी से नारे लगाए। यह देखकर उनका अध्यापक बाहर निकला और कहने लगा, "आप यह क्या कर रहे हैं, जनाब! लड़कों को बिगाड़ रहे हैं!"

"कैसे?"

"उन्हें शासन का विरोध करना सिखाकर। अब पुलिस हमारे पीछे पड़ जाएगी। आप चाहते हैं, हम जेल चले जाएं?"

"हाँ, हाँ, क्यों नहीं? आपसे ज़्यादा बड़े-बड़े लोग जेल में हैं।" भीड़ अध्यापक का मज़ाक उड़ाने लगी। लड़के भी इस काम में उनके साथ हो गए। लेकिन बूढ़ा अध्यापक भी काफी ज़बरदस्त था। उसने चश्मा आँखों पर चढ़ाया और श्रीराम को ऊपर से नीचे तक घूरकर देखा।

लड़के चिल्लाकर बोले, "देखो, देखो, मास्टर जी चश्मा लगाकर देख रहे हैं...," यह कहकर वे हँसने और नारे लगाने लगे, 'भारत छोड़ो, अंग्रेजो...भारत छोड़ो!"

श्रीराम का काम खत्म हो गया था। वह किसी से एक सीढ़ी माँगकर लाया था। वह अध्यापक से बोला, "मास्टर जी, आप भी कुछ सेवा का काम कीजिए, खड़े-खड़े बातें मत कीजिए। यह सीढ़ी इसके मालिक को वापस करनी है, मैं उसका

नाम भूल गया हूँ। इतना काम कर देंगे तो देश की आज़ादी के कार्य में आपका भी हिस्सा पड़ जाएगा।"

अध्यापक अब तक शान्त हो गया था। आगे आकर कहने लगा, "ऐसा नहीं है कि मैं देश को आज़ाद नहीं देखना चाहता। मैं भी उतना ही देशभक्त हूँ, जितने तुम हो, लेकिन ईमानदारी से बताना कि क्या हम देश पर शासन करने योग्य हैं? नहीं हैं। और यही नहीं, हम अभी किसी भी कार्य के लिए तैयार नहीं हैं। युद्ध समाप्त हो जाने दो, तुम मुझे स्वराज के लिए लड़ने वालों में सबसे आगे खड़ा पाओगे।" देशभक्ति तुम अकेले की बपौती नहीं है।" लड़के चारों तरफ़ घूम-घूमकर नारे लगा रहे थे।

श्रीराम ने कहा, "सावधान रहना, जब अंग्रेज़ चले जाएंगे, तब तुम्हारा सिर कलम कर दिया जाएगा। हमारे पास सूची है, जिन-जिन के सिर उतारने होंगे।"

अध्यापक इस पर अपना आपा खो बैठा और कहने लगा, "तुम्हारी इतनी हिम्मत! मैं अंग्रेज़ों को बाहर नहीं करना चाहता। मैं उन लोगों में नहीं हूँ जो मानते हैं कि, तुम जैसे लोगों की मदद से, जब हिटलर यहाँ आ जाएगा, तब हम सुखी हो जाएंगे। तब तुम्हें ही सबसे पहले गोली मारी जाएगी।"

भीड़ में कुछ लोग अध्यापक का समर्थन करने लगे। वे बोले, "मास्टर जी ठीक कहते हैं। हमें सरकार से क्यों झगड़ना चाहिए?"

श्रीराम को इस पर गुस्सा आ गया और वह ज़ोर से बोला, "तुम्हें सरकार से झगड़ना ही नहीं चाहिए, उसे स्वीकार भी नहीं करना चाहिए। तुम्हें उसे कर भी नहीं देना चाहिए। वे हमारे यहाँ से दस हज़ार मील दूर रहते हैं, क्या ज़रूरत है उन्हें कर देने की?"

"इन जैसे लोगों को घूमने-फिरने की स्वतन्त्रता नहीं दी जानी चाहिए, इसीलिए मैं हमेशा कहता रहा हूँ कि हमारे गाँव में भी एक पुलिस चौकी होनी चाहिए। यहाँ सिपाही होता तो इस तरह यहाँ आकर भाषण देने की किसी की हिम्मत नहीं पड़ती।"

श्रीराम ने पूछा, "पुलिस स्टेशन यहाँ से कितनी दूर है?"

किसी ने जवाब दिया, "दस पत्थर आगे सर्किल स्टेशन है।"

"अब देखो," श्रीराम बोला, "तुम्हारी सरकार ने तुम्हें पुलिस स्टेशन भी नहीं दिया है। क्या इसलिए कि मास्टर साहब जैसे लोग यहाँ है?"

लड़कों को यह बात पसन्द आई और उन्होंने गाने के स्वर में 'भारत छोड़ो!' भारत छोड़ो!' की आवाज़ें लगानी शुरू कर दीं। शोर-शराबे का माहौल इतना गरम हो उठा कि बैलगाड़ी पर चारा लादे ले जाती बैलों की एक जोड़ी भड़क गई। उन्होंने गर्दन नीची की और गाड़ी को एक खाई की तरफ दौड़ते हुए ले जाने लगे। चारों तरफ भगदड़ मच गई, लोग एक-दूसरे को पुकारते इधर-उधर दौड़ने लगे। गाड़ीवान

बड़ी मुश्किल से बैलों को खींचकर सड़क पर लाया और सबको बुरा-भला कहने लगा, "ये सब नेता लोग, गाँधीजी के चेले, किसी को शान्ति से नहीं जीने देंगे। तुम लोग यहाँ क्या लेने आते हो?"

श्रीराम ने उससे कहा, "ए गाड़ीवान, गाड़ी रोको और बात सुनो। बच्चों की तरह बातें मत करो। तुम क्या कह रहे हो, इसे समझते भी हो? क्या है तुम्हारी उम्र?"

गाड़ीवाले ने बैलों पर लगाम लगाई और घंटियों की आवाज़ के बीच कहा, "मेरा ख्याल है, मैं बीस का हूँ।"

"बीस! मुझे तो पचास के लगते हो।"

"हो सकता है, बाबूजी। कुछ कम या ज़्यादा भी हो सकता है। पहले मैं बीस का था।"

"कितने बच्चे हैं तुम्हारे?"

"पाँच लड़के हैं, और एक पोता है।"

"तुम पचास से कम के नहीं हो और दिखते भी हो। तुम्हें ग़ैरजिम्मेदारी की बातें नहीं करनी चाहिए। तुम्हें पता है, महात्मा गाँधी जेल में हैं?"

"जी, बाबूजी।"

"और जेल में क्यों हैं, यह भी पता है?"

गाड़ीवान ने नहीं में सिर हिलाया। श्रीराम बोला, "इसलिए कि इस देश में तुम आज़ाद आदमी भी तरह रह सको। इस वक्त तुम आज़ाद नहीं हो, समझे?"

श्रीराम का कार्यक्षेत्र पहाड़ों में इधर-उधर बसे गाँवों में फैला था जो अपने आप बनने वाली सड़कों से, जो घने जंगलों और ऊबड़-खाबड़ प्रदेश से गुजरती थीं, एक-दूसरे से जुड़े हुए थे। बाहरी दुनिया से उनका सम्पर्क डाक हरकारे के द्वारा ही था जो हफ्ते में एक या दो बार, कोप्पल स्टेशन पर जमा हुई डाक थैले में भरकर, कुछ आसानी से पहुँचे जाने वाले गाँवों में चक्कर लगाते थे। इलाके में कुछ जगह पुलिस चौकियाँ भी थीं, जहाँ एक सब इंस्पेक्टर और कुछ सिपाही, ऊपर लगी टेलीफोन की लाइनों से, जो पेड़ों और पहाड़ों में कई जगह गुम हो जाती थीं, अपने हेडक्वार्टर से सम्पर्क बनाए रखते थे। इस हरियाली और जंगल के प्रदेश का राजनीति से सम्बन्ध जोड़ना सही नहीं लगता था, लेकिन अंग्रेज़ों के खिलाफ़ आन्दोलन के लिए इनका भी महत्त्व मान लिया गया था।

श्रीराम जंगल के ऐसे हिस्से में घूम रहा था जहाँ हाथी लकड़ी ढो रहे थे। बड़े-बड़े पेड़ों के तने काटे जा रहे थे और हाथी उन्हें अपनी सूँडों से उठाकर और

पैरों से ढकेल कर जंगल के बीच खड़े ट्रकों तक ले जा रहे थे। श्रीराम ने यहाँ भी अपना सन्देश देने का फैसला किया। काम में लगे लोगों को सम्बोधित कर उसने पूछा, ''तुम हरी कच्ची लकड़ी काट रहे हो। जानते हो, यह कहाँ भेजी जाएगी?'' हाथियों पर चढ़े महावत काम बन्द करके उत्सुकता से उसकी ओर देखने लगे। श्रीराम ने बताया, ''इस लकड़ी से बन्दूकें, जहाज़, पुल और न जाने क्या-क्या ऐसी चीज़ें बनाई जाती हैं जिनका इस्तेमाल दुनिया को नष्ट करने में किया जाता है। ये सब चीज़ें उस लड़ाई में भेजी जाती हैं जिसे अंग्रेज़ों ने हमें लड़ने के लिए मजबूर किया है। इन कामों के लिए हमें अपने जंगल बरबाद नहीं करने चाहिए। ये चीज़ें बहुत-बहुत दूर बसे मुल्कों को भेजी जाती हैं और इनके बदले जो पैसा हमें दिया जाता है, वह नकली पैसा है, जिसकी कीमत बहुत जल्द गिर जाएगी। इन कामों के लिए अपनी लकड़ी किसी को मत दो, इसे फिर से उगाने में सदियां लग जाएंगी। ये काम करने से इनकार कर दो, यह तुम्हारे हाथ में है। अपने दुश्मनों के हाथ मजबूत मत करो।''

लकड़ी का ठेकेदार दूर खड़ा ये बातें सुन रहा था। वह पास आया और बोला, ''हम तो व्यापारी लोग हैं, आप हमें परेशान न करें। अगर कल आप हमें बड़ी मात्रा में अच्छी कीमत पर आर्डर देंगे...''

''यह समय पैसा कमाने का नहीं है, इस वक्त हमें आज़ादी की लड़ाई लड़नी है।''

ठेकेदार ने कहा, ''मेहरबानी करके हमें छोड़ दीजिए। हम इन सब पचड़ों में नहीं पड़ना चाहते।'' फिर उसने फुसफुसाकर कहा, ''मेरी लेबर को परेशान मत कीजिए।''

''मैं आपकी लेबर को भड़काने नहीं आया हूँ। मेरा कहना यह है कि लड़ाई के लिए ये चीज़ें बाहर मत जाने दीजिए। हर लड़ाई महात्मा जी के अहिंसा सिद्धान्त के खिलाफ़ है। आप इसे मानते हैं या नहीं?''

''अरे, महात्मा जी! मैंने उनके हरिजन फंड में पाँच हज़ार रुपए दिए हैं। मेरे घर में उनकी तस्वीर लगी है और सवेरे उठते ही मैं उसके दर्शन करता हूँ।''

''आप जानते हैं कि उनकी अहिंसा का अर्थ क्या है।''

''हाँ, हाँ, जब वे मालगुडी में थे, मैंने उनका एक भी भाषण मिस नहीं किया।''

''और सरकारी मीटिंगों में भी आप इसी तरह भाग लेते होंगे? है न?''

ठेकेदार ने झेंपकर सिर झुका लिया। बोला, ''जब भी कलेक्टर साहब आते हैं और कहते हैं कि यह करो, यह मत करो, तो करना ज़रूरी हो जाता है। सरकारी अफसरों को तो नाखुश नहीं किया जा सकता!''

''आपने वार फंड में कितना चन्दा दिया है?''

''सिर्फ पाँच हज़ार! मैं तो निष्पक्ष आदमी हूँ। जब गवर्नर साहब खुद आते

हैं और अपील करते हैं, तो इनकार कैसे किया जा सकता है? आखिरकार हम व्यापारी हैं।''

ठेकेदार श्रीराम को अपने तम्बू में ले गया था, जो एक बड़े पेड़ के नीचे लगा था। इससे यह हुआ कि महावत उनकी बातें सुनने में वक्त बरबाद न करके अपने काम में लगे रहे। जंगल, पेड़ काटने, लट्ठों के गिरने और हाथियों द्वारा उन्हें ले जाने की आवाज़ों से गूँज रहा था। महावत आपस में बातें कर रहे थे और ज़ोर-ज़ोर से हँस रहे थे। वातावरण में यूक्लिप्टस और हरे पत्तों की हलकी-हलकी गंध फैली हुई थी। साथ ही तम्बाकू की जिसे महावत मज़े से पी रहे थे। ठेकेदार ने श्रीराम को एक कुर्सी पर बिठाया और स्टोव पर उबलते पानी से दो कप चाय बनाई। श्रीराम इस आदमी को देख-देखकर परेशान हो रहा था। यह बहुत दुबला, सिर सफ़ाचट, गले में सोने की पतली-सी जंजीर, बायें हाथ में घड़ी बाँधें, धनी तो दिखता था लेकिन काम की परेशानियों से चेहरा निचुड़ा-सा लग रहा था।

श्रीराम बोला, ''ज़ाहिर है कि तुम बहुत धनी आदमी हो, लेकिन तब तक इसका कोई उपयोग नहीं है, जब तक...जब तक...'', यहाँ आकर वह रुक गया कि आगे क्या कहे, 'राष्ट्र सेवा' या 'देशभक्ति', क्योंकि इन शब्दों का इस्तेमाल कर-करके वह ऊब उठा था। ये मंच के भाषण लगते थे। इसलिए उसने कहा, ''अगर तुम्हारे पास महात्मा गाँधी का चित्र है तो उनसे प्रार्थना करो कि हमेशा तुम्हें सद्बुद्धि दें,'' और यह कहकर वह एकदम उठ खड़ा हुआ।

ठेकेदार बोला, ''चाय तो पीते जाइए।''

श्रीराम ने जवाब दिया, ''मुझे नहीं चाहिए,'' और यह कहकर तम्बू से बाहर आया और झाड़ी पार करके वहाँ से गायब हो गया।

उसका समय का भान समाप्त हो गया था। अब वह मशीन की तरह काम करने लगा था। वह जंगलों और गाँवों में जाता, लोगों को इकट्ठा करता और उसकी समझ में महात्मा जी का जो-जैसा सन्देश आता, उसे देकर आगे बढ़ जाता था। जहाँ भी जाता, दीवारों पर लिखता, 'भारत छोड़ो।' और उसके जाते ही अंग्रेज़ों के पिट्ठू दोनों शब्दों के बीच 'मत' या कुछ और लिख देते थे। एक गाँव में किसी ने उससे पूछा, ''इसका अर्थ क्या है? क्या हम भारत छोड़ दें?''

''इसका अर्थ यह नहीं है।''

''तो इसे वहाँ लिखिए जहाँ अंग्रेज़ रहते हों।''

''अंग्रेज़ सब जगह हैं। कहीं दिखाई देते हैं, कहीं नहीं देते। इसलिए हर जगह लिखने की ज़रूरत है।''

''वक्त और रंग की बरबादी है,'' आदमी ने कहा।

''मैं तो आदेश का पालन कर रहा हूँ और ज़्यादा बुद्धिमानी की बातें सुनने का मेरे पास समय नहीं है।''

समुद्र तल से चार हज़ार फ़ीट की ऊँचाई पर एक बागान था जहाँ श्रीराम अपना पेन्ट और ब्रुश लेकर पहुँच गया। इसमें उसे पूरा आधा दिन लगा। एक दिन शाम को वह यहाँ पहुँचा। काफी बड़ा फाटक था जिस पर लिखा था, मैथिसन इस्टेट्स लेकिन मीलों दूर तक आदमी का नामोनिशान नहीं था। श्रीराम रुककर सोचने लगा, ''यहां लिखने से कोई लाभ होगा?'' लेकिन फिर उसने यह विचार छोड़ दिया और आया है तो लिखकर ही जाना चाहिए, यह निश्चय करके फाटक का एक हिस्सा झाड़-पोंछकर साफ़ किया और उस पर बना-बनाकर लिखा : 'भारत छोड़ो!' फिर वह जाने को मुड़ा।

तभी एस्टेट का एक कर्मचारी वहाँ से आ निकला और श्रीराम से पूछने लगा, ''साइन बोर्ड लिख रहे हो?''

श्रीराम ने विस्तार से उसे समझाया। कुछ देर सुनने के बाद वह कहने लगा, ''तुम यहाँ से चले जाओ।'' दोराई[1] अच्छा आदमी नहीं है। हमेशा बन्दूक साथ रखता है। तुम्हें गोली मार देगा।''

श्रीराम एक क्षण ठिठका और सोचने लगा कि उसे यहाँ गोली खाकर मर जाना अच्छा रहेग़ा या जान बचाकर भाग जाना ही ठीक रहेगा।' चार हज़ार फीट की चढ़ाई उसने बिना वजह नहीं की है। मज़दूर तो अपनी बात कहकर वहाँ से चला गया। श्रीराम सामने दिखाई दे रहे एक पुराने से बंगले की तरफ धीरे-धीरे बढ़ने लगा। उसे लगा कि कहीं यहाँ कुत्ते न हों। वह आगामी दृश्य की कल्पना करने लगा। उसने देखा कि वह सीढ़ियों पर धीरे-धीरे चढ़ रहा है और दोराई ने उसे देखकर दुनाली बन्दूक तान दी है। फिर उसने देखा कि वह मरकर ज़मीन पर गिर पड़ा है और खून चारों तरफ़ बह रहा है। यह सुनकर भारती क्या करेगी, शायद वह दुख से भर उठेगी। शायद वह अपने से कहेगी, कि 'जब वह जीवित था, तब मुझे अपना प्यार ज़्यादा गहराई से व्यक्त करना चाहिए था।' लेकिन वह यह कर क्यों रहा था? हाई कमान ने यह तो नहीं कहा कि बन्दूक के सामने सीना तानकर खड़े हो जाओ।

लाल भभूका चेहरे और बलुहा बालों वाले एक सात फुट के आदमी ने वरांडे से उसे रोका। वह पाइप पी रहा था और पैंट की एक जेब में हाथ डाले आराम से सीधा खड़ा था। श्रीराम उसे देखकर रुका कि आगे बढ़े या नहीं।

''हलो! कौन हो तुम?''

श्रीराम उसके सामने अपने को बहुत छोटा महसूस कर रहा था। हिम्मत करके ऊपर चढ़ा और बोला, ''मैं एक सन्देश लाया हूँ।''

---

1. अंग्रेज़ मालिक

"अच्छा, कहाँ से?"

"महात्मा जी से।"

अंग्रेज़ ने पाइप मुँह से निकाल लिया और कहा, "अच्छा? क्या?"

"महात्मा गाँधी से।"

"ओह! क्या है सन्देश?"

"कि आप भारत छोड़ दें।"

अंग्रेज़ क्षणभर के लिए चकराया। लेकिन शीघ्र ही सामान्य हो गया और बोला, "तुम यह क्यों कह रहे हो?"

"मैं नहीं कह रहा यह। मैं तो सिर्फ आपको यह सन्देश दे रहा हूँ।"

"हाँ, अच्छा...भीतर आ जाओ और पहले कुछ पियो।"

"मैं पीता नहीं हूँ।"

"अरे हाँ, लेकिन मेरा मतलब शराब ही नहीं है। तुम कुछ और पी सकते हो—शरबत, चाय, कॉफी!"

"मुझे कुछ नहीं चाहिए।"

"तुम थके दिख रहे हो। भीतर आ जाओ। बातें ही करेंगे।" फिर उसने ज़ोर से आवाज़ लगाई। "बॉय! बैरा दौड़कर आया तो बोला, "दो गिलास सन्तरे का जूस लाओ। जल्दी!"

बॉय ने फुर्ती से कहा, "यस, सर," और एकदम गायब हो गया।

नौकर सफेद रंग का कोट पहने था, जिसमें बहुत से बटन लगे थे। श्रीराम सोचने लगा, 'इस आदमी को नौकर भी ऐसे चाहिए जिनके कपड़े सबसे अलग हों,' 'और गुस्से से भर उठा। अंग्रेज़ उसे ध्यान से देखकर बोला, "आओ, वरांडे में बैठेंगे।"

वह उसे वरांडे में ले गया जहाँ बेंत की कपड़े से मढ़ी कुर्सियाँ रखी थीं। चारों तरफ बड़े-बड़े गमलों में फूल खिल रहे थे। श्रीराम इससे अपने निवास की तुलना करने लगा—हज़ारों साल पहले बनी एक ध्वस्त इमारत जिसमें साँप-बिच्छू घूमते रहते हैं और उसके सोने के लिए केवल एक चटाई है। वह पूछे बिना नहीं रह सका; "आप यह सब कैसे कर लेते हैं? मैं जान सकता हूँ?"

"क्या करना है?" मैथिरान ने पूछा।

"इतनी दूर इतनी सजावट और आराम की वस्तुएँ?"

मैथिसन मुस्कराया और बोला, "मैं इन्हें आराम की चीज़ें नहीं कहता, दोस्त मेरे!"

"जहाँ लाखों लोग भूखे मर रहे हों, रहने का ठिकाना न हो, वहाँ ये सब...", श्रीराम ने सामान्य ढंग से कहा। उसके दिमाग़ से वे सब आँकड़े इस समय निकल गए, जो भारती ने उसे दिए थे।

मैथिसन ने कहा, "हम हमेशा प्रार्थना करते हैं कि जिनके पास आज रहने और खाने को कुछ नहीं है, उन्हें भी पूरा भोजन और अच्छे घर प्राप्त हों, बल्कि मेरे घर से भी अच्छे, क्योंकि यह तो एक अस्थायी प्रबन्ध है।"

श्रीराम ने यह वक्तव्य जातीय घमंड के रूप में लिया। 'इसकी समृद्धि और यह भावना कि हम इस देश पर शासन करते हैं, इसे इस प्रकार बात करने की हिम्मत देता है।' यह सोचकर उसकी इच्छा हुई कि अभी चिल्लाकर कहे, 'जाओ, भारत छोड़कर चले जाओ। हमें अपने हाल पर छोड़ दो, हम बेंत की इन शानदार कुर्सियों के बिना ही अपना काम चला लेंगे, हमें भूखे रहने की भी चिन्ता नहीं है, हमारी चिन्ता यह है...' इसके बाद उसकी समझ में नहीं आया कि क्या कहे, इसलिए ऊपर से उसने यही कहा, "हमारी मुख्य चिन्ता यह है कि महात्मा जी जो कहते हैं, उसे ही करें।"

"वे आपसे क्या करने को कहते हैं?"

"कि हम चरखा कातें, खादी पहनें, सादी ज़िन्दगी जियें और भारत पर हमारा अपना राज हो जाएगा।"

"लेकिन आपने इसका मौका तो गँवा दिया। आप क्या सोचते हैं, क्रिप्स प्रस्ताव को अस्वीकार करके आपने ग़लती नहीं की है?"

श्रीराम देर तक चुप रहा। यह उसके लिए एक तकनीकी मुद्दा था, जिससे उसका कुछ लेना-देना नहीं था। इस तरह की अकादमिक बातें उसके दिमाग़ में घुसने से इनकार कर देती थीं, इसलिए उसने इतना ही कहा, "महात्मा जी का यह सोचना नहीं है," और यह कहकर बहस का अन्त कर दिया। उसे कुछ ऐसे फ़िकरे तो पता थे—जैसे डोमिनियन स्टेट्स, मुस्लिम संरक्षण, वगैरह वगैरह और ये सब उसने समाचार-पत्रों से ही इकट्ठे किए थे, लेकिन ये सब उसे बेकार लगते थे, उसके लिए यही काफी था कि महात्मा जी इन सबको भारत की आज़ादी के सवाल से जुड़ा हुआ नहीं मानते। ये सब बेकार की बातें हैं, उसे एक समाचार पत्र के वाक्य याद आए, जो उसने उसी तरह कह दिए, "हमें यह सब नहीं चाहिए। ऐसे प्रस्तावों का कोई उपयोग नहीं है। हमें दया नहीं चाहिए।"

यह आखिरी वाक्य उसे इतना प्रभावित कर रहा था कि जब बटलर ट्रे में रखकर सन्तरे के जूस के दो गिलास लाया, तो उसका मन हुआ कि नाटकीय ढंग से ट्रे को उलट दे और कहे, "मुझे यह नहीं चाहिए," लेकिन गुलाबी, ताज़ा, मीठे जूस से भरा लम्बा गिलास सामने देखकर उसका मन डोल गया—और इतनी चढ़ाई के बाद उसका गला भी सूखने लगा था। वह चुप रह गया।

मैथिसन ने उसे एक गिलास उठाकर पकड़ाया और अपना गिलास हाथ में लेकर कहा, "तुम्हारी सेहत और सौभाग्य के लिए!"

श्रीराम ने बुदबुदाया, "थैंक्स", और गटागट गिलास खाली कर दिया। उसके गले में उतरता यह ठंडा, मीठा जूस इतना स्वादिष्ट लग रहा था कि उसने बीच में रुकना सही नहीं समझा। स्फूर्ति से उसकी आँखें मुँद गईं। क्षणभर के लिए वह राजनीति, भारती, संघर्ष, यहाँ तक कि महात्मा जी तक को भूल गया। लेकिन उसका यह सुख क्षण भर में लुप्त हो गया। उसने गिलास नीचे रखकर लम्बी साँस ली। अंग्रेज़ ने अपने गिलास से दो-चार बूँदें ही चखी थीं और वह कह रहा था, "एक गिलास और लोगे?"

श्रीराम ने उत्तर दिया, "नहीं", और चलने के लिए उठ खड़ा हुआ। अंग्रेज़ उसके साथ कुछ दूर तक आया तो श्रीराम बोला, "फाटक पर लिखा यह सन्देश मिटा तो नहीं देंगे?"

"नहीं, बिलकुल नहीं। यह तो यादगार है और मैं इसे बनाये रखूँगा।"

श्रीराम ने पूछा, "लेकिन आप यह देश छोड़कर नहीं जाएंगे?"

"मेरा ख्याल है, नहीं। क्या तुम यह देश छोड़कर जाओगे?"

"मैं क्यों छोड़ूँ? मैं तो यहाँ पैदा हुआ हूँ," श्रीराम ने उत्तेजित होकर कहा।

"मैं यहाँ पैदा भले ही नहीं हुआ हूँ, लेकिन तुमसे ज़्यादा सालों से यहाँ रह रहा हूँ। तुम्हारी उम्र क्या है?"

"सत्ताईस...तीस हो सकती है। लेकिन इससे होता क्या है?"

"मैं तुम्हारी उम्र में यहाँ आया था, और अब बासठ साल का हूँ। देखो, मैं भी इस देश से उतना ही जुड़ा हो सकता हूँ जितने कि तुम जुड़े हो।"

"लेकिन मैं तो भारतीय हूँ," श्रीराम ने ज़ोर देकर कहा।

"मैं भी हूँ," उसने उत्तर दिया। "और शायद मैं इस देश के लोगों के लिए कुछ उपयोगी भी हूँ क्योंकि मेरे साथ पाँच हज़ार मजदूर और करीब दो सौ फैक्टरी तथा दफ्तर के कर्मचारी काम कर रहे हैं।"

"लेकिन यह तो आप अपने लाभ के लिए कर रहे हैं। आपका ख्याल है कि हम आपकी नौकरी करने के ही लायक हैं, और कुछ नहीं," वह कुछ और भी कहना चाहता था लेकिन समझ में नहीं आया कि क्या कहे, इसलिए उसने एक सवाल कर दिया, "आपको यहाँ डर नहीं लगता? आप बिलकुल अकेले हैं और भारतवासी आपको निकालने का निश्चय कर लें तो आप सुरक्षित रह सकेंगे?"

मैथिसन क्षण भर कुछ सोचता रहा, फिर बोला, "हाँ, यह तो हो सकता है, लेकिन एक बात मैं पूरे भरोसे से कह सकता हूँ—मैं किसी चीज़ से नहीं डरता।"

"इसका कारण यह है कि महात्मा जी आपके मित्र हैं। वे चाहते हैं कि यह संघर्ष पूरी तरह अहिंसक रहे।"

"हाँ, यह बात तो है। फिर भी, तुमसे मिलकर अच्छा लगा।" यह कहकर उसने हाथ बढ़ाकर कहा, "गुड बाय!"

श्रीराम पगडंडी से नीचे उतरने लगा। चारों तरफ़ कॉफ़ी के पौधे, बाँस के झुरमुट, मसालों की लतरें इस तरह घनी फैली हुई थीं कि साफ़ दिखाई नहीं देता था। नीचे ज़मीन पर हरी-भरी घास थी। वह इतना थक गया था कि सोचने लगा, यहीं ज़मीन पर क्यों न सो जाए, लेकिन उसे और भी बहुत से काम करने थे। कर्तव्य से प्रेरित वह आगे बढ़ता रहा।

यहाँ के बाद उसे तीन मील दूर स्थित सोलर गाँव जाना था। पहाड़ी ढलान पर बसे इस गाँव में करीब पचास घर थे। इसके नीचे घाटियाँ और चरागाह फैले थे। श्रीराम शाम को करीब सात बजे यहाँ पहुँचा। इस वक्त भी यहाँ काफी हलचल थी। गाँव के विशाल बरगद के नीचे जमा स्त्री, पुरुष और बच्चे छोटे-छोटे दल बनाकर बैठे गपशप कर रहे थे। पेड़ से रोशनी का एक हंडा लटक था, और दो-तीन आदमी किसी बड़े आदमी के घर से लाई लोहे की दो कुर्सियाँ रख रहे थे। उन्हें शायद किन्हीं प्रतिष्ठित व्यक्तियों का इन्तज़ार था। श्रीराम ने गाँव की एकमात्र दुकान से दो केले खरीदे और सोडावाटर की एक बोतल की सहायता से उन्हें गले के नीचे उतार दिया। इससे उसमें कुछ ताज़गी आई। उसने दुकानदार से पूछा, "मीटिंग कब शुरू होगी?"

"बस, होने ही वाली है। कुछ लोग आ रहे हैं जो खेल-तमाशे दिखाएंगे। मज़ा आएगा। तुम भी रुक जाओ।"

"ठीक है, रुक जाता हूँ।"

"कहाँ से आ रहे हो?"

"काफी दूर से।"

"जाना कहाँ है?" उसने फिर पूछा।

"जाना भी दूर ही है," श्रीराम ने टालने के अन्दाज़ में कहा। दुकानदार इसे मज़ाक समझकर हँस दिया। वह दीवार से लटकती एक रस्सी को हाथ से पकड़कर बैठा था। दुकान बड़े-से डिब्बे की तरह थी, जिसे पुराने पैकिंग के सामान की मदद से बनाया गया था और सामने मालिक के बैठने के लिए बोरे से मढ़ी एक सीट थी। अलमारी में रंग-बिरंगी सोडावाटर की बोतलें सजी थीं, सामने कीलें लगी थीं जिनमें केले के गुच्छे लटक रहे थे, जो हर खरीदार के मुँह को छूते झूलते रहते थे। इसके अलावा कई छोटे-बड़े डिब्बों में भुने चने और चावल, पिपरमिंट, कंपट और दूसरी ऐसी चीज़ें रखी थी। उसे श्रीराम का मज़ाक, बहुत अच्छा लग रहा था इसलिए उसने उसे और भी खाने-पीने की चीज़ें पेश करनी चाहीं। कहा, "मेरे पास बढ़िया बिस्कुट भी हैं। खाओगे?"

"अंग्रेज़ी बिस्कुट हैं ये?" श्रीराम ने पूछा।

"हाँ, सबसे बढ़िया वाले।"

"तुम्हें इसका इतना भरोसा क्यों है?"

"मुझे फौज में अपने एक दोस्त की मदद से मिले हैं इसलिए, ये आर्मी में ही सप्लाई किए जाते हैं। ऐसे शुद्ध अंग्रेज़ी बिस्कुट मीलों दूर तक कहीं नहीं मिलेंगे। आजकल हरेक को मिलते भी नहीं हैं।"

"तुम में बिलकुल शरम नहीं है?" श्रीराम बोला।

"क्यों, क्यों, शरम की क्या बात है?" दुकानदार इस सवाल पर दंग रह गया, फिर बोला, "अच्छा, जो लिया है, उसके पैसे चुकाओ और यहाँ से निकलो। अच्छा, हाँ...तो तुम खादी वाले हो! मैंने तो ध्यान ही नहीं दिया। इसलिए तुम्हारा ख्याल है कि तुम जो चाहो कर सकते हो, जो चाहो कह सकते हो और गुंडागर्दी कर सकते हो।"

"तुम मेरे बारे में जो चाहे कह लो लेकिन मेरे इन कपड़ों की बुराई मत करो। यह बहुत...बहुत ज़्यादा...पवित्र हैं, इसके लिए कुछ भी कहना गलत है।"

दुकानदार इन शब्दों से शान्त हो गया और बोला, "ठीक है बाबू, अब तुम यहाँ से जाओ। मैं लेक्चर नहीं सुनना चाहता...तुम्हारे दो आने छह पैसे हुए...एक-एक आने के दो केले और सोडा छह पैसे का..."

श्रीराम ने अपना छोटा-सा बटुआ खोलकर पैसे निकाले और उसे दे दिए।

दुकानदार ने नरमी से कहा, "मेलों का मौसम नहीं है, इसलिए उतने सस्ते नहीं हैं जितने होने चाहिए।"

"मैं तुमसे कीमत नहीं पूछ रहा, मैं तुमसे सिर्फ यह कहना चाहता हूँ कि विदेशी चीज़ें मत बेचा करो। अंग्रेज़ी बिस्कुट तुम्हें नहीं बेचने चाहिए।"

"ठीक है, बाबूजी, आगे से ध्यान रखूँगा। यह माल खत्म होने के बाद नहीं बेचूँगा।"

"अगर भारतीय होने पर तुम्हें ज़रा सा भी गर्व है, तो तुम्हें यह सारा सामान गटर में डाल देना चाहिए, जिससे कौवे भी चोंच न मार सकें।

"ठीक है, साब," दुकानदार ने जवाब दिया, उसे वह भीड़ अच्छी नहीं लग रही थी जो ये बातें सुनने के लिए वहाँ इकट्ठा होने लग गई थी। सड़क के अन्त में एक प्लेटफार्म बनाया जा रहा था जिसके इर्द-गिर्द कई लोग इकट्ठे थे। गाँव वाले इस जलसे की वजह से काफी खुश थे और छोटे-छोटे ठेले वगैरह अपनी चीज़ें बेचने के लिए वहाँ इकट्ठे होने लगे थे। दुकानदार को अपना एक प्रतिद्वन्द्वी ठेलेवाला भी उनमें खड़ा दिखाई दिया, जो उसकी तरफ देखता मुस्करा रहा था। वह झगड़ा करने में उस्ताद था और खादी पहनकर आया था। दुकानदार ने श्रीराम से कहा, "आप ज़रा सा हटें, मैं दुकान बन्द करना चाहता हूँ।"

श्रीराम ने दृढ़ता से कहा, "तुम चाहो तो दुकान बन्द कर दो लेकिन बिस्कुट तुम्हें फेंकने पड़ेंगे।"

दुकानदार घबराकर बोला, "कौन से बिस्कुट?...बाबू, आप मुझे अकेला छोड़ दीजिए।"

"वही अंग्रेज़ी बिस्कुट, जिनके बारे में तुम अभी कह रहे थे।"

"मेरे पास कोई अंग्रेज़ी बिस्कुट नहीं हैं। मुझे कहाँ से मिलेंगे ये? ये तो ब्लैक मार्केट में भी नहीं मिल रहे।"

"अच्छी बात है कि तुम्हारे पास अंग्रेज़ी बिस्कुट नहीं है। मेरे मन में तुम्हारी इज्ज़त बढ़ गई, लेकिन एकाध मुझे दिखाओ तो।"

"मेरे पास कोई बिस्कुट नहीं है," यह सुनकर भीड़ हँसने लगी। किसी ने किसी से चिल्लाकर कहा, "अरे, यह तो रंगा है। फिर किसी चक्कर में पड़ गया है।"

श्रीराम ने टिन के एक डिब्बे की तरफ इशारा करके कहा, "उस डिब्बे में हैं, दिखाओ।" दुकानदार ने फौरन डिब्बा खोला, उसमें आटा भरा था—उसका भाग्य सही निकला।

"लेकिन तुमने मिनट भर पहले कहा नहीं था कि तुम्हारे पास बिस्कुट भी हैं?"

"किसने? मैंने? मैं तो मज़ाक कर रहा था। मैं गरीब आदमी हूँ और ब्लैक मार्केट से कुछ भी खरीदकर बेचने के लिए पैसा कहाँ से लाऊँगा।"

भीड़ में से कोई बोला, "ज़रूर भीतर रखे होंगे। इससे कहो कि भीतर का सामान भी दिखाए।"

"चुप रहो और चलो यहाँ से," दुकानदार ने उसे डपटा।

स्थिति लगातार बिगड़ती जा रही थी। श्रीराम कहने लगा, "अफ़सोस की बात है कि तुम झूठ भी बोलते हो, विदेशी चीज़ें तो बेचते ही हो अगर तुम सत्यवादी और देशभक्त बनने को तैयार हो, तो मैं तुम्हारे लिए जान भी दे सकता हूँ। मैं यहाँ से तब तक नहीं हटूँगा जब तक तुम मेरे सामने अपना सारा विदेशी माल इस नाले में नहीं बहा देते। नहीं तो मैं यहीं तुम्हारे सामने मरकर गिर पड़ूँगा।"

"आप तो मेरे साथ बेकार ही झगड़ा कर रहे हैं," दुकानदार रोने-सा लगा।

"मैं तो तुम्हारे भीतर छिपे पाप से लड़ रहा हूँ, यह लड़ाई अहिंसक है।"

तभी एक औरत दो पैसे का नमक लेने वहाँ आई। श्रीराम बीच में आकर उससे कहने लगा, "आप यहाँ से कुछ न खरीदें।" लेकिन औरत उसकी बात अनसुनी करके आगे बढ़ी तो वह उसके सामने ज़मीन पर लेट गया और बोला, "आप मेरे ऊपर पैर रखकर जा सकती हैं लेकिन मैं आपको यहाँ से कुछ नहीं खरीदने दूँगा।"

दुकानदार मुसीबत में फँस गया था। आज का दिन कितना बुरा निकला! आज सवेरे उठते ही किसका मुँह देखा था! वह श्रीराम से विनती करने लगा, "आप जो भी कहेंगे, मैं करने को तैयार हूँ। मेरे लिए परेशानी मत बढ़ाइये।"

श्रीराम ने कहा, "मित्र, तुम मुझे बिलकुल ग़लत समझ रहे हो। मैं तुम्हारी परेशानी नहीं बढ़ाना चाहता, मैं तो तुम्हारी मदद करना चाहता हूँ।"

जो औरत नमक खरीदने आई थी, कहने लगी, "मैं तुम्हारी बहस खत्म होने का इन्तज़ार करूँगी तो मेरा चूल्हे पर चढ़ा खाना उबलकर फैलने लगेगा!" फिर, ज़मीन पर लेटे श्रीराम से उसने पूछा, "मैं दूसरी दुकान से नमक ले लूँ, बाबूजी?"

ज़मीन पर पड़े हुए भी श्रीराम को यह सुनकर हँसी-आ गई! वह बोला, "तुम जिस दुकान से चाहो क्यों नहीं खरीद सकतीं?"

श्रीराम का उलझा हुआ जवाब उसके पल्ले नहीं पड़ा, तो वह कहने लगी, "मैं महीने में एक ही दफ़ा नमक खरीदती हूँ। ग़रीब हैं न हम लोग! कीमती चीज़ें नहीं खरीद सकते। पहले नमक की कीमत थी..."

श्रीराम पेट के बल लेटा हुआ था, अब सीधे होकर बोला, "महात्मा गाँधी तुम जैसे लोगों के लिए ही लड़ रहे हैं! तुम्हें पता है, जब तक नमक का टैक्स खत्म नहीं होगा, वे चैन से नहीं बैठेंगे।"

"क्या, बाबू?" औरत ने पूछा।

"तुम जितना भी नमक इस्तेमाल करती हो, उस पर अंग्रेज़ों की सरकार टैक्स लेती है। इसलिए तुम्हें नमक के लिए इतनी कीमत चुकानी पड़ती है।"

किसी दूसरे ने समझाया, "जब टैक्स खत्म हो जाएगा, तब एक आने का इतना नमक मिलेगा," उसने हाथ घुमाकर बताया कि कितना मिलेगा।

औरत काफी प्रभावित दिखी और आँखें चौड़ी करके कहने लगी, "तभी तो मैं कहूँ कि पहले कितना सस्ता था।" फिर गुस्से से दुकानदार पर नज़र डालकर, जो आँखों में आँसू भरे छत से लटकती रस्सी पकड़े खड़ा था, बोली, "और दुकानदार भी रोज चीज़ों के भाव बढ़ाते चले जाते हैं। वे बहुत ज़्यादा लालची हो गए हैं,"—इस बात से सभी सहमत दिखाई दिए। भीड़ ने एकमत से इसका समर्थन किया।

दुकानदार अँगूठों के बल खड़ा था, उचककर बोला, "सरकार ने जो कीमत तय की है, उसी पर तो हम बेच सकते हैं। हम क्या करें!"

"तुम और कुछ नहीं कर सकते तो जो लोग इन बातों के लिए सरकार से लड़ रहे हैं, उनका समर्थन तो कर सकते हो। तुम्हें 1930 में महात्मा गाँधी के दांडी मार्च की याद है! वे तीन सौ मील पैदल चलकर वहाँ गए और वहाँ का नमकीन पानी उबालकर नमक बनाया, जिससे और लोग भी इसी तरह बना सकें।"

दुकानदार दया की भीख माँगता लग रहा था। उसने धीरे से कहा, "बाबू,

आप जो भी कहेंगे, मैं करने को तैयार हूँ। अब आप उठिए, आपके कपड़े बहुत गन्दे हो गए हैं।''

''मेरे कपड़ों की चिन्ता मत करो। मैं उन्हें धो लूँगा।''

''लेकिन बाबू, यह चिकनी मिट्टी है। आसानी से साफ़ नहीं होती।''

''तुम इसकी परवाह मत करो। किसी अच्छे धोबी से धुलवा लेंगे।''

''अगर आपको धोबी न मिले, तो मैं अपने धोबी शामा से धुलवा दूँगा बाबू, वह एक-एक धब्बा निकाल देता है। इन बागानों के विदेशी भी उसे ही बुलाते हैं।''

किसी ने दुकानदार को कोहनी मारी और फुसफुसाकर बोला, ''विदेशियों का नाम मत लो। पसन्द नहीं है इन्हें।''

अब श्रीराम को लगने लगा कि लोग उसे ज़मीन पर पड़े देखकर प्रसन्न हो रहे हैं और ऐसे ही देखना चाहते हैं। यह विचार आते ही वह उठा और बैठ गया। उसकी नाक और माथे पर मिट्टी चिपक गई थी और बालों में धूल भरी थी। एक बच्चा, छोटी-सी बंडी और अपने आकार से दुगना पजामा पहने, हाथ में छह पैसे का सिक्का कसकर दबाये, दौड़ता हुआ वहाँ आया और ज़ोर से बोला, ''मेरे बाबा के लिए तीन पैसे की बढ़िया सुँघनी और तीन की मेरे लिए नारियल की बरफ़ी दो।'' वह श्रीराम को देखे बिना दुकानदार तक पहुँच गया और सिक्का आगे बढ़ा दिया। दुकानदार ने झपटकर सिक्का छीन लिया। श्रीराम ने लड़के के पैरों को हाथ लगाकर कहा, ''इस दुकान से कुछ मत खरीदो।''

''क्यों?''

श्रीराम ने कहना शुरू किया, ''क्योंकि, हमारा देश...'' कि भीड़ में से दो-तीन लोगों ने लपककर लड़के का कालर पकड़ लिया और कहा, ''इतने सवाल क्यों करते हो? जो तुमसे कहा जा रहा है, क्यों नहीं करते?'' उन्होंने लड़के को खींचकर बाहर निकालना चाहा, लेकिन वह रेलिंग पकड़कर अड़ गया, ''लेकिन मेरे पैसे उसके पास हैं। मेरे पैसे...''

लोग दुकानदार पर बरसे, ''इसके पैसे वापस करो।''

दुकानदार बोला, ''आज कैसे करूँ? आज शुक्रवार है और आज सिक्का वापस करना अशुभ नहीं होता? मैं तो बरबाद हो जाऊँगा। मैं उसका सौदा उसे दे सकता हूँ, वह चाहे तो ज़रा ज़्यादा भी देने को तैयार हूँ, लेकिन पैसा तो मैं वापस कर ही नहीं सकता। आप सब मेरे ऊपर दया करो। मेरे सात बच्चे हैं।''

लड़का रुआँसा हो आया, ''अगर मैं सुँघनी लेकर न गया तो बाबा मुझे मारेंगे। उनकी डिब्बी खाली हो चुकी है, वह मेरा इन्तज़ार कर रहे हैं।''

किसी ने कहा, ''उस दूसरी दुकान से खरीद लो।''

लड़का बोला, ''किसी और दुकान की होगी तो उसे फेंक देंगे।''

दुकानदार ने इस पर आँखें चमकाकर कहा, ''दस साल से मेरे गाहक हैं। और कहीं की सुँघनी उन्हें पसन्द नहीं। मैं तो चुनौती देता हूँ।''

लड़का रेलिंग पकड़े-पकड़े चीखने लगा, ''मुझे सुँघनी ज़रूर चाहिए, नहीं तो...''

भीड़ में से कोई गाली बकता आगे आया और लड़के को खींचकर बाहर ले आया। लड़के ने ज़ोर-ज़ोर से रोना शुरू कर दिया। भीड़ ठहाके मारकर हँस रही थी, दुकानदार बुत बना खड़ा था। श्रीराम धूल-मिट्टी में मूरत की तरह बैठा ज़मीन को टुकुर-टुकुर देखे जा रहा था। किसी ने लड़के के कान में कहा, ''यह आदमी चला जाए तो सुँघनी ले लेना।''

''यह कब जाएगा?'' लड़के ने कान में ही पूछा।

एक दूसरे ने जवाब दिया, ''यहाँ का आदमी नहीं है। चला जाएगा।''

''लेकिन बाबा को तो सुँघनी अभी चाहिए।''

''फ़िक्र मत करो, मैं तुम्हारे बाबा को समझा दूँगा।''

श्रीराम सबकी बातें सुन रहा था, लेकिन बिना कुछ बोले चुप बैठा था।

फिर जलसे की जगह लोग इकट्ठा होने लगे तो दुकान के सामने की भीड़ हट गई। पेड़ पर एक और रोशनी का हंडा लगाया जा रहा था। लोगों ने ऊपर देखा और कहा, ''रामू हंडा लेकर पेड़ पर चढ़ रहा है।'' एक लड़का धारीदार बनियान और खाकी निकर पहने ऊपर चढ़ रहा था। उसकी माँ उसे देखते ही चिल्लाई, ''अरे, रामू, ऊपर मत चढ़। कोई लड़के को उतारो, हमेशा पेड़ों पर चढ़ता फिरता है।''

किसी ने कहा, ''फ़िक्र की क्या बात है, लड़के तो चढ़ते ही रहते हैं।'' इस पर झगड़ा शुरू हो गया और औरत चीखकर बोली, ''तुम्हारा बेटा अगर हर वक्त खतरे से खेलता रहता, तो पता चलता।''

लड़के ने ऊपर से ही चिल्लाकर कहा, ''अगर तुम लोग इस तरह लड़ोगे तो मैं यहाँ से कूद पड़ूँगा, तब पता चलेगा।'' भीड़ इसका मज़ा ले रही थी। कुछ देर के लिए दुकानदार भी अपनी परेशानी भूल गया, उसने भी पेड़ के ऊपर देखकर कहा, ''बहुत बदमाश लड़का है। हमेशा अपनी खतरनाक हरकतों से माँ को तंग करता रहता है। इसके सामने उसे चैन ही नहीं मिलता।''

श्रीराम बोला, ''लड़का तो बड़ा लगता है। खुद अपनी देखभाल कर सकता है।''

''हाँ, लेकिन माँ ने इसे बिगाड़ दिया है। हमेशा पेड़ों पर चढ़ता रहता है या पानी में कूदता रहता है या लोगों को तंग करता रहता है। बहुत बदमाश है,'' दुकानदार ने कहा।

श्रीराम ने कहा, ''तुम लोग भी उसे तंग करते होंगे। अकेला छोड़ दोगे तो कुछ नहीं करेगा। हर कोई उसे यही कहता है, यह करो, यह मत करो।''

तभी पेड़ के ऊपर से आवाज़ आई, ''हंडा लगा दिया है। और कौन यह काम

कर सकता था!'' हंडा धीरे-धीरे हिल रहा था और नीचे रोशनी फेंक रहा था, इसमें लोगों की छायाएं इधर-उधर डोलने लगीं। लोग उसकी तरफ देखकर हँसने-खिलखिलाने लगे। वह चिल्लाया, ''अगर कोई भी हँसा तो मैं रस्सी काट दूँगा और हंडा तुम पर गिर पड़ेगा।''

''लड़का है या शैतान,'' उसकी माँ चिल्लाई श्रीराम को यह सब तमाशा बेकार लग रहा था। उसे यहाँ के निकम्मे, बातूनी लोगों पर गुस्सा आने लगा था। दुकानदार ने कहा, ''इस गाँव में शान्ति तो है ही नहीं–दोनों माँ-बेटे हर वक्त लोगों को परेशान करते रहते हैं।''

''और तुम किससे कम हो,'' श्रीराम ने गुस्से से कहा। देश अपने अस्तित्व की लड़ाई में उलझा हुआ है; उसके दिमाग में गाँधीजी की तस्वीर घूम गई, उनका चरखा, घंटों उनका इधर से उधर घूमना, सोच-विचार करना और तरह-तरह से अपने को कष्ट देना, जेल में उनकी ज़िन्दगी–और इन जैसे लोगों के लिए वे ये सब कर रहे हैं! उसका मन बहुत दुख से भर गया। अपने सब काम भी उसे व्यर्थ लगने लगे। इससे तो अच्छा है कि वह कबीर स्ट्रीट की अपनी पुरानी ज़िन्दगी में ही वापस चला जाए–वहाँ कम से कम एक वृद्धा तो सुखी रहेगी। इससे क्या फ़र्क पड़ता है कि दुकानदार अंग्रेज़ी या स्कैंडिनेबियाई बिस्कुट बेचे, या चीनी पटाखे या फ्रेंच मक्खन बेचे? यह सब व्यापार ही तो है–भले ही आत्माविहीन व्यापारी और मोटी चमड़ी वाली जनता ही इसे क्यों न करती हो! इस तरह ज़मीन पर धूल-मिट्टी में बैठना और दूसरों के लिए लड़ना क्या बिलकुल बेकार ही नहीं है? अचानक उसे बड़ी थकान हो आई। वह दुकानदार से बोला, ''क्या तुम मुझे कागज़, कलम और एक लिफ़ाफ़ा दे सकते हो! मैं उसका पैसा दूँगा।''।

''नहीं, बाबू'', दुकानदार ने कहा। ''मेरी दुकान पर कागज और इस तरह की चीज़ें नहीं बिकतीं। यहाँ सब ग़रीब आदमी आते हैं और खाने-पीने से ज़्यादा कुछ नहीं माँगते।''

''और जो अंग्रेज़ी बिस्कुट की माँग करते हैं'', श्रीराम ने तिरछेपन से कहा।

''अब आप इसे भूल जाइए, मैं फिर यह सब नहीं करूँगा,'' दुकानदार ने भरोसा दिलाया। 'बस, आप उठ बैठें और मुझे माफ़ कर दें।''

श्रीराम को यह सोचकर अच्छा लगा कि उसका महत्त्व यहाँ इतना बढ़ गया है। वह बहुत सन्तुष्ट महसूस कर रहा था। बोला, ''मेरा ख्याल है कि तुम इस बारे में झूठ नहीं बोल रहे हो–कागज़ और कलम के बारे में। शायद तुम कीमती अंग्रेज़ी कागज़ और स्याही ही बेचते होंगे!''

''नहीं, बाबू, मैं देवी जी की क़सम खाकर कह रहा हूँ। मेरे पास ऐसा कोई माल नहीं है और मैं हर देवी-देवता का नाम लेकर कहता हूँ कि मैं कोई भी विदेशी

चीज़ नहीं बेचूँगा। जहाँ भी मुझे एक भी बिस्कुट दिखाई दिया, उसे मैं नाली में डाल दूँगा। जो कोई अंग्रेज़ी बिस्कुट माँगेगा, उसे थप्पड़ मार दूँगा। कम से कम इस गाँव में अंग्रेज़ी बिस्कुट नहीं बिकेंगे। अब आप कहें तो मैं स्कूल मास्टर के पास जाऊँ और उनसे आपके लिए कागज़ और कलम माँगकर ले आऊँ। इस गाँव में वही लिखने-लिखाने का काम करते हैं।'' श्रीराम ने सिर हिलाकर 'हाँ' की तो वह बोला, ''आप ज़रा इधर आ जाएं। मैं दुकान अकेली नहीं छोड़ सकता, यहाँ चोर-उचक्कों की कमी नहीं है।''

''फिक्र मत करो, मैं दुकान की देखभाल करूँगा। फिर उसकी तरफ तिरछी नज़र से देखकर बोला, ''तुमने देखा, मैं लोगों को कैसे काबू कर सकता हूँ?'' उसे अपने करतब पर मज़ा आने लगा था।

दुकानदार उसका साथ देने के लिए बेमन से हँसा और दुकान का दरवाज़ा बन्द करने लगा। वह घबड़ा भी रहा था कि कहीं श्रीराम अपना दिमाग़ न बदल दे। इस सम्भावना को रोकने के लिए उसने कहा, ''आदमी को अपने खत ज़रूर लिखते रहना चाहिए, इसमें कोताही करना सही नहीं होता। मैं मिनट भर में वापस आता हूँ।'' उसने दुकान में ताला लगाया और नीचे आ गया। अब उसे आज़ादी महसूस हो रही थी। ऐसी खुशी उसे अपने जीवन में पहले कभी नहीं मिली थी। ''बस, गया और आया...'' यह कहते हुए वह दौड़कर जाने लगा—चाभियों का गुच्छा उसके हाथ में बज रहा था। ऐसे मोटे आदमी को दौड़ते देखकर लोग हँस रहे थे।

श्रीराम दुकान के दरवाज़े से पीठ टिकाकर आराम से बैठ गया और उस पर लगे लोहे की पट्टियों पर चमकदार रंगों में छपे खुशबूदार तेल, साबुन और दूसरी चीज़ों के विज्ञापन देखता रहा और सोचता रहा कि कागज़-पेंसिल आ जाने पर वह पत्र में क्या-क्या लिखेगा। सामने मन्दिर के ऊपर पेड़ पर टंगे रोशनी के हंडे और नीचे मीटिंग के लिए किया गया इन्तज़ाम उसे ज़्यादा आकर्षित नहीं कर रहा था, उसका दिमाग़ तो पत्र में लगा था। पूज्य महात्मा जी, मैं समझ नहीं पा रहा कि हमें इस जनता की चिन्ता क्यों करनी चाहिए। हम इनके लिए जो करना चाहते हैं, उसके ये योग्य ही नहीं हैं। ये सब विदेशी बिस्कुट बेचते और खाते हैं। इनमें गम्भीरता तो है ही नहीं, इनका मन तो उस ज़रा से लड़के में लगा है जो पेड़ पर चढ़ गया है। मुझे तो इसकी भी परवाह नहीं होगी कि वह गिर पड़ेगा—उससे छुटकारा इन सबके लिए अच्छी बात ही होगी। हम उन्हें स्वराज की बातें बताएं, इससे अच्छा उन्हें यह लगेगा कि हम उन्हें अकेला छोड़ दें। इन्हें किसी की कुछ परवाह नहीं है। इसी वक्त ये लोग एक सरकारी मीटिंग की तैयारी कर रहे हैं। पूज्य महात्मा जी,

मैं आपसे यह जानना चाहता हूँ—वह सोचने लगा कि महात्मा जी से वह वास्तव में कहना क्या चाहता है। उसकी असली समस्या क्या है?

समस्या उसकी समझ में नहीं आ रही थी। अचानक उसे लगा कि वह बहुत थक गया है और दुखी है। भूख भी ज़ोर की लग रही है, घर की याद भी आ रही है। अब वह कबीर स्ट्रीट और अपने घर वापस जाना चाहता था, भारती के साथ और यह सब भूल जाना चाहता था। वह जिस तरह की मेहनत कर रहा था, उसके लिए दो केले और सोडावाटर काफी नहीं थे। वह सोचने लगा कि दुकानदार वापस आएगा तो वह उससे दुकान खोलकर और केले देने को कहेगा। वह इतना शिथिल महसूस कर रहा था कि सामने की मीटिंग भी उसे दिखाई देनी बन्द हो गई थी। लेकिन उसकी आत्मा बराबर उसे कुरेद रही थी। कोई उससे कह रहा था, 'तुम तो इसका विरोध करने यहाँ आए थे। अब क्या हो गया है तुम्हें?' इसका जवाब भी उसने खुद ही दे लिया : 'मैं कुछ नहीं कर सकता। मुझे अपने नेता के मार्गदर्शन का इन्तज़ार करना चाहिए। बिना वजह कुछ करने का कोई मतलब नहीं है।'

एक जीप आकर रुकी और उसमें से कुछ लोग उतरे। वह चुपचाप देखता रहा। एक ग्रामोफोन मंच पर रख दिया गया, उसमें लाउडस्पीकर से किसी फिल्मी गीत की धुन निकलने लगी और लोग उस पर ताल देने लगे। फिर एक आदमी हारमोनियम लेकर आया और बेसुरी आवाज़ में कुछ गाने लगा। श्रीराम ने अपने कान बन्द कर लिए और कहा, "कितना बुरा बाजा है!" इसकी चीखें मारती आवाज़ उसकी नसों को झकझोर रही थी। उसने सोचा, 'जब महात्मा गाँधी देश के राजा हो जाएंगे, तो उन्हें इस बाजे पर रोक लगा देनी चाहिए। मेरे ख्याल से यह भी अंग्रेजों की ही देन है।'

गाना खत्म होने के बाद कुछ लोगों ने रामायण का एक हिस्सा संगीत के साथ प्रस्तुत किया। जनता को यह अच्छा लगा। यह चल ही रहा था कि लोहे की दोनों कुर्सियों पर बैठे दो अफसर एकदम उठ खड़े हुए और बहुत घटिया तमिल में भाषण देने लगे। अपने भाषण में उन्होंने युद्ध का महत्त्व समझाया, बताया कि अंग्रेज़ बराबर जीत रहे हैं और भारतवासियों को उनकी मदद करनी चाहिए और यह भी कि उन्हें बाहरी और भीतरी दोनों शत्रुओं से अपनी रक्षा करनी चाहिए। कुछ सिपाही सादा कपड़ों में थे, कुछ वर्दी पहने खड़े थे, अफसर लोग कोट पहने थे। इनके बाल बड़े सलीके से कढ़े थे और एक आदमी हाथ में डिब्बा लिए बच्चों को टाफी बाँट रहा था। श्रीराम फिर यह सोचने लगा, 'मैं तो यहाँ इसे रोकने के लिए ही आया हूँ...लेकिन... लेकिन पहले मुझे महात्मा जी से आदेश प्राप्त करना चाहिए... ।" उसने अपने चारों ओर नज़र डाली, उसके पास बहाना भी था, वह कागज़-कलम का इन्तज़ार कर रहा था। तभी उसने देखा कि भीड़ में दुकानदार बैठा है। झूठा,

मक्कार! वह शायद बच्चों की तरह टाफ़ी लेगा और दुकान पर ला कर उसे ब्लैक मार्केट रेट पर बेच देगा।'

श्रीराम का पत्र तो लिखा नहीं गया, लेकिन जैसे उसी के उत्तर में महात्मा जी का पत्र आ गया। इसमें भारती के लिए भी एक कागज़ था। जिसमें लिखा था, "तुम्हारा कार्य आन्तरिक निष्ठा का प्रतिफल होना चाहिए। यह इस पर निर्भर नहीं करता कि तुम क्या देखते या समझते हो। तुम्हारे हर कार्य में तुम्हारी अन्तरात्मा का आदेश होना चाहिए। जो तुम्हें दिखाई देता है, उससे संचालित होना सही नहीं है। तुम्हें अपना कर्तव्य इसलिए करना चाहिए क्योंकि तुम्हारा अन्तर्मन तुम्हें उसके लिए प्रेरित कर रहा है। भारती का उसी तरह ध्यान रखना, जिस तरह वह तुम्हारा रखती है। ईश्वर तुम्हारा सहायक हो!"

यह सन्देश आया तो भारती भी उससे मिलने आई। यह उसकी छुट्टी का दिन था, इसे वह सैनिक छुट्टी मानता था। वह ध्वस्त मन्दिर के आँगन में चुपचाप बैठा था क्योंकि यहाँ करने को कुछ था ही नहीं और एक पुराने अखबार की सड़ी-बुसी खबरों पर नज़र दौड़ा रहा था। इन्हीं में वह मन लगाने की कोशिश कर रहा था। डाक हरकारा काफी देर पहले नीचे पड़े पत्थर को पार करके मैदान की दिशा में वापस लौट चुका था। शाम को आने वाली रेल भी अपना सफर पूरा करके वापस लौट चुकी थी। सूरज पश्चिमी क्षितिज पर अँधेरे में उतर जाने की तैयारी कर रहा था।

श्रीराम ने अपनी चटाई निकाल कर जमीन पर बिछाई। उस पर लेट गया और उसी अखबार को दोबारा पढ़ने लगा। उसकी खबरें पढ़ लेने के बाद उसमें छपे चुटकुले, कार्टून, और पत्र इत्यादि भी ध्यान से देख डाले। सोलुर गाँव से वापस लौटते समय सड़क पर उसे यह अखबार मिला था—यह कहीं से उड़कर आया था और एक बड़े से पेड़ के तने से लिपट गया था। उसने टार्च की रोशनी डालकर अखबार को देखा तो पता चला कि यह वह अखबार है जो अपने प्रतिक्रियातासी विचारों के लिए प्रसिद्ध है और महात्मा गांधी की भी आलोचना करता है—लेकिन रविवार का संस्करण होने के कारण इसमें रोचक कथा-कहानियाँ भी होती हैं। पहले तो उसे गुस्सा आया कि कोई इस साम्राज्यवादी अखबार को यहाँ क्यों छोड़ गया है, लेकिन फिर उसने उसे सावधानी से तह करके अपने झोले में रख लिया।

कुछ समय के लिए वह ऐसी असीम बोरियत का शिकार हो गया था कि उसे लगने लगा कि टीक के ये बड़े-बड़े पेड़ और बाँसों के झुरमुट और ढलान के ऊपर बागानों में बोये ये वृक्ष उसके दिमाग़ को चीर डालेंगे। ये सब मिलकर जैसे

उसके ऊपर चढ़े आ रहे थे और उसका मन हो रहा था कि ज़ोर-ज़ोर से चीख-चिल्लाकर इनका विरोध करे। इस निपट अकेलेपन से निजात पाने के लिए एक दफ़ा तो उसने खुद अपने-आप से बात करना शुरू किया। उसने खुद से पूछा, 'आप यहाँ क्या कर रहे हैं?' और खुद ही जवाब दिया, 'मैं देश के लिए लड़ रहा हूँ।'

'यह किस तरह की लड़ाई है? तुम देखने में तो फक्कड़ लग रहे हो, न तुम्हारे पास कोई यूनिफ़ार्म है, न हथियार, और कोई दुश्मन भी कहीं दिखाई नहीं देता, कैसी है तुम्हारी यह लड़ाई? तुम मज़ाक तो नहीं कर रहे!' यह सोचकर वह बेतहाशा हँसने लगा, 'हा...हा...हा!' वह इतने ज़ोर से बोल रहा था कि उसकी आवाज़ से पहाड़ियाँ गूँजने लगीं और एक-दो पक्षी डरकर उड़ भी गए हों, तो भी कोई ताज्जुब नहीं। लेकिन इस जबरदस्त प्रतिक्रिया से उसके मन को काफ़ी शान्ति मिली। अब यह अखबार पढ़कर वह अपने अकेलेपन को दूर भगाना चाहता था। अब उसके पास कुछ पढ़ने को था। अब तक तो वह पेड़, पहाड़ और आसमान को ही देख-देख कर समय बिता रहा था। यहाँ रहना उसकी नियति थी, इसके खिलाफ़ वह कुछ नहीं कर सकता था।

उसने चटाई पर अपने पैर सीधे किए। पीछे एक बड़ा सा पत्थर रखा, जिस पर अपनी पीठ टिका सके। दो दिन पहले उसे यह पत्थर झाड़-झंखाड़ के बीच दबा हुआ दिखाई दिया था और इसे वह धीरे-धीरे ढकेलता हुआ यहाँ तक ले आया था—उसे करीब एक घंटा इसमें लगा था। पत्थर पर कलात्मक कारीगरी और घिसे हुए कुछ शब्द थे। वह इनका अर्थ समझने की कोशिश करने लगा—अक्षर गोल आकार के थे और परिचित से प्रतीत होते थे लेकिन पढ़ने में नहीं आते थे। हो सकता है, हज़ारों साल पहले किसी राजा या अत्याचारी ने, जिनकी तस्वीरें इतिहास की पुस्तकों में बनी रहती है, इन्हें अपने सन्देश के रूप में लिखवाया हो। श्रीराम के अनुसार इतिहास की किताबों में बनी तस्वीरें गुंडे-बदमाशों जैसी दिखाई देती हैं। वह अक्सर सोचता था कि बड़ी-बड़ी मूँछों और लम्बी कलमों वाले इन लोगों की जानकारी से क्या अर्थ सिद्ध होता है? अपने नए तकिए से सिर लगाए लेटा श्रीराम सोचता रहा कि अगर उसने अपने इम्तहान सही ढंग से पास कर लिए होते, तो उसे ये दिन न देखने पड़ते। वह अपने दोस्त प्रसन्ना की तरह किसी दफ्तर में हँसमुख क्लर्क बन जाता। कुछ दिन पहले ही वह सड़क पर फुटबाल खेलता नज़र आता था, लेकिन अब खज़ाने के दफ्तर में कई घंटे मेहनत से काम करता दिखाई देता है।

श्रीराम चटाई पर और आराम से लेट गया और अखबार में एक स्त्री और एक पुरुष के बीच चार लाइनों का एक चुटकुला पढ़ने लगा। पुरुष ने पूछा, "मेरी टाई पर इस्तिरी कब की जाएगी?" स्त्री ने फुर्ती से जवाब दिया, "मुझे जब गाउन मिल जाएगा, उसके ठीक घंटे भर बाद।" श्रीराम ने कई दफ़ा इसे पढ़ा, यहाँ तक

कि इससे उसे चिढ़ होने लगी। इसमें मज़ाक की क्या बात है? कुछ समझ में नहीं आता। उसने बार-बार इसे देखा और गहराई से इसका आशय ढूँढ़ निकालने के लिए छानबीन की। चुटकुले के साथ एक तस्वीर छपी थी जिसमें कमर से दोनों लोग मोटे थे। श्रीराम सोचने लगा, 'अंग्रेज़ों को क्या मज़ाक अच्छा लगेगा, यह जानना आसान नहीं है।' उसने अखबार नीचे रख दिया और वह हवा में फड़फड़ाने लगी।

तभी उसे लगा कि उसकी प्रिया की रुनझुन उसे सुनाई दी है। उसने नीचे देखा तो सचमुच आधा मील दूर भारती चली आ रही थी। उसे बहुत अच्छा लगा। वह खुशी से चिल्ला उठा और नीचे की तरफ दौड़ने लगा। वह उसे देव दूती की तरह लगी, जो उसकी उदासी दूर करने के लिए आ रही थी। हमेशा की तरह उसके हाथ में एक थैला था और वह खुशी और आत्मविश्वास से पूर्ण तेज़ी से ऊपर चढ़ती चली आ रही थी। मुड़ते ही उसने अपने सामने श्रीराम को देखा तो वह एकदम अचकचा गई।

श्रीराम ज़ोर से बोला, "वाह, मेरी देवी आ गई!"

भारती ने अपनी चाल धीमी कर दी और कहने लगी, "यह तुम्हें हुआ क्या है? लोग देखेंगे तो क्या कहेंगे?"

"लेकिन यहाँ देखने-सुनने वाला है ही कौन?" श्रीराम ने घुड़ककर कहा। "जैसे चारों तरफ लोगों की भीड़ जमा है!" लम्बे अकेलेपन की उसकी व्यथा शब्दों में भी व्यक्त हो रही थी। भारती ने भी इसे महसूस किया लेकिन कुछ कहा नहीं।

उसने हलके ढंग से पूछा, "तो तुम्हें अपने पास बड़ा-सा मेला दिखना चाहिए? तुम क्या चाहते हो?" और आराम से आगे बढ़ती रही।

"लेकिन तुम जा कहाँ रही हो?" श्रीराम ने पूछा।

"तुमसे मिलने आ रही हूँ।"

"यहाँ मैं सरकारी तौर पर तुम्हारा नोटिस नहीं लूँगी। लेकिन तुम नहीं मानोगे तो बताकर यहीं से वापस चली जाऊँगी। मैं बहुत अच्छी खबर लाई हूँ।"

"क्या है खबर?" वह उत्तेजना से पूछने लगा।

वह चलते-चलते बोली, "अपनी जगह पहुँचो, वहीं पर बताऊँगी।"

ऊपर पहुँच कर श्रीराम ने उसे अपनी चटाई दिखाई और पत्थर के सहारे आराम से बैठने को कहा। उसने आज्ञा का पालन किया। उसने अपने पैर फैलाए, पत्थर का सहारा लिया और उसका शरीर अपने सामने देखकर श्रीराम के मन में पागलों जैसी भावनाएँ उमड़ने लगीं। भारती ने थैला खोलकर एक पत्र निकाला और उसे दिया, "बापू ने तुम्हारे लिए भेजा है। है न बढ़िया बात?"

श्रीराम ने पत्र पढ़ा और विचारों में डूब गया। आसमान में अँधेरा छाने लगा था, उल्लुओं की आवाज़ें सुनाई देने लगी थीं, झाड़ियों में झींगुर चीं-चीं करने लगे

थे। वह चटाई पर भारती की बगल में बैठ गया। उसे उसकी खद्दर की साड़ी के भीतर बायीं छाती फड़कती दिखाई दे रही थी। लेकिन श्रीराम के मन में उसके लिए क्या होने लगा है, इससे वह बेखबर थी।

वह बोली, "इसका मतलब समझ में आया? बापू चाहते हैं कि तुम यहीं रहकर काम करो। उनको लगता है कि तुम अच्छा काम कर रहे हो और इसे जारी रहना चाहिए।"

"यह तुम कैसे समझीं कि उनका मतलब यही हे, कुछ और नहीं है?"

"इसलिए समझी कि मैं, जो वे लिखते हैं, पढ़ सकती हूँ और समझ सकती हूँ।"

"जो वे लिखते हैं, उसे पढ़ तो मैं भी सकता हूँ" श्रीराम ने उद्धत होकर कहा।

"तुमने उन्हें कुछ लिखा था?" उसने पूछा

श्रीराम को यह सवाल पसन्द नहीं आया। उसने गुस्से से कहा, "हाँ भी और नहीं भी।"

"लेकिन गुस्सा क्यों कर रहे हो? मैं बापू को लिखूँगी कि तुम्हें गुस्सा बहुत आने लगा है।"

इसके जवाब में उसने एकदम भारती को दबोच लिया और कहा, "तुम बापू को लिखोगी कि हमने शादी कर ली है।" श्रीराम ने यह बिना कुछ सोचे-समझे कहा था, और भारती एकदम भौंचक्की रह गई थी।

उसने भारती को संघर्ष करने या छूटने का मौका ही नहीं दिया, अपने पागलपन में इतना ज़्यादा जकड़कर अपनी बाँहों में भर लिया था कि अब उसे भारती की आकृति भी दिखाई नहीं दे रही थी। चारों तरफ अँधेरा था। उसने कहा, "नहीं, श्रीराम, यह ठीक नहीं है," तो उसे भारती की साँस अपने चेहरे पर महसूस हुई।

श्रीराम कह रहा था, "नहीं, यही ठीक है। इस वक्त हमें मिलने से कोई नहीं रोक सकता। देवता भी इसी तरह विवाह करते हैं।"

भारती की वेणी श्रीराम की बाँह पर पड़ी थी। उसके गालों में से चन्दन के साबुन की खुशबू आ रही थी। श्रीराम ने उसके गले को चूमा उसके शरीर की गन्ध उसे पागल किए दे रही थी। वह बेवकूफों की तरह कह रहा था, "तुममें खुशबू भरी है। मैं तुम्हारा गुलाम होकर रहूँगा। जो तुम कहोगी, वही करूँगा। दुनिया की हर चीज़ तुम्हारे सामने लाकर रख दूँगा।"

भारती क्षण भर के लिए उसकी बाँहों में छटपटाई, जैसे निकलने की कोशिश कर रही है, लेकिन वह उसके आलिंगन को स्वीकार भी कर रही प्रतीत होती थी। श्रीराम ने उसकी छातियों पर सिर टिका दिया और चुप हो गया। उसे लगा कि

इस समय कुछ भी कहना पाप होगा। गहरी अँधेरी रात थी। पेड़ सरसरा रहे थे, झींगुर और दूसरे कीड़े अपनी आवाज़ लगा रहे थे। वह चाँद और सितारों की कुछ बात कहना चाहता था लेकिन ज़बान जैसे अकड़ गई थी। इस समय उसे अपने से लगी भारती की गर्म साँस लेती काया के अलावा कुछ समझ में नहीं आ रहा था।

वह धीरे से बोला, "मैं हमेशा से जानता था। तुम मेरी पत्नी हो।"

भारती ने अपने को उससे अलग किया और कहा, "अभी नहीं। मुझे बापू की अनुमति चाहिए।"

"यह कैसे मिलेगी?"

"मैं कल ही उन्हें लिख दूँगी।"

"अगर उन्होंने नहीं दी?"

"तो तुम किसी और से शादी कर लेना।"

"तो मैं तुम्हें पसन्द नहीं हूँ? बताओ मुझे...अभी बताओ...," श्रीराम ने पागलों की तरह प्रश्न किया।

भारती ने उसका काँपना महसूस किया और कहा, "नहीं चाहती तो यहाँ तुमसे मिलने आती ही क्यों?"

"क्या महात्मा जी यह जानते हैं?"

"नहीं। वे ऐसी बातें नहीं सोचते...उनका मन बहुत पवित्र है।"

"इसमें गलत क्या है?"

"सब कुछ गलत है...हमें...हमें यह नहीं करना चाहिए था...मैं...मैं...और यह कहकर वह सुबकने लगी।" पता नहीं, बापू अब मेरे बारे में क्या सोचेंगे? मुझे... मुझे उन्हें सब कुछ लिख देना होगा..."

उसने भारती को इतना कमज़ोर और बचकाना नहीं देखा था। इससे उसे सन्तोष भी हुआ कि उसने भारती का घमंड तोड़ दिया है, उसका आक्रोश दबा दिया है। उसने आक्रामकता दिखाते हुए कहा, "बापूजी कुछ नहीं कहेंगे। वे समझ जाएंगे। मनुष्य की भावनाओं का उन्हें ज्ञान है। चिन्ता की कोई बात नहीं है। प्यार करने में कोई बुराई नहीं है। हम तो पति-पत्नी ही हैं।"

"कब से?"

"जिस दिन से मैंने तुम्हें देखा है।"

"यह कोई बात नहीं है। बापू की आज्ञा के बिना मैं विवाह नहीं कर सकती।"

अब वह गम्भीर हो उठा। निश्चय से बोला, "हम इसी क्षण विवाह कर लेते है।" यह कहकर वह भारती का हाथ पकड़कर उसे भीतर मन्दिर में घसीट ले गया, और इधर-उधर घूमकर जो भी समझ में आया, तैयारी करने लगा। लैंप जलाकर मूर्ति के सामने रख दिया, जिसकी नाक और हाथ तो टूटे हुए थे, लेकिन आँखों

की गरिमा बरकरार थी। वह दौड़कर बाहर गया और कुछ फूल और पत्ते लाकर प्रतिमा के पैरों पर रख दिए। फिर चरखे से एक धागा निकाला और बोला, "इससे अधिक पवित्र बन्धन और कोई नहीं हो सकता, न प्रतिमा से बड़ा कोई पंडित हो सकता है।" जब उसने धागा भारती के गले में बाँधना चाहा तो उसने धीरे से अपने को अलग कर लिया।

अचानक उसकी आवाज़ में दृढ़ता आ गई है और वह बोली, "श्रीराम, यह समझ लो कि अगर मैं तुम्हारे ऊपर भरोसा न करती, तो यहाँ बार-बार न आती।"

श्रीराम समझ नहीं पाया कि वह ऐसा क्यों कह रही है। वह भौंचक्का रह गया। इसका क्या अर्थ हो सकता है? क्या अचानक उसे याद आया कि उसे गोरपद या किसी और से शादी करनी चाहिए। अब उसे याद आने लगा कि कब-कब उसकी गोरपद से आँखों ही आँखों में बातें हो जाती थीं। लेकिन वह खुश्क, खुरदरा-सा आदमी क्या शादी के लायक है! यह सोचकर उसका मन जलने-सा लगा और उसने कठोर होकर कहा, "क्या तुम इस देवता के सामने शपथ लेकर कह सकती हो कि मुझसे ही शादी करोगी?"

"हाँ, शादी करूँगी तो तुमसे ही, लेकिन महात्मा जी की आज्ञा के बिना नहीं करूँगी।"

"हमेशा बापू! बापू!" यह सुनकर वह निराशा से भर उठा। बोला, "वे हम जैसों के लिए बहुत बड़े हैं। उन्हें अपनी समस्याओं में मत उलझाओ।"

"नहीं, उनकी आज्ञा के बिना तो मैं शादी कर ही नहीं सकती।"

उसने बड़े दयनीय भाव से कहा, "अगर वे किसी और से शादी करने को कहें..." लेकिन 'गोरपद' का नाम लेते-लेते रुक गया।

"बापू मेरे लिए पति की तलाश नहीं करेंगे, कि मैं किससे शादी करूँ। उन्हें इससे ज़्यादा ज़रूरी काम हैं।" उसने दो टूक जवाब दिया।

श्रीराम ने यह सुनकर आँखें झपकाईं। उत्तेजना के मारे उसका गला खुश्क होने लगा। वह इस बात को दोबारा पूछना चाहता था। लेकिन इस असमंजस की अवस्था में भी वह यह समझ रहा था कि वह एक ही बात को बार-बार पूछ रहा है। वह बड़े दयनीय भाव से आँखें झपकाने लगा। टूटी बाँहों वाला देवता देख रहा था। उसने कभी नहीं सोचा था कि इतने गहरे प्रेम-प्रदर्शन का ऐसा अनिश्चित परिणाम निकलेगा। यह कार्य इतने ज़ोर-शोर से शुरू हुआ था कि उसे तुरन्त स्वर्गलोक मिल जाने की आशा थी लेकिन वह एक चुप खड़े देवता के सामने भारती का निरर्थक भाषण सुन रहा था। दोनों के बीच इतनी ज़्यादा जगह थी कि उसे लगा कि भारती इसी का बुरा न मान जाए। इसलिए उसने पहले की ही तरह झपट्टा मारकर उसे

फिर से पकड़ने की कोशिश की। लेकिन पहले तो उसने बिना कोई संकेत दिए यह काम कर दिखाया था, इसलिए उसे सफ़लता भी मिल गई थी, परन्तु इस दफ़ा यह चाल कामयाब नहीं हुई। भारती ने हाथ बढ़ाकर उसे जहाँ का तहाँ रोक दिया और कहा, "अब मुझे मत छूना।" यह उसने इतने अधिकारपूर्वक कहा कि श्रीराम अपने को बेवकूफ समझने लगा।

उसने बचकाने ढंग से कहा, "तुम नहीं चाहोगी तो मैं कुछ नहीं करूँगा। मैं जानता हूँ कि तुम मुझसे नफ़रत करती हो।"

भारती ने सादगी से कहा, "नफरत की क्या बात है?"

"क्योंकि मैं तुम्हें परेशान करता हूँ।"

"कैसे?" उसने पूछा।

"यह...यह...पूछकर कि मुझसे शादी करोगी या नहीं। यह गलत बात है... शायद गलत ही है।"

"बापू स्वीकृति देंगे तो गलत नहीं रहेगी।"

उसने निराश होकर कहा, "ठीक है–जैरी तुम्हारी इच्छा–"

"जैसे ही बापू आज्ञा दे देते हैं, हम शादी कर लेंगे", उसने मीठे स्वर से कहा।

उसे लगा कि अब वह यह सवाल दोबारा कर सकता है : "क्या...मैं तुम्हें पसन्द हूँ?"

"हाँ, दुर्व्यवहार न करो तो।"

आलस और सन्देह की ज़िन्दगी फिर शुरू हो गई। श्रीराम की भारती से लम्बे समय तक मुलाकात नहीं हुई। उसे लगने लगा कि उसने भारती को हमेशा के लिए खो दिया है। इससे उसे जैसे लकवा-सा मार गया और दिन-रात वह एक ही जगह पड़े-पड़े उस रात हुई घटना को अपने दिमाग़ में घुमाता रहता। उसने पहले की तरह भाषण देने, आन्दोलन और प्रदर्शन करने का काम एकदम बन्द कर दिया था। अब उसे यह नहीं लगता था कि देश के प्रति उसका कोई कर्तव्य है। दिन-रात वह अपने दड़बे में घुसा वहीं खाता-पीता पड़ा रहता–स्त्री-पुरुष वाला चुटकुला उसने करीब दौ सौ बार पढ़ डाला था। वह रेल का आना और जाना देखता रहता था। वह देखता कि डाक हरकारा बड़े पत्थर के पास रुककर ऊपर बागानों की तरफ चला जाता है। वह चटाई पर लेटा-लेटा हर वक्त कुछ-न-कुछ सोचता रहता।

आखिरकार, एक दिन वह लौट आई। दोपहर हो रही थी। वह समझ गया कि शाम के झुटपुटे से वह बचना चाहती है। रास्ते के मोड़ पर उसे आते देख वह खुश हो गया और यह पूछने का उसका मन हुआ कि, 'इस वक्त तुम इसलिए आई

हो क्योंकि यह सुरक्षित समय है,' लेकिन उसने अपने पर काबू कर लिया। वह दौड़कर उसके पास जा पहुँचा और पूछने लगा, "क्या खबर है?" लेकिन वह चुप रही और मन्दिर में पहुँचकर ही जबान खोली। पत्थर से पीठ टिकाकर चटाई पर बैठ गई, थैला खोला और एक पत्र निकालकर श्रीराम को पकड़ाया : "लो।" श्रीराम ने उसे झपट कर पकड़ लिया और पढ़ने लगा :

"प्रिय...अभी नहीं...मैं सब कार्यकर्ताओं से कहना चाहता हूँ कि अगर वे छिपकर काम कर रहे हैं, तो बाहर निकल आएं। मैं चाहता हूँ कि आप सब लोग अपने पास के पुलिस थाने पर समर्पण कर दें। अपने शिष्य को भी साथ ले जाएं। भगवान आपके साथ है!"

श्रीराम पत्र पढ़कर स्तब्ध रह गया। उसने कई बार पत्र पढ़ा और उसका वास्तविक अर्थ समझने की कोशिश की। "अभी नहीं का क्या मतलब है? बापू क्या कहना चाहते हैं?" वह बोला।

भारती ने कहा, "उनका यही अर्थ है, न ज़्यादा, न कम। उन्हें समझना कभी मुश्किल नहीं होता।"

श्रीराम को भारती की स्पष्टता और कठोरता पर अचरज हुआ। लगता है,' उसमें भावनाएँ हैं ही नहीं। उसने बेलाग होकर यह बात कह दी। उसकी शान्ति पर उसे चिढ़ होने लगी। शायद वह इससे खुश हो रही थी कि बापू ने दोनों के लिए फैसला कर दिया है। यह उसके पक्ष में ही जाता है—गोरपद...। उसकी सन्देह से लबालब कल्पना में यह भी आया कि बापू गोरपद से ही उसका विवाह कराना चाहते हैं—उनके लिए उस जैसा खुश्क और कठोर व्यक्ति ही अच्छा साबित होगा। भारती यह बात साफ़-साफ़ क्यों नहीं कह देती?

अचानक वह पूछ बैठा, "तुम साफ़ बात क्यों नहीं करतीं?"

"मतलब क्या है तुम्हारा?"

इस पर उसकी ज़बान बन्द हो गई और उसने बात को दूसरा मोड़ दिया, "बापू हमारी शादी क्यों नहीं कराना चाहते?"

"यह तो उन्होंने कहा नहीं है!"

श्रीराम ने एक आह भरी। "मैंने तो सोचा था कि वे हमें आशीर्वाद देंगे लेकिन उन्होंने तो एकदम रोक लगा दी।" वह इतना निराश था कि सारी दुनिया उसे बुरी लगने लगी—इसमें बापू भी शामिल थे। उसने अचानक भारती से पूछा, "हमारी शादी नहीं होगी, इससे तुम्हें निराशा नहीं हो रही?"

"मुझे और भी ज़रूरी काम है," जवाब आया।

"अच्छा," श्रीराम ने तुरशी से पूछा, "क्या काम ज़रूरी हैं?"

"मैं जेल जा रही हूँ..."

अब स्थिति का पूरा महत्त्व श्रीराम की समझ में आया। वह चीखा, "भारती, तुम यह नहीं कर सकतीं। क्या मतलब है तुम्हारा?"

"तुम्हें भी साथ जाना पड़ेगा...," यह कहकर उसने फिर पत्र खोला और उसे दोबारा पढ़ा। "बापू ने यह भी बताया है कि हमें जेल में अपना समय कैसे बिताना चाहिए। इस समय तुम कोई नई भाषा भी सीख सकती हो। मैं चाहता हूँ कि तुम किसी की सहायता के बिना तुलसीदास की रामायण पढ़ो। तुम हिन्दी अच्छी बोल लेती हो लेकिन इसके साथ कुछ साहित्य का ज्ञान भी होना चाहिए। तुम्हें अगर 'बी' क्लास में रखा जाए तो तुम अपना चरखा ले जा सकती हो और जेल सुपरिंटेंडेन्ट से सुविधाओं की माँग कर सकती हो। तुम जेल में निश्चित रूप से सूत कातती रहोगी, तो मुझे अच्छा लगेगा। वहाँ वक्त बरबाद करने की ज़रूरत नहीं है। यदि तुम्हारे पास गीता, रामायण और चरखा होगा तो तुम्हें समय बिताने की समस्या नहीं होगी और अपने स्वास्थ्य का ध्यान रखना। हलकी कसरत करते रहना भी ज़रूरी है, यदि तुम्हें कम्पाउंड के बाहर टहलने की अनुमति मिल जाए तो घूमना भी अच्छा रहेगा...। अगर तुम 'बी' क्लास में न रहना चाहो और सामान्य कैदियों के साथ ही रहना चाहो, तो इसके लिए तुम्हें उनसे कहना होगा। यही सब बातें तुम्हारे शिष्य को भी करनी चाहिए।"

श्रीराम ने परेशानी से कहा, "यह नहीं, तुम बापू से कहो..."

भारती ताज्जुब से बोली, "इतने महीने उनके साथ काम करने के बाद तुम यह कह रहे हो? बापूजी हम से जो करने को कहते हैं, उसके अलावा हम और क्या कर सकते हैं?"

श्रीराम को इसका कोई जवाब नहीं सूझा उसने अपना सिर झुका लिया। क्षणभर के लिए वह यह भूल गया कि वह स्वाधीनता-संग्राम का एक सिपाही है।

भारती ने कहा, "मुझे तो अब तक वहाँ ही होना चाहिए था। अब मैं पुलिस स्टेशन..."

"ये लोग तुम्हें कब तक जेल में रखेंगे?" उसने परेशानी से पूछा।

"यह मैं कैसे कह सकती हूँ? तो तुम भी आ रहे हो न?"

श्रीराम ने कहा, "अभी नहीं। मैं इस बारे में सोचना चाहूँगा। लेकिन अगर मुझे तुम्हारी ही जेल में, बल्कि उसी सेल में, रखा जाए तो मैं ज़रूर चलूँगा।"

"यह सम्भव नहीं है। सरकार हमें एक ही जेल में नहीं रखेगी...," भारती ने जवाब दिया।

यह सुनकर श्रीराम को गुस्सा चढ़ आया। उसे लगा कि सारी दुनिया उसी के खिलाफ़ षड्यन्त्र कर रही है और सरकार भी, जो हर बात में महात्मा जी का विरोध करती है, उसके और भारती के मामले में उनका ही समर्थन कर रही है।

सबसे बुरी बात उसे यह लगी कि भारती खुद भी इस नए कार्यक्रम में खुश नज़र आ रही है। यह सोचकर वह जैसे पागल हो उठा और कहने लगा, ''हर आदमी तुम्हारे और मेरे प्यार के ख़िलाफ़ क्यों है?''

अब भारती को उस पर दया आने लगी और वह कोमलता से बोली, ''शान्ति रखो। लगता है, तुम अपना आपा खो रहे हो!''

श्रीराम चिल्लाया, ''यह तुम कैसे कह सकती हो?''

''चिल्लाने से कुछ नहीं होगा,'' भारती बोली, ''झगड़ने की ज़रूरत नहीं है। मैं तो बस जा ही रही हूँ...। चार बजे से पहले मुझे वहाँ पहुँच जाना है। अगर वे मुझे सेंट्रल जेल या किसी और जेल भेजना चाहें तो उनको शाम की ट्रेन पकड़ने के लिए समय चाहिए होगा।''

''तुम्हारे बिना मैं क्या करूँगा?'' वह जैसे रोने लगा।

''इसीलिए तो बापू ने कहा है कि तुम भी मेरे ही साथ थाने में समर्पण कर दो।''

वह सिर हिलाकर बोला, ''मुझे बाहर बहुत से काम करने हैं।...बापू ने हम सबको स्वतन्त्रता दी है कि अपने-अपने ढंग से सत्याग्रह करें। वे मुझे नहीं भेजना चाहते।''

इसके उत्तर में भारती ने पत्र उसके हाथ से खींचकर उसकी नाक पर लगा दिया, ''देखो, यह क्या लिखा है : तुम्हारे शिष्य को भी यही करना चाहिए।''

''लेकिन इसका मतलब कोई और शिष्य भी तो हो सकता है।''

''मैं तो यही समझती हूँ कि 'शिष्य' का अर्थ तुमसे ही है,'' उसने गम्भीरता से कहा। ''वैसे तुम्हारी मर्जी। जो तुम ठीक समझो करने को स्वतन्त्र हो। मैं जो सही समझती हूँ, वही कर रही हूँ।''

''तुम यह कैसे कह सकती हो कि यही सही काम है?''

''मैं इस सवाल का जवाब देने की ज़रूरत नहीं समझती,'' भारती चिढ़कर बोली। ''अगर मुझे पता होता कि तुम बापूजी के शब्दों का यह खिलवाड़ करोगे...''

श्रीराम भारती का यह रुख देखकर सहम गया। ''भारती, अब मुझे इतना गलत समझकर मेरी परेशानी और मत बढ़ाओ। मैं महात्मा जी का बहुत सम्मान करता हूँ। तुम यह जानती हो। मुझ पर इतना अविश्वास क्यों कर रही हो? क्या मैंने अब तक उनके हर शब्द का पालन नहीं किया है?...नहीं तो मैं यहाँ क्यों होता? मैं अपने घर का आराम क्यों छोड़ता? मैं सिर्फ यह चाहता हूँ कि मुझे सोचने के लिए कुछ समय दिया जाए। मैं...,'' अचानक उसे अपना सर्वोत्तम बहाना याद आ गया, ''मैं अपनी दादी की बात सोच रहा हूँ। जेल जाने से पहले मेरा उससे मिलना ज़रूरी है।''

यह सुनकर भारती मुलायम पड़ी। वह पत्थर पर पीठ टिकाकर सोचने लगी। दादी के प्रति श्रीराम की भावनाएँ उसकी समझ में आ रही थीं।

"ठीक है, श्रीराम। मुझे अफ़सोस है कि मैंने तुम्हें ग़लत समझा।" वह भारती का हाथ छूना चाहता था, लेकिन डर भी गया। वह ज़रूर यही कहेगी, "तब तक नहीं, जब तक...," जो उसे बुरा लगेगा और वह फिर कुछ अनाप-शनाप बोल जाएगा।

वह उठ खड़ी हुई। श्रीराम ने पूछा, "अभी जाओगी?"

"हाँ, नहीं तो देर हो जाएगी।"

वह धीरे-धीरे उसके पीछे चला, "जेल के बाद हम जब फिर मिलेंगे, या जब भी मिलें...तुम मुझे भूल तो नहीं जाओगी?"

"मैं तुम्हें नहीं भूलूँगी," उसने उस पर नज़र डालकर कहा।

इस समय श्रीराम उसके लिए जितना प्रेम महसूस कर रहा था, उतना उसने कभी नहीं किया था, हालाँकि वह बहुत ज़्यादा डर भी रहा था। वह बोला, "भारती, अगर तुम गुस्सा न करो तो मैं एक बात पूछना चाहता हूँ।"

"हाँ, पूछो," यह कहकर वह रुकी और उसकी तरफ़ देखा। उसे भारती के ऊपरी होंठ पर पसीने भी बूँदें नज़र आईं और उसका मन हुआ कि अपने हाथ से उन्हें पोंछ दे। उसे यह बात बहुत दुखी कर रही थी कि पगडंडी का मोड़ पार करते ही वह उससे लम्बे समय के लिए दूर हो जाएगी। वह विदा होने से पहले उसे कसकर बाँहों से भींच लेना चाहता था, लेकिन उसे इस सवाल से ही सन्तोष करना पड़ा : "इस सबके बाद तुम मुझसे शादी करना चाहोगी...क्या तुम यह वादा करोगी...अगर बापू जी आज्ञा दे दें तो..."

"हाँ, मैं वादा करती हूँ...," यह कहकर वह तेज़ी से आगे बढ़ गई, कि कहीं वह कुछ और बात न करे। वह वहीं खड़ा उसे देखता रहा...कि उसने पीछे मुड़कर श्रीराम को देखा और एक या दो बार अपनी आँखों से आँसू पोंछे।

3

एक दिन जगदीश नाम का एक आदमी अचानक वहाँ प्रकट हो गया और बोला कि मैं राष्ट्रीय कार्यकर्त्ता हूँ। उसने बताया कि वह मालगुडी में फोटोग्राफ़ी का काम करता है और भारत में ब्रिटेन को परास्त करने का उसके पास एक फ़ार्मूला है। मालगुडी के उसके अँधेरे स्टुडियो में कई ऐसे लोग मिलते-जुलते हैं, जो देश को तुरन्त स्वाधीनता दिलाने के लिए कमर कसे हुए हैं। वह यहाँ इसलिए आया है कि उसे अपने काम के लिए शहर के बाहर किसी गुप्त स्थान की आवश्यकता है, जहाँ वह एक छोटा-सा रेडियो सेट लगा सके। जहाँ से समाचार लिए जा सकें और भेजे भी जा सकें।

श्रीराम पत्थर से टेक लगाए बैठा था, तभी वह खादी के कपड़े पहने और एक किरमिच का झोला लटकाए धीरे-धीरे ऊपर चढ़ता हुआ आया। श्रीराम वही पुराना अखबार पढ़ रहा था। भारती के चले जाने से उसके जीवन में एक खालीपन भर आया था, जिसे वह झेल नहीं पा रहा था। वह यह भी समझ नहीं पा रहा था कि अब यहाँ रह कर क्या करे।

जगदीश ने झोला नीचे रखा, श्रीराम के पास बैठ गया और बोला, "आप श्रीराम हैं?"

"जी।"

"मैं जगदीश हूँ। मैं भारती को जानता हूँ। हम सब एक जैसा ही काम करते हैं।"

यह बात श्रीराम को जगा देने के लिए काफी थी। वह फुर्ती से उठकर बैठ गया और बड़ी गर्म जोशी से उसका स्वागत किया। पहला सवाल उसने यही पूछा, "भारती कहाँ है?"

"वह नज़रबन्दी में है...कहाँ है, यह तो मैं नहीं जानता लेकिन उसके आत्मसमर्पण के तुरन्त पहले हमारा एक साथी उससे मिला था।"

"यह साथी कहाँ है?"

"उसने भी समर्पण कर दिया है, इससे पहले वह मुझसे मिलने आया था।"

“क्या तुम भी समर्पण करोगे?”

“नहीं, मुझे और दूसरे काम हैं। इसीलिए मैं यहाँ आया हूँ।”

श्रीराम अपने ही जैसा एक आदमी पाकर बहुत खुश था। उसने तुरन्त अपनी भावनाओं का इज़हार करना शुरू कर दिया, “मैंने तो भारती से कहा था कि बेवकूफ़ी न करे...”

“यह कहना ठीक नहीं है। इन विषयों में हम सब फैसला करने के लिए स्वतन्त्र हैं। जो लोग महात्मा जी के आदेशों का पालन नहीं करना चाहते, वे कुछ और भी कर सकते हैं।”

“आप बिलकुल ठीक कह रहे हैं,” श्रीराम उत्साह से बोला। उसे लगा कि उसे सही साथी मिल गए हैं।

जगदीश ने कहा, “यह एक लड़ाई है जिसे हम सब लड़ रहे हैं, समय भी खतरनाक है और हमें वही करना चाहिए जिसे हम ठीक समझते हैं।”

अब उसने अपना थैला खोलना शुरू किया। हमेशा का भूखा और यहाँ के एक समान, सादा भोजन के दुखी श्रीराम को लगा कि शायद इसमें से खाने की कोई अच्छी चीज निकले। जैसे चॉकलेट, फल या बिस्कुट। उसे इडली जैसी चीज़ खाये भी अरसा गुज़र गया था—उसकी दादी हर इतवार उसके लिए बनाती थी। वह अक्सर पूछता भी था, कि इतवार को ही क्यों बनाती है, किसी दूसरे दिन क्यों नहीं? जगदीश ने थैले से एक डिब्बा निकाला उस पर लपेटा कागज़ सावधानी से खोला और एक छोटा-सा रेडियो सेट निकालकर सामने रखा।

उसने कहा, “इसे तुम्हें ही रखना होगा। इससे सन्देश भेजे भी जा सकते हैं और ग्रहण भी किए जा सकते हैं। अब तक यह मेरे स्टुडियो में लगा था...लेकिन आजकल पुलिस बहुत चौकस हो गई है।” उसने इसे देवता की मूर्ति के पीछे लगा दिया और छिपाने के लिए घास-पत्तों से ढक दिया।

इसके बाद नेत्रहीन देवता की जगदीश से, अक्सर मुलाकात होने लगी। उसके बाल लम्बे और उलझे हुए और घुँघराले थे और कानों से नीचे कन्धों तक लटके रहते थे। वह इन्हें बीच से काढ़ता था और इनमें इतना ज़्यादा तेल डालता था कि उसकी चाँद हमेशा इतनी चमकती रहती थी कि श्रीराम को अक्सर, जब दोपहर का सूरज उस पर पीछे से पड़ता, तब उसकी रँगबिरंगी किरणें चारों तरफ़ फैलती दिखाई देती थीं। रंग उसका बेहद काला और नाक मोटी थी, लेकिन उसके व्यक्तित्व में एक ऐसी आग थी, जो चारों ओर की हर वस्तु को प्रभावित-सी करती थी और इस कारण श्रीराम को उसका विरोध करते हुए डर लगता था। उसे यह सोचकर अजीब लगा कि भारती जैसी कोमल लड़की इस भालू जैसे व्यक्ति के साथ कभी बातें कर चुकी है!

उसके मन में जलन की एक तीव्र भावना दौड़ गई। क्या कभी वह इसके प्रति आकर्षित हुई थी? पता नहीं, वह करता क्या था? फोटो के काम से क्या उसकी गुज़र हो जाती थी? अक्सर वह कई-कई दिन तक बाहर ही रहता और जब आता, तो कहता, "शादियों का सीज़न चल रहा है, तुम तो जानते ही हो। हर रोज़ नए-नए बेवकूफ शादी करते रहते हैं और फ़ोटो खिंचवाना चाहते हैं। मैं मना तो नहीं कर सकता, आखिर यही मेरा व्यापार है।" या यह कहता, "यह चमेली का मौसम है। इन दिनों फोटोग्राफरों का काम बहुत बढ़ जाता है। लड़कियां बालों में वेणियाँ गूँथे फोटों खिंचवाने चली आती हैं–इसमें समस्या यह होती है कि वे अपने चेहरे के साथ वेणी को भी चित्र में एक साथ खिंचवाना चाहती हैं। फूलों के गुच्छे लगाकर वे सारी रात बैठकर गुज़ारती हैं जिससे वेणी तकिए से दब न जाए। हर मिनट दो लड़कियाँ आकर खड़ी हो जाती हैं। अँधेरे में मैं उनके राजनीतिक विचार जानने की कोशिश करता हूँ, अपनी प्रचार-सामग्री देता हूँ और नए समाचार बताता हूँ। इस काम में स्टुडियो हमारी बहुत मदद करता है। यहाँ आकर हर आदमी का मूड बदल जाता है, दूसरी जगहों की अपेक्षा वह यहाँ ज़्यादा सहयोग करता है। लोग जब स्टुडियो में आते हैं, फोटोग्राफर की हर बात सुनने और मानने को तैयार रहते हैं–ठीक उसी तरह जैसे वे नाई के यहाँ करते हैं। वे कुछ यह भी महसूस करते हैं कि फोटोग्राफर उसका कुछ उपकार कर रहा है, इसलिए वे उसके साथ ज़्यादा सहयोग करते हैं और इसका उपयोग मैं अपने राष्ट्रीय उद्देश्य के लिए करता हूँ। इसी उद्देश्य से मैं अपना स्टुडियों भी चलाता हूँ, नहीं तो आजकल फोटोग्राफी का सामान आसानी से मिलता कहाँ है। अगर देश को आज़ादी मिल जाए और मुझे भी कुछ करने की सुविधा हो, तो देखना, मैं काले बाजार में स्पूल बेचनेवालों के साथ कैसे पेश आता हूँ!" यह वाक्य कहते हुए उसने अपने दाँत पीसे।

अब उसने मन्दिर को किले में बदलना शुरू कर दिया। वह कहने लगा, "तुम्हें पता है, इस जगह के फ़ायदे क्या हैं? कुछ थोड़े से विद्वानों के अलावा किसी को इसकी जानकारी ही नहीं है। बाहर से यह दिखाई ही नहीं देता। मैंने इसे जगह-जगह से जाँचा है। नीचे की सड़क से तो इसका एकदम पता नहीं चलता। मैं तो ताज्जुब करता हूँ कि किसी ने इसे यहाँ बनाया ही क्यों? मेरा निश्चित मानना है कि हज़ार साल पहले षड्यंत्रकारी ही इसका उपयोग करते होंगे।" यह कहकर वह गम्भीरता से हँसा, जिसमें श्रीराम ने उसका साथ दिया। वह उसे चाहने लगा था।

जगदीश बोला, "लेकिन वह मत सोचना कि हमेशा यह सुरक्षित ही रहेगा। कभी-न-कभी उन्हें इसका पता चल ही जाएगा।"

श्रीराम बोला, "यहाँ भीतर भी एक तहख़ाना है।"

"हाँ, वहाँ बूढ़े कोबरा रहते हैं, इन्हें हम पुलिस भी मान सकते हैं लेकिन हमें पुलिस और कोबरे, दोनों को सँभालना पड़ता है।"

"हाँ, क्यों नहीं, इस काम में तो..."

जगदीश ने उसे एक छोटी-सी कुल्हाड़ी दी और कहा कि नीचे से बाँस की लंबी शाखाएँ काट-काटकर ऊपर घसीट लाए। श्रीराम तुरन्त इस काम में जुट गया और जब तक उसकी हथेलियाँ लहूलुहान न हो गईं, इमसें जुटा रहा। जगदीश ने उसे इमारत की टूटी-फूटी दीवार पर जगह-जगह चढ़ाया और वहाँ इन्हें कसकर बँधवाया। वह ज़ोर-ज़ोर से आदेश दे रहा था कि यहाँ लगाओ, वहाँ नहीं। दिनभर सूरज में खड़े रहने के कारण पसीने से उसका चेहरा काले आबनूस की तरह चमकने लगा। वह बोला, अब अगर ज़रूरत पड़े तो मैं यहाँ से सारे पहाड़ का जायज़ा ले सकता हूँ।" श्रीराम बेहद थक गया था और उसे गुस्सा भी आने लगा था। वह सोचने लगा, "मैं इस आदमी को इस तरह अपने ऊपर हुक्म क्यों चलाने दे रहा हूँ, जबकि खुद यह खड़े-खड़े सिर्फ़ हुक्म चला रहा है। इससे अच्छा तो यह होता कि मैं जेल चला जाता। लेकिन जगदीश ने उसे ज़्यादा सोचने का मौका ही नहीं दिया। बोला, "याद रखना, यह एक लड़ाई चल रही है। महात्मा जी अपने ढंग से उसे लड़ रहे हैं, हम अपनी तरह से। लेकिन हमारे उद्देश्य एक ही हैं।"

"अच्छा, मैं तो सोचता था कि हम सब महात्मा जी के ही आदेश का पालन कर रहे हैं?"

"हाँ, हाँ, वही कर रहे हैं," उसने मोटे तौर पर कहा। "पहले मैं उनका ही अनुयायी था। अब भी हूँ, लेकिन इस समय वे मार्गदर्शन करने के लिए हमारे साथ नहीं हैं। इस स्थिति में हम क्या करें? लेकिन उनका यह भी कहना है कि हम अपनी समझ के अनुसार जो ठीक समझें, कर सकते हैं।"

"लेकिन हमें पूरी तरह अहिंसक रहना है," श्रीराम बोला।

"हाँ, हाँ, यह छिपाकर कुछ करना हिंसा नहीं है। इससे किसी को चोट नहीं पहुँचती। हम यही चाहते हैं कि बिना किसी को बताये अपना काम करते रह सकें। मैं तो चाहता हूँ कि डाकिये को भी इसका कोई पता न चले। क्योंकि, वह भी तो साम्राज्यवादी सरकार का हिस्सा है।"

श्रीराम का दूसरा कार्य ज़्यादा जटिल था। उसे लगा कि अब यह जगदीश का पूरी तरह गुलाम हो गया है और उससे प्रशंसा का एक भी शब्द सुनकर फूला नहीं समाता। अब उसे अपनी स्थिति पर गर्व भी होने लगा। उसे लगा कि दूसरे सहयोगियों की तो वह ज़रा भी प्रशंसा नहीं करता होगा। सारा दिन वह मूर्ति के पीछे हाथ में एक कापी और पैंसिल लिए रेडियो के पास बैठा रहता और रंगून, सिंगापुर और जर्मनी से प्राप्त होने वाले समाचारों तथा सन्देशों को लिखता जाता—इनमें हर घंटे सुदूर पूर्व तथा यूरोप में चल रही लड़ाई में होने वाली प्रगति की पूरी जानकारी होती थी। रात को भी देर तक वह इसी में लगा रहता। हर तीन दिन बाद पेंसिल

पूरी खत्म हो जाती थी। सारी ज़िन्दगी में उसने इतनी मेहनत कभी नहीं की थी। उसे जगदीश से पुरस्कार यही मिलता कि वह कहता : "बहुत बढ़िया। तुम अच्छा काम कर रहे हो। हमारी आई.एन.ए. में सैनिक बराबर जुड़ते जा रहे हैं और अब वे बहुत जल्द हमारे देश पर हमला करेंगे।" वह लैंप के सामने बैठकर खबरों को ध्यान से पढ़ता और श्रीराम दिये की लौ के इर्द-गिर्द इकट्ठे होने वाले कीड़े-पतंगों को सावधानी से उड़ाता रहता जिससे जगदीश के काम में बाधा न पड़े। जगदीश सन्देशों पर निशान लगाता और चुने हुए सन्देश अपने साथ मालगुडी ले जाता, जहाँ उसके स्टुडियो में इन्हें सायक्लोस्टाइल करके जगह-जगह भेज दिया जाता था।

रेडियो कहता : "यह टोक्यो है। मैं आपका अपना नेता सुभाषचन्द्र बोस एक विशेष उद्देश्य से आपसे बात कर रहा हूँ।" कुछ क्षण बाद फिर रेडियो कहता, "मैं सुभाषचन्द्र बोस बोल रहा हूँ।" यह सुनते ही श्रीराम सम्मानपूर्वक बैठ जाता और सोचता, 'मैं कितना भाग्यशाली हूँ कि उनकी आवाज़ सुन रहा हूँ।' यह वह आदमी है, जो अपना घर, आराम, और सुरक्षा सब कुछ छोड़कर देश-देश भटक रहा है कि अपने देश को आज़ाद करवाने के लिए कुछ कर सके। सुभाषचन्द्र बोस कलकत्ता के अपने घर से कितनी कुशलता से, चारों तरफ लगी पुलिस को चकमा देकर, साधु के वेश में बाहर निकल गए थे! श्रीराम को अपने इस महान नेता की आवाज़ सुनकर बहुत गर्व महसूस होता था।

सुभाषचन्द्र बोस की आवाज़ कह रही थी : "भारतीय सेना के बहादुर सिपाहियों, तुम्हें देशभक्त बनना है। आपको अपनी मातृभूमि आज़ाद कराने के कार्य में हमारी सहायता करनी है। आपके बहुत से मित्र यहाँ हमारी इंडियन नेशनल आर्मी के साथ आ जुड़े हैं और भारत की सीमा पर हमला करने की तैयारी कर रहे हैं। हम बिलकुल तैयार हैं। हम बहुत जल्द उधर पहुँच जाएंगे, तब आपको हमारे साथ मिलकर शत्रु से लड़ना है। तब तक आप हमारे ऊपर भी हमले न करें, बल्कि शत्रु को ही निशाना बनायें।" इसके बाद वे एक दस-सूत्री योजना बताते जिसका राष्ट्रीय सेना को पालन करना था। श्रीराम तेज़ी से यह सब लिखता चला जाता। उसे लगता कि सुभाषचन्द्र बोस स्वयं उसके साथ बैठे लिखा रहे हैं। वह सम्मानपूर्वक सिर झुकाए काम में लगा रहता। रेडियो से निकलती लाल चमक में वह उसे बहुत शानदार चीज़ लगता। बाहर झींगुरों की लगातार चीं...चीं सुनाई देती, रेल आती और चली जाती, बाँसों की सरसराहट वातावरण में गूँजती रहती। रेडियो बोलता ही चला जाता। उसकी लाल आँखें खुलती बन्द होती और देवता के घुटने पर उनकी रोशनी गिरती। श्रीराम को समय का अहसास नहीं रहा था। ज़िन्दगी में इतना ज़्यादा उसने कभी नहीं लिखा था। प्रसारण अंग्रेज़ी में होता, यह उसके लिए एक समस्या थी, क्योंकि उसकी स्पेलिंग सही नहीं होती थी।

सुभाषचन्द्र बोस कह रहे थे, ''अब एक आवश्यक सूचना ध्यान से सुनिए।'' श्रीराम सतर्क हो गया और इस कोशिश में लग गया कि पूरा सन्देश एकदम सही नोट कर ले, जिसमें बिलकुल एक भी ग़लती न हो। लेकिन उसी समय रेडियो से एक खड़खड़ाने की आवाज़ आने लगी। लगता था कि सन्देश के साथ-साथ एक मधुमक्खी भी सनसनाने लगी है। वह परेशान हो उठा। यदि यह आवाज़ कुछ सेकिंड और चली तो सन्देश तो खत्म हो जाएगा। उसने अपने कान चौकन्ने किए लेकिन आवाज़ भी बढ़ती गई। उसके दाँतों में किचकिची-सी होने लगी। उसने अपना हाथ रेडियो की घुंडी पर रखा और उसे घुमाया कि शायद इससे आवाज़ खत्म हो जाए, लेकिन इससे कोई लाभ नहीं हुआ। उसने कागज़ पर से नज़रें ऊपर उठाईं और रेडियो की तरफ़ घूरकर देखा। फिर उसने रेडियो के शीशे पर नज़र डाली जिसके पीछे एक डायल था और बिजली की हलकी-सी रोशनी चमक रही थी। रेडियो की आवाज़ के साथ यह रोशनी भी घट-बढ़ रही थी, जैसे एक छोटा-सा कीड़ा हरकत कर रहा हो। उसने इसे पकड़ने की कोशिश की लेकिन कोई लाभ नहीं हुआ। अब उसे गुस्सा आने लगा : ''तुम इस महत्त्वपूर्ण सन्देश में क्यों परेशानी पैदा कर रहे हो? जाओ यहाँ से।'' यह कहकर उसने शीशे पर ठक-ठक की लेकिन अब भी कुछ नहीं हुआ। ''मैं तुम्हारे शोर को लिखकर अपनी पेंसिल खत्म नहीं करूँगा।'' अब उसने पूरे ज़ोर से ठकठकाना शुरू कर दिया, इतना कि कीड़ा तो वापस नहीं गया, सारी आवाज़ एकदम खत्म हो गई। रेडियो जड़ हो गया था। उसने कागज़ और पेंसिल एक तरफ़ रख दी और रेडियो को इधर-उधर हिलाना-डुलाना और घुंडियों को तोड़ना-मरोड़ना शुरू कर दिया। लेकिन अब भी कुछ नहीं हुआ। उसने दीनता से कहा, ''पाँच मिनट और इन्तज़ार नहीं कर सकते थे तुम?'' यह दुर्घटना उसी समय क्यों हुई जब सबसे महत्त्वपूर्ण सन्देश प्रसारित किया जा रहा था? अब जगदीश क्या कहेगा?' श्रीराम ने रेडियो पर नज़र डाली और अपनी लाचारी को कोसने लगा। उसने ऐसे लड़के देखे थे जो किसी भी मशीन का पुर्ज़ा-पुर्ज़ा खोलकर उसे फिर से उसी तरह लगा देते थे। वह तो एक पुर्ज़ा भी खोलना-लगाना नहीं जानता था! उसकी अपनी कमियाँ उसके सामने आने लगीं और उनका महत्त्व भी उसकी समझ में आने लगा, 'मैं बिलकुल मूर्ख हूँ और मेरी दादी ने मुझे इसी तरह पाला है। यह ताज्जुब की ही बात है कि भारती जैसी लड़की मुझ पर ध्यान देती है!'

अपनी आलोचना का यह अध्याय तब एकदम स्पष्ट हुआ जब दो बजे जगदीश वापस आया। रेडियो बेकार हो जाने के बाद श्रीराम कुछ देर बैठा यह सोचता रहा कि अब मैं क्या करूँ। फिर उसने रोशनी बुझाई, चटाई खोली और उस पर लेट गया। जगदीश ने लौटकर जब लैंप जलाने के लिए माचिस जलाई, तो श्रीराम हड़बड़ाकर उठ बैठा और पूछने लगा, ''कौन हो तुम?'' उसने जैसे सपना-सा देखा कि एक

काला आदमी रोशनी जलाये उसकी तरफ बढ़ रहा है और यह देखकर वह एकदम डर गया।

"अरे, मैं हूँ यह...उठो।"

श्रीराम आँखें मलता हुआ उठा। लैंप जलाकर जगदीश ने उसे पूरी तरह जगाने के लिए हलका सा झकझोरा और पास बैठकर पूछने लगा, "आज विशेष क्या आया?"

श्रीराम ने पैड उसकी तरफ बढ़ा दिया। उसने झटके से पैड खींच लिया और उत्साहित होकर बोला, "अच्छा, सुभाष बाबू का सन्देश! तुम कितने भाग्यवान हो कि उनकी आवाज़ सुनी। वाह बेटे, वाह! जब भारत आज़ाद होगा तब तुम बड़े आदमी बनोगे।" वह कहने लगा : "ये लोग पृथ्वी पर देवता के समान हैं जिनके नाम पर क़सीदे लिखे जाएंगे। मैं भी सुभाष बाबू के जीवन, कार्य, साहस और त्याग पर एक लावणी लिखूँगा और देशभर के हर स्कूल में रोज़ उसे गाने का नियम बना दूँगा।" यह कहकर उसने पढ़ना शुरू किया : "मेरे देश वासियों, भारतीय सेना के वीर सिपाहियों...," और इसी के साथ प्रत्येक शब्द पर "बहुत बढ़िया, बिलकुल सही है," महान मस्तिष्क है इनका, सुनो और सीखो, देश के लोगों," इत्यादि प्रशंसात्मक उद्रेक भी व्यक्त करता गया, और जब यह वाक्य आया : "अब ध्यान से सुनो। सबसे पहले आप लोगों को, जो...", तब शृंखला टूट गई थी; आगे का अंश पढ़ने के लिए उसने काग़ज़ को उलटा-पलटा, लेकिन कहीं कुछ न पाकर बोला, "इसके आगे कहाँ है?"

"आगे कुछ नहीं है। सन्देश यहाँ खत्म हो गया। कोई प्रसारण के साथ छेड़खानी कर रहा है।"

"क्या मतलब है तुम्हारा? देखते हैं...," और वह दौड़कर रेडियो के पास पहुँचा और उसकी घुंडियाँ देखने लगा। कई बार इधर-उधर घुमाने पर भी कुछ नहीं हुआ तो वह बोला, "इस रेडियो को हो क्या गया?"

"मैं क्या बता सकता हूँ? मैं रेडियो इंजीनियर तो नहीं हूँ।"

"अब यह बहस मत छेड़ो। इसका कोई नतीजा नहीं निकलेगा। सुभाष बाबू ने ज़रूर कुछ महत्त्वपूर्ण बातें कही होंगी और तुमने रेडियो का गला ही दबा दिया।"

"नहीं। तुम गलत कह रहे हो। यह खुद बन्द हो गया। मैंने इसके भीतर कीड़े जैसा कुछ देखा था, उसकी करामात लगती है।"

जगदीश ने मुट्ठियाँ कस लीं और उसे देखने लगा। श्रीराम को डर लगा कि उसे मारेगा। अगर यह हुआ तो वह भी चुप नहीं रहेगा। उसने कोने की तरफ नज़र डाली जहाँ उसने साँप-बिच्छू भगाने के लिए एक डंडा रख छोड़ा था। उसने सोचा कि दौड़कर डंडा उठा ले, कहीं यह एकदम न टूट पड़े।

कुछ देर तक जगदीश उसे घूरता रहा, फिर बोला, "खैर, अब हम इसकी चिन्ता

न करें। सैनिक होने के कारण हमें उस हर बात पर विचार करना खत्म कर देना चाहिए, जो निश्चित रूप से घट चुकी है। निश्चित रूप से।'' फिर श्रीराम से बोला, ''मुझे पेंसिल देना।'' श्रीराम ने उसे पेंसिल पकड़ा दी। जगदीश ने लैंप ठीक किया, सन्देश को ध्यानपूर्वक पढ़ा और फिर खुद लिखना शुरू किया : ''तुम्हें चाहिए... तुम्हें चाहिए...तुम्हें चाहिए,'' और अपनी स्वयंप्रेरणा से एक घंटे तक उसे लिखता ही चला गया। लिखना पूरा करके उसने सिर उठाया और दुबारा उसे पढ़कर सन्तोष व्यक्त किया। फिर पैड श्रीराम की ओर बढ़ाकर बोला, ''अब तुम इसे पढ़ो और देखो, कि यदि तुम्हारा कीड़ा रेडियो को बन्द न कर देता, तो सुभाष बाबू इसी तरह सन्देश लिखाते!'' यह विजय भाव देर तक नहीं रहा, अब उसे टूटे रेडियो की समस्या सताने लगी। यह आखिरी बैटरी सेट था...तुम सुभाष बाबू से बात भी कर सकते थे...यह दोनों काम करता था! मैं अब इसे साथ ले जाऊँगा और ठीक कराऊँगा। सैनिक होने के नाते इस पर ज़्यादा रंज नहीं करूँगा। खराब हुए दूध पर क्या अफ़सोस करना!''

''यह खराब दूध है?'' श्रीराम ने बेचैनी से पूछा।

''और क्या?'' जगदीश ने ज़ोर देकर कहा।

''जब दूध खराब हो जाता है, उसका पानी और दूध अलग हो जाते हैं। उस पर अफसोस करने से क्या फायदा?''

दूसरे दिन शाम, ट्रेन की सीटी के कुछ ही देर बाद जगदीश अपनी कमीज़ के भीतर कागज़ों का एक काफी बड़ा बंडल छिपाये, अचानक आ पहुँचा। इतने ज़्यादा कागज़ ले जाने के लिए उसने सबसे नीचे एक कमीज़ पहनी हुई थी, जिसमें एक बहुत बड़ी जेब लगी थी, उसके ऊपर एक और लबादे–जैसी कमीज़ थी और इस सबके साथ उसका व्यक्तित्व भी बहुत प्रभावी लगने लगता था। यहाँ तक कि श्रीराम अक्सर सोचता कि शायद इन भारी-भरकम कागज़ों और कपड़ों के कारण ही उसकी शान में इतना इजाफ़ा हो जाता है।

जगदीश ने एक-एक करके अपने कपड़े उतारे, और उनमें से कागज़ों का बंडल निकाला–और हमेशा की तरह इस बार भी श्रीराम ने सोचा कि शायद इसमें से खाने-पीने की कोई मजेदार चीज़ निकले। जगदीश बोला, ''आओ, यहाँ बैठो।'' फिर उसने चारों तरफ़ नज़र डाली कि कहीं कोई देख तो नहीं रहा। फिर उसने बड़े दरवाज़े को बन्द करने की कोशिश की, लेकिन वह इतना भारी था कि बहुत ज़ोर लगाने के बाद भी आधे इंच से ज़्यादा नहीं हिलाया जा सका। श्रीराम चुपचाप उसे यह सब करते देखता रहा। फिर अपनी तैयारियाँ पूरी करके उसने श्रीराम को अपने पास

बिठा लिया और साइक्लोस्टाइल किया एक कागज़ उसे पकड़ाकर कहा, "पढ़ो इसे।" श्रीराम ने ज़ोर से पढ़ना शुरू किया : "भारतीय सेना के जवानो,...", वगैरह, वगैरह, जो उसने उस दिन रेडियो सुनकर लिखा था, लेकिन उसके आगे भी इसमें कई पैराग्राफ थे : "पहली बात, दुश्मन सरकार से कोई सहयोग मत करो। अपने हथियार फेंक दो और ज़रूरत पड़े तो ज़िन्दगी भी कुरबान कर दो। जब हमारी इंडियन नेशनल आर्मी दिल्ली में प्रवेश करेगी और लाल किले पर, जिसमें हमारे सिपाही क़ैद हैं, अपना झंडा फहरायेगी, तब आप आज़ादी के नायक माने जाएंगे।" इसके बाद विस्तार से वे सब बातें बताई गई थीं जो इसके बाद सेना को करनी होंगी और भारत की आज़ादी किस तरह हासिल की जाएगी, यह सब पढ़कर श्रीराम के मन में उसके लिए ज़बरदस्त आदर पैदा हो गया। उसने भोलेपन से प्रश्न किया, "यह बाक़ी सन्देश तुमने कैसे प्राप्त किया?"

जगदीश बोला, "अब कैसे की चिन्ता मत करो। इच्छा हो तो रास्ता भी निकल आता है।" फिर उसने गर्व से अपने दिमाग़ की तरफ़ इशारा कर के कहा, "यह यहाँ से निकला है! मैं आसानी से कल्पना कर सकता था कि सन्देश में क्या-क्या हो सकता है। एक तरह से यह 'थॉट-रीडिंग' है...इस समय हमारी सेना के लिए यह बहुत महत्त्वपूर्ण सन्देश है। इसलिए हमें इस पर विशेष ध्यान देना है और तुम्हारे लिए यह बड़े गौरव की बात है कि तुमने इसे सबसे पहले सुना—जो हुआ उसे भूल जाओ, तुम पूरा सन्देश नहीं सुन सके तो कोई बात नहीं। अब तुम्हें ही यह गौरव भी प्राप्त होना चाहिए कि जिनके लिए यह सन्देश है, उन्हें पहुँचाने का कार्य भी तुम ही करो।"

ोराम यह सुनकर कुछ घबड़ा-सा गया। बोला, "मुझे क्या करना होगा?"

"अब मेरी बात ध्यान से सुनो। मैं तुम्हें इसकी पचास प्रतियाँ दूँगा। इन्हें लेकर तुम बेलियाली के सैनिक शिविर नें जाओगे। इन बेचारे सैनिकों को पता ही नहीं चलता कि बाहरी दुनिया में क्या-कुछ हो रहा है; ब्रिटिश सेना के अधिकारी इन्हें जो नपी-तुली बातें बताते हैं, वही इनकी जानकारी होती है। लेकिन हमारे सैनिकों को सचाई का ज्ञान होना चाहिए। उन्हें जानना चाहिए कि सुभाष बाबू कहाँ हैं, इंडियन नेशनल आर्मी क्या कर रही है और उन्हें खुद क्या करना है। यह सब बातें उन्हें बताना हमारा कर्तव्य है। क्या महात्मा जी ने यही नहीं कहा है?"

"हाँ, हाँ, यही कहा है," श्रीराम ने तत्परता से स्वीकार किया; उसे यह तर्क बहुत सही लगा। "तुम बाकी परचों का क्या करोगे? मुझे कुछ और भी दे दो।"

"नहीं, पचास से ज़्यादा नहीं दे सकता। मैंने डेढ़ सौ ही तैयार किए हैं। आजकल कागज़ की बहुत कमी हो गई है...जानते हो! पचास मैं लक्षी कैंप भेजूँगा, और बाकी

पचास मैं खुद...ले जाऊँगा। तुम्हें आज रात को ही चल पड़ना चाहिए और अपना काम अच्छे ढंग से पूरा कर देना चाहिए।''

''ठीक है'', श्रीराम बोला।

लौटने से पहले जगदीश ने कहा, ''हो सकता है, हम तीनों इस काम में मारे जाएं। लेकिन कोई बात नहीं। हमारी ज़िन्दगियाँ बहुत महत्त्वपूर्ण नहीं हैं। काम उनसे ज़्यादा महत्त्वपूर्ण है।''

श्रीराम ने उत्तर दिया, ''मैं ज़िन्दा रहूँ या मर जाऊँ, इसकी मुझे फ़िक्र नहीं है।'' भारती के साथ हुए अपने अनुभवों के बाद उसे ज़िन्दगी सचमुच बेकार लगने लगी थी। वह हमेशा दूर ही रहे, तो ज़िन्दगी का उसके लिए कोई मतलब नहीं था। यह राष्ट्रीय संघर्ष तो शायद कभी खत्म होगा ही नहीं और वह किसी-न-किसी काम में हमेशा लगी ही रहेगी। वह तो सारी ज़िन्दगी कुछ और ही करती रहेगी... इस विचार से उसे इतनी ज़्यादा कोफ़्त हुई कि उसने पूरी ईमानदारी से घोषणा कर दी कि वह मरने को तैयार है। उसने कहा, ''अगर मैं वापस न लौटूँ तो भारती को बता देना कि मैं उसके बारे में क्या सोचता था!''

''तुम क्या सोचते हो उसके बारे में?'' जगदीश ने मज़ाक के ढंग से पूछा।

''यह कि अगर वह मुझसे शादी कर लेती तो शायद मैं न मरता...इसी तरह की कोई बात उससे कह देना!''

''मैं ज़रूर कह दूँगा। और अगर कोई मुझे गोली से उड़ा देता है, तो तुम मेरे स्टुडियो पर अधिकार कर लेना। मेरे बाद वह तुम्हारा हो जाएगा।''

श्रीराम यह सुनकर द्रवित हो उठा। धीरे से बोला, ''तुम बहुत अच्छे हो। मैं क्या बताऊँ...''

जगदीश ने अपना स्कार्फ कन्धे पर ठीक से लगाया और बोला, ''लेकिन मेरा ख्याल है कि तुम स्टुडियो चला नहीं सकोगे...चीज़ों की जो हालत हो रही है। खैर, तुम्हारी यात्रा शुभ हो!''

पैंफ्लेट बहुत सुविधाजनक आकार में तैयार किए गए थे, जिन्हें आसानी से अपने शरीर पर छिपाया जा सकता था। श्रीराम ने इनका एक छोटा-सा बंडल बनाया, उसे एक तौलिये में सावधानी से लपेटा, फिर चारों कोनों से कसकर बाँध दिया, और फिर अपनी कमर में अच्छी तरह फिट करके ऊपर से खादी की बनियान और कुरता पहन लिया। इससे पेट में कुछ तकलीफ तो होती थी लेकिन उसने इस पर ज़्यादा ध्यान नहीं दिया। फिर रात होते ही पहाड़ी से नीचे उतरा। जगदीश ने उसे सब कुछ अच्छी तरह समझा दिया था।

पहाड़ी से उतरकर वह सड़क पर आया और एक पेड़ के नीचे बस का इन्तज़ार करने लगा। वहाँ एक-दो ग्रामीण और भी बैठे इन्तज़ार कर रहे थे। काफी अँधेरा

था और क्षितिज के पार दूर मालगुडी की रोशनियाँ दिखाई दे रही थीं। वह सोचने लगा कि वह समाज से बहिष्कृत है। 'किस बुरे दिन मैं घर से बाहर निकला था। बेचारी दादी क्या कर रही होगी?' वह उससे मन ही मन बातें करने लगा, "मैं तो वापस आना चाहता हूँ लेकिन आ नहीं सकता। तुम चिन्ता मत करना। सारी मुसीबतें जल्द ही खत्म हो जाएंगी। मैं चाहता हूँ कि वे महात्मा जी को छोड़ दें। जब तक वे जेल में रहेंगे, हमें इस शैतानों की सरकार से लड़ना ही पड़ेगा। उनकी महात्मा जी पर हाथ डालने की हिम्मत कैसे हुई? अगर वे यह न करते तो भारती भी बाहर और खुश होती और महात्मा जी उसे शादी करने की आज्ञा भी दे देते।"

आखिरी बात उसने ज़ोर से कही जिसे सुनकर साथ बैठा आदमी चौंक पड़ा और बोला, "आपने कुछ कहा, साब?"

श्रीराम एकदम सतर्क हो गया और बोला, "यह कौन है?" फिर ध्यान से उसे देखा और पूछा, "किसी का इन्तजार कर रहे हैं?"

"हाँ, बस का। आज काफी देर हो रही है", उसने भी बातचीत करने की गरज़ से कहा। श्रीराम भी बात करने लगा, "ठीक कहते हैं आप! अब तक तो आ जानी चाहिए थी, है न?"

उनमें से एक ने पूछा, "लड़ाई कैसी चल रही है, साब जी। यह आम सवाल हर ग्रामीण कुछ पढ़े-लिखे आदमी से ज़रूर पूछता था।

लेकिन श्रीराम ज़रा चौकन्ना हो गया। उसने पूछा, "यह क्यों पूछ रहे हैं?"

दूसरे ने जवाब दिया, "क्योंकि अगर जल्दी खत्म हो जाए तो हमारी मुश्किलें भी खत्म हो जाएंगी।

"क्या पता," श्रीराम ने उबासी लेते हुए कहा। उसे इस आदमी का चेहरा वगैरह कुछ दिखाई नहीं दे रहा था—यह सिपाही या जासूस कुछ भी हो सकता है।

लेकिन उस आदमी ने अपना सवाल दोहराया, "लड़ाई का क्या हो रहा है, साब?"

श्रीराम ने बचते हुए जवाब दिया, "कोई अखबार कुछ कहता है, कोई कुछ—मैं भी उतना ही जानता हूँ।"

"लेकिन किसी ने कहा कि ये खबरें गलत हैं। मेरा भाई बहुत से लोगों को जानता है और वह कहता है कि अंग्रेज़ सब जगह हार रहे हैं। उसने कहा कि जर्मन मद्रास तक पहुँच गए हैं। वे आ गए तो क्या वे गाँधीजी को जेल से छोड़ देंगे?"

श्रीराम सवाल का रुख बदलना चाहता था इसलिए उसने पूछा, "तुमने महात्मा जी को देखा है?"

"जी, साब, वे हमारे गाँव से निकले थे," और जैसे ही उसने आगे की बात बतानी शुरू की, दूर से बस की रोशनी दिखाई दी। आदमी ने फौरन अपना सामान

उठा लिया और सड़क के बीच जा खड़ा हुआ, "अगर हम बस को खुद नहीं रोकेंगे तो वह आगे चली जाएगी।" जब तक बस यहाँ पहुँची, वह सामने खड़ा पागलों की तरह उसे रुकने के इशारे करता रहा।

श्रीराम ने कहा, "बस से कुचल जाओगे।"

ड्राइवर ने कसकर ब्रेक मारे और चिल्लाया, "यह क्या कर रहे हो तुम?...मरना चाहते हो? मरना ही है तो फौज में भरती हो जाओ और लड़ाई के मैदान में मर जाओ।" यह सुनकर बस की सवारियाँ हँस पड़ीं।

ग्रामीण बोला, "मुझे...जाना है।"

"सामने से हटो और चिल्लाओ मत। बस में चींटी के लिए भी जगह नहीं है।"

कण्डक्टर ने कहा, "आ जाने दो बेचारे को," उसके लिए ज़्यादा सवारी का मतलब ज़्यादा पैसा था! इस तरह अन्त में बैठने वालों का हिसाब नहीं रखा जाता था।

"मैं फर्श पर बैठ जाऊँगा," ग्रामीण ने मिन्नत की।

"पाँच आने लगेंगे, कण्डक्टर ने ज़ोर से कहा।

"तीन आने", ग्रामीण बोला। "पिछले हफ्ते भी तुम मुझे तीन आने में ले गए थे।"

"यह नया हफ्ता है, पिछला नहीं", कण्डक्टर ने चीखकर कहा।

श्रीराम, जो अब तक चुपचाप यह तमाशा देख रहा था, अब आगे आकर बोला, "अगर पिछले हफ्ते तीन आने में ले गए थे, तो इस हफ्ते भी ले जाओ।"

"ठीक है, साब," कण्डक्टर उससे प्रभावित हो गया था।

"और मुझे...पर उतार देना। कितने पैसे?"

"तीन आने, साब!"

"अगर भीतर जगह न हुई तो मैं फुटबोर्ड पर खड़ा हो जाऊँगा," श्रीराम ने कहा।

इस पर कण्डक्टर ने दरियादिली दिखाते हुए कहा, "नहीं, साब, आप भीतर आ जाइए। मैं आपको जगह दिलाऊँगा।"

सवारियाँ खिड़कियों से बाहर झाँक रही थीं। इंजन शूँ-शूँ कर रहा था। श्रीराम बोला, "नहीं, मैं फुटबोर्ड पर ठीक हूँ" और यह कहकर हत्था कसकर पकड़ लिया। बस चल पड़ी। ठंडी हवा श्रीराम के चेहरे पर लगने लगी। उसने सोचा, 'यह आदमी मुझे इंस्पेक्टर वगैरह समझ रहा है।' बस के भीतर एक आदमी खर्राटे भरकर सो रहा था। एक लड़ाई के मैदान में क्या हो रहा है, यह दूसरों को समझा रहा था। एक आदमी ईश्वर और भाग्य की चर्चा कर रहा था। एक बच्चा रो रहा था। एक

औरत जम्हाई ले रही थी और ड्राइवर तथा कण्डक्टर आपस में हँसी-मज़ाक करते ज़ोर-ज़ोर से खिलखिला रहे थे। श्रीराम सोचने लगा, 'ये लोग शायद ऊपर की इस आमदनी पर खुश हो रहे हैं।' बस सवारियों के बोझ से दबी चीखती-चिल्लाती आगे बढ़ने की कोशिश कर रही थी। श्रीराम को डर लगा कि बस का फर्श टूटकर नीचे न गिर जाए। दुर्भाग्य से वह बस इन्सपेक्टर नहीं था।

फिर भी, उसने अपनी आवाज़ को कड़ा करके सवाल किया, "कण्डक्टर, तुम्हें कितनी सवारियाँ ले जाने की इजाज़त है?"

कण्डक्टर ने नम्रता से कहा, "साब, अब सरकार ने अपना कानून खत्म कर दिया है। हम जितनी सवारियाँ चाहें, ले जा सकते हैं।" लड़ाई का ज़माना है साब, नहीं तो कितने गरीब लोग सड़कों पर ही खड़े रह जाएंगे।"

सवारियों ने भी यह बात सुनकर खुशी ज़ाहिर की। एक कहने लगा, "इन हवाई हमलों और दूसरी परेशानियों में सड़क पर खड़े रहने वालों की क्या हालत होगी!"

बस सोये पड़े गाँवों के बीच से गुजरती चली जा रही थी। लड़ाई के नियमों के अनुसार रोशनियाँ मद्धिम जल रही थीं, बस के सामने के लट्टू भी बहुत हलकी रोशनी आगे फेंक रहे थे। कोई एक धुन गुनगुना रहा था; ये आवाज़ें अकेलेपन से बाहर आए श्रीराम के कानों को बहुत मधुर लग रही थीं। वह सोचने लगा कि आदमी की आवाज़ कितनी अच्छी चीज़ है।

बस धीमी पड़ गई और संग्राम नामक गाँव आने पर श्रीराम उससे कूद पड़ा। रात के ग्यारह बज रहे थे और सारा गाँव सोया पड़ा था। वह सड़क पर तब तक खड़ा रहा जब तक बस काफी आगे नहीं निकल गई और फिर अपने पेट को हाथ लगाकर देखा कि उसका सामान तो सही-सलामत है या नहीं । उसकी कमर पर परचों का पैकेट था और जेब में एक तार काटने वाला औज़ार। जब वह झुकता, इन चीजों के कारण उसके पेट में दर्द हो उठता। उसने सोचा कि जब तक ये परचे नहीं फेंके जाएंगे, पेट का दर्द सहना पड़ेगा। वह सड़क के एकदम किनारे चलने लगा जिससे कभी-कभी वहाँ से गुज़रती मिलिट्री की लारी उसे देख न ले। कुछ दूर चलने के बाद वह एक ऐसी जगह पहुँच गया जहाँ दूर-दूर तक तारों के बाड़े खिंचे हुए थे। भीतर बाँस और मिट्टी की बहुत-सी कोठरियां थीं, जिनके बीच एक प्राइवेट सड़क टेढ़ी-मेढ़ी इधर-उधर फैली हुई थी। इस का मुख्य द्वार दूसरी तरफ़ था। यह सैनिक डिपो और ट्रेनिंग सेंटर था और यहाँ से मिलिट्री की लारियाँ हर वक्त निकलती रहती थीं।

उसने चुपचाप एक किनारे पर लगे तार को धीरे-धीरे काटना शुरू किया। लेकिन इसमें से भी काफी आवाज़ हो रही थी। तार भी बार-बार चटखता था और

उसे लगा कि ज़रूर उसे कोई गोली मार देगा। उसे पेट्रोल वाले सिपाही के कदमों की आवाज़ सुनाई दी, तो वह एकदम ज़मीन पर लेट गया। उसने सोचा, 'अब मेरा आखिरी समय आ गया है।' फिर उसे विचार आया, 'क्या मुझे नरक में भेजा जाएगा?' बचपन में दादी उसे नरक की कहानियाँ सुनाती थी कि वहाँ क्या-क्या सज़ाएँ दी जाती हैं, जो अब उसे याद आने लगीं। डर के मारे वह काँपने लगा। 'यहाँ किसी अपरिचित सन्तरी द्वारा मारे जाने में कोई तुक नहीं है,' उसने सोचा। 'एक अपरिचित आदमी दूसरे अपरिचित को गोली मार दे, तो कितनी अनोखी बात है!' यह विचार उसे सही लगा और उसने तार काटने वाला औज़ार अलग रख दिया। फिर वह ज़मीन पर बैठ गया, जेब से गोंद निकाला और परचों पर उसे लगाकर उन्हें वहाँ लगे खम्भों पर चिपकाना शुरू किया। तारों के बीच से हाथ डालने के कारण उसकी बाँहों से खून निकलने लगा। 'मेरा खून तो निकल ही आया है। यह काफ़ी है, जगदीश के आदेश पर मैं इतना ही खून दे सकता हूँ।' इसके बाद उसने बचे-खुचे परचे इकट्ठे किए और उन्हें भीतर फेंक दिया। तारों की रोशनी में उसे दिखाई दिया कि परचे धीरे-धीरे इधर-उधर उड़कर ज़मीन पर गिरते जा रहे हैं। ठीक है, सवेरे सिपाही सो कर उठेंगे तो ये परचे उन्हें मिल जाएंगे।' इसके बाद वह लौट पड़ा।

जगदीश बोला, ''जवान आदमी, यह तुम्हें क्या हो गया है, तुम इतने मरे-गिरे क्यों दिख रहे हो? तुम इस काम में बहुत कुछ करते हो, लेकिन लगता है, तुम्हारा दिल इसमें नहीं है। मैं जान सकता हूँ, क्यों?'' श्रीराम के पास कोई निश्चित उत्तर नहीं था। जगदीश ने फिर कहा, ''मुझे फोटोग्राफर की तरह तुमसे दरअसल यह कहना चाहिए था, 'खुश नज़र आइए, प्लीज़' या 'ज़रा मुस्कुराइए।' तुम्हें काम में मन लगाना चाहिए, प्यारे भाई, नहीं तो तुम देश के लिए कुछ नहीं कर सकोगे। जैसा हमारे नेता लोग कहते हैं, आज हमारा देश मुश्किल वक्त से गुज़र रहा है और हमें कुछ करना चाहिए अच्छा, मेरा ख्याल यह है कि तुम एक विशेष व्यक्ति के बारे में बहुत ज़्यादा सोच-विचार करते हो। मैं ठीक कहता हूँ?''

''हाँ।''

''तो इस चिन्ता का कोई मतलब नहीं है, क्योंकि हमारी सरकार चाहती है कि तुम को एक-दूसरे से अलग रखे। तुम्हें तो यह भी पता नहीं होगा कि वह है कहाँ?''

''हाँ, कुछ पता नहीं हैं'', श्रीराम ने उदासी से कहा।

''लेकिन मैं जानता हूँ कि वह कहाँ है,'' जगदीश बोला। ''मेरे अपने एजंट हैं। वह दरअसल किसी जेल में नहीं है, क्योंकि इस समय सभी जेलें बिलकुल भरी हुई

हैं। वह एक नई बनाई जगह में है...पुराना बूचड़खाना जानते हो, कहाँ है? वहीं है वह, उसके साथ और भी बन्दी स्त्रियाँ हैं।"

"तुम कैसे जानते हो?"

"मैं वहाँ के एक गार्ड को जानता हूँ। मेरा पुराना ग्राहक है। मेरे स्टाक में पड़े उसके एक फोटो से वह एक मुकदमा जीत गया था। अगर तुम चाहो तो वह मिलने में तुम्हारी मदद कर सकता है।"

श्रीराम का दिल ज़ोर-ज़ोर से धड़कने लगा। कुछ ऐसा हो रहा था जैसे कोई मृत फिर जीवित हो उठा हो, या होने की तैयारी कर रहा हो।

"भला आदमी है, अपने ऊपर खतरा मोल लेकर वह भारती से तुम्हारी आधे घंटे की मुलाकात करवा सकता है।"

"लेकिन कब? कब?" श्रीराम ने उत्साह से पूछा।

"जैसे ही तुम अपना अगला काम पूरा कर लोगे। मुझे एक विशेष काम में तुम्हारी मदद चाहिए।"

"यानी तुम मुझे उसके लिए इनाम दोगे?"

"हाँ, यही समझ लो। अच्छे काम का इनाम तो मिलना ही चाहिए।"

"और मेरे काम का लाभ किसको मिलेगा?"

"सारे देश को। देखो, एक जगह से पूरी रेलगाड़ी भरकर क्रोम की धातु इंग्लैंड भेजी जा रही है। उसे बन्दरगाह तक नहीं पहुँचने देना है। अगर वह जहाज़ पर लद गई तो उसके तरह-तरह के हथियार बनकर यहाँ वापस आएंगे। इस काम में तुम्हारे अलावा और कोई मेरी सहायता नहीं कर सकता।

अब यह आवश्यक हो गया था कि पुलिस श्रीराम की फोटो प्रकाशित कर दे और उसकी जानकारी देनेवाले को इनाम की भी घोषणा करे!

श्रीराम को यह भी डर लगा कि जगदीश उसके साथ कहीं मज़ाक तो नहीं कर रहा है। 'अगर वह मेरे साथ ऐसा कुछ करेगा तो मैं उसको छोड़ूँगा नहीं,' उसने सोचा। 'मैं उसका सिर पत्थर से फोड़ दूँगा।' इसके बाद वह मन ही मन कल्पना करेगा कि यह विशेष हिंसा वह किस प्रकार करेगा। लेकिन तुरन्त ही उसे ख्याल आया कि भारती को यह स्वीकार नहीं होगा। यह ख्याल आते ही वह शान्त होने लगा। उसने अपने से कहा कि भारती अगर चाहेगी तो वह किसी शैतान के भी पैरों पर गिरने को तैयार हो जाएगा। भारती को खुश करने और उसका समर्थन प्राप्त करने के लिए वह कुछ भी करने को तैयार रहेगा। उसके अस्तित्व को तभी अर्थ प्राप्त

होता था जब वह भारती से ही सम्बन्धित कोई कार्य कर रहा होता था। वह सोचने लगा कि जब भारती जेल से बाहर आ जाएगी और फोटोग्राफर भी उसके साथ होगा, तब वह किस प्रकार व्यवहार करेगा। उस समय उसे संयत रहना होगा और हर पागलपन के व्यवहार से बचना होगा। हर तरह की ईर्ष्या से उसे बचना होगा। लेकिन उसे यह भी आशा थी कि फोटोग्राफर अपने काम से काम रखेगा और उन दोनों के बीच कोई दखल नहीं देगा; उसे यह भी उम्मीद थी कि ब्रिटिश सरकार के साथ संघर्ष शीघ्र खत्म हो जाएगा, वे देश छोड़कर चले जाएंगे और वह स्वयं भी भारती को लेकर कबीर स्ट्रीट में अपनी दादी के साथ शान्ति से रहने चला जाएगा। दादी भारती के साथ कैसा व्यवहार करेगी? वह रात-दिन उसे कोसेगी और शक्ल-सूरत तथा घर के कामकाज में अपने भाई की नातिन से उसकी तुलना करेगी; लेकिन उसे आशा थी कि इसके जवाब में भारती भी पलट कर जवाब देगी, कि क्या उसकी नातिन पुलिस का मुकाबला कर सकती है, या क्या उसने महात्मा गाँधी से बातचीत की है। गुफा के प्रवेश द्वार पर आराम से बैठा श्रीराम सामने खड़े बड़े-बड़े पेड़ों को देखता सब तरह के विचार करता रहा।

तभी जगदीश वहाँ आकर उसके बगल में खड़ा हो गया। बोला, ''यह तो गलत बात है। अगर मेरी जगह कोई सिपाही होता और उसे तुम यहाँ इस तरह बैठे सपने देखते नज़र आते, तो वह ज़रूर तुम्हारी गर्दन में फंदा डाल देता और घसीट कर जेल ले जाता।''

श्रीराम ने तल्ख़ी से कहा, ''लेकिन सपने देखने में क्या बुराई है?''

''इस तरह कुछ भी ठीक नहीं है। तुम्हें अब ज़्यादा सतर्क रहना चाहिए। यह गुफा बाहर से दिखाई नहीं देती, लेकिन कोई आदमी घूमने-फिरने आ सकता है। तुम्हें लोग नहीं देखते, यह ठीक है, लेकिन स्थिति बदल भी सकती है। छिपने के उपाय करने के बाद भी सतर्क रहने की ज़रूरत है। समझे।''

श्रीराम उसका रुख देखकर सहम गया और बोला, ''ठीक है।'' जगदीश का व्यवहार किसी सरकस के रिंग-मास्टर की तरह था। जिसके इशारे पर चीता भी चुप खड़ा हो जाता है।

जगदीश उसके पास बैठ गया और कहने लगा, ''और अगर तुम यह सोचते हो कि पुलिस आकर तुम्हें भी गिरफ्तार कर ले जाए और बूचड़खाने की जेल में ही बन्द कर दे, तो तुम ग़लती पर हो। उसमें औरतें ही रखी जाती हैं, तुम नहीं रह सकते।''

पुराने बूचड़खाने का नाम सुनकर श्रीराम नरम पड़ गया। इसका अर्थ हरेक व्यक्ति के लिए भले ही अच्छा न हो, परन्तु श्रीराम को इसके नाम के साथ अपनी भावनाएँ जुड़ी मिलती थीं और उसे बड़ी शान्ति भी प्राप्त होती थी।

कई दिन के बाद श्रीराम का मूड हलका हो आया और वह कहने लगा, "पुराना बूचड़खाना? पुराना बूचड़खाना?...यह नाम तो सुना हुआ-सा लगता है। इसका हमसे क्या सम्बन्ध है?"

जगदीश ने कहा, "इसका महत्त्व यह है कि यह काफी पुराना बूचड़खाना है, नया नहीं है। बकरे यहाँ से गुजरते हुए काँपने लगते हैं, लेकिन आप जब गुजरते हैं तो इस पर हँसी-मज़ाक करते हैं। आपको यहाँ की काट-पीट याद नहीं आती... ।" फिर भी इसका दिल पर असर होता है...है न यह बात?"

श्रीराम अब बहुत खुश था। अब वह बूचड़खाने पर कई दिन तक बात करता रह सकता था—यह उसके लिए अफ़ीम का काम कर रही थी जिसके नशे में वह राजनीति, इतिहास, पुलिस और अपना अकेलापन, सब कुछ भूल गया था।

जगदीश ने कहा, "अगर तुम यहाँ जाना चाहो तो तुम्हें अपने नक्शे में कई परिवर्तन करने पड़ेंगे।" फिर उसने स्पष्ट किया, "पहली बात तो यह कि पुलिस ने तुम्हारा जो फोटो छपवाया है, उससे अपनी शक्ल एकदम बदलनी होगी। कोई तुम्हारे बारे में सूचना देकर अच्छी कमाई कर सकता है—इसे तुम्हें रोकना होगा। मेरा खयाल है कि पुलिस ने तुम्हारा फोटो दूर-दूर तक लगवा दिया है। इसलिए कोई भी बच्चा तुम्हें पहचान सकता है। अपने फोटो खिंचवाते रहने का यह एक बड़ा नुकसान है। मैं इस मामले में सुखी हूँ क्योंकि मेरा कोई फोटो कहीं नहीं है—इसलिए वे मेरे हुलिये का वर्णन ही कर सकते हैं। दूसरों के फोटो खींचने में व्यस्त रहने के कारण अपना फोटो खींचने का मुझे कभी समय ही नहीं मिला। लेकिन तुम फिल्मी हीरो की तरह अपने फोटो बाँटते फिरते हो।"

"हाँ, यह बात तो सही है, 'श्रीराम ने दुखपूर्वक स्वीकार किया। उसे याद आया कि बैंक की पास बुक हाथ में आ जाने के बाद उसने एक-रुपए-में-चार वाले कितने फोटो खिंचवाये थे। उसे अक्सर फोटोग्राफरों की दुकानों पर लगे विज्ञापनों में भी अपने फोटो दिखाई देते थे—उसके अपने घर की दीवारों पर तो ये कितने ही लगे थे। उसे याद आया कि इन्हें देखकर दादी हमेशा यह कहती थी : "हमारे जमाने में तो लोग दीवारों पर देवी-देवताओं के फोटो लगाते थे। लेकिन तुम अपने ही लगाते हो। इससे क्या फ़ायदा!"

श्रीराम को अचानक कुछ ख्याल आया और उसने पूछा, "तो इसका मतलब यह हुआ कि पुलिस मेरे घर से ही फोटो ले गई है?"

"और नहीं तो क्या? उन्हें तो पहला काम यही करना होता है।"

"दादी ने पता नहीं क्या कहा होगा।"

"जब तुम मिलोगे तो वह सब कुछ बता देगी। लेकिन फ़िक्र मत करो।" फिर श्रीराम का चेहरा ध्यान से देखकर वह बोला, "तुम्हें अपना चेहरा बदलने के लिए

कुछ परिवर्तन करने होंगे। पहली बात यह कि एक पतली-सी मूँछ उगा लो, जो किनारों पर नीचे तक गिरी दिखाई दे। इससे तुम मंगोल की तरह लगने लगोगे, लेकिन इससे परेशान मत होना; वे तुम्हें ढूँढ़, रहे हैं, किसी मंगोल को नहीं। इसके अलावा, पूरी तरह मंगोल दिखने के लिए तुम अपने बाल भी घुटवा सकते हो।''

इस सुझाव से श्रीराम को बहुत कष्ट पहुँचा, उसे चोटी मुँडवाने में कितनी परेशानी हुई थी और अब ये बाल निकलने में कितना वक्त लगा है। दादी तो इसके लिए तैयार ही नहीं हुई थी। उसका कहना था कि इससे तुम्हारी शक्ल खराब हो जाएगी, लेकिन एक दिन वह बहुत हिम्मत करके और एकदम चुपचाप मन्दिर चला गया, जिसकी सीढ़ियों पर कई नाई लोगों के बाल काटते थे। उसने एक बूढ़े नाई से अपनी चोटी तथा कानों के ऊपर के बाल काट देने के लिए कहा और गुल्लक में इकट्ठे सारे पैसे उसके सामने रख दिए। एक दिन जब दादी रसोई में काम कर रही थी, तब उसने गुल्लक का छेद कुछ बड़ा करके उसमें जमा सब पैसे निकाल लिए थे। सिक्कों से होने वाली टनटनाहट को रोकने के लिए उसने बड़ी सावधानी से एक तौलिये का इस्तेमाल किया था और आठ आने के सिक्के निकाल लिए थे। लेकिन फिर भी कुछ आवाज़ तो होनी ही थी और रसोई से दादी ने बार-बार पूछा भी कि ''यह किस चीज़ की आवाज़ है?'', लेकिन उसने ज़ोर से ''कौन-सी आवाज़?'' कहकर जवाब दिया और अपने काम में लगा रहा। उसे ठीक से पता नहीं था कि नाई इस कार्य के कितने पैसे लेगा? पहले उसने छह आने निकाले, फिर दो आने और निकाल लिए, यह सोचकर कि कुछ और ज़रूरत भी पड़ सकती है। लेकिन श्रीराम के बाल बहुत लम्बे और घने थे, इसलिए नाई ने पूरे एक रुपए की माँग कर दी। श्रीराम ने काफी हुज्जत करके एक रुपए के छह आने करवा लिए और नाई कैंची चलाते-चलाते लगातार भुनभुनाता ही रहा। फिर उसने नाई के बक्से में रखा छोटा-सा शीशा निकालकर उसमें अपनी शक्ल देखी, तो उसे बहुत अच्छा लगा। उसने करीब दो पौंड बाल उतरवा दिए थे जो तालाब की सीढ़ियों पर पड़े थे। उन्हें इस प्रकार वहाँ पड़े देखकर श्रीराम को पता नहीं क्यों, झुरमुट-सी हुई। ये लम्बे, मुलायम, घुँघराले बाल थे। उसने नाई से कहा, ''इन्हें बेच देना, तुम्हें दस रुपए मिल जाएंगे।'' इस पर नाई गुस्सा हो उठा और बोला, ''तुम मुझे बालों का व्यापारी समझते हो? जबान संभालकर बात करो, नौजवान। तुम्हारी जगह कोई और होता तो मैं उसकी गर्दन पर ही छुरा रख देता। देखो, मुझे और कुछ नहीं चाहिए, सिर्फ अपनी धोती दे दो। ऐसे कामों में यही रिवाज़ है।''

श्रीराम यह सुनकर चौंक गया, ''फिर मैं घर कैसे लौटूँगा?''

''तालाब में नहाओ और चुपचाप निकल जाओ। और धोती के भीतर तुम लंगोट तो पहने होगे? तुम्हारी उम्र के लड़के के लिए यह काफी है।'' यह कहकर

उसने धोती के दोनों सिरे कसकर पकड़ लिए और खींचने लगा। श्रीराम को इससे बचने के लिए बहुत कोशिश करनी पड़ी। नाई ने आश्चर्य से कहा, ''अच्छा...कुछ भी नहीं पहने...,'' और चेहरा बनाकर उसका मजाक उड़ाया। फिर आधुनिक नौजवानों की आदतों का बखान किया। श्रीराम शर्म से सिर झुकाए किसी तरह जान बचाकर वहाँ से भागा।

इस वक्त यह सब उसे याद आ रहा था। उसने सिर पर अपना हाथ फिराया और बोला, ''मैं ये बाल नहीं कटा सकता। ये मुझे अच्छे लगते हैं।''

रातभर वह सोचता रहा कि अपना चेहरा कैसे बदला जाए। एक बार उसने यह भी सोचा कि वह परदा नशीन औरत बनकर चेहरा छिपा सकता है। जगदीश ने इन सब सुझावों को हँसकर रद्द कर दिया। श्रीराम को लगा कि वह उसका चेहरा बिगाड़ने पर तुला है और उसका मज़ाक उड़वाना चाहता है। उसका इरादा यह लगता है कि दुनिया उस पर हँसने लगे और भारती भी उसे त्याग दे। वह एक बार उसका नया चेहरा देखकर दुबारा उसे देखने का नाम भी न ले। वह सोचने लगा कि पहले ही उसने जगदीश से मना क्यों नहीं कर दिया। बूचड़खाने की उसकी खबर बहुत बड़ा मज़ाक भी हो सकती है। न हो, तो भी यह उसका अपना क़त्ल तो कर ही देगा। लेकिन इन बातों का कोई मूल्य नहीं था। वह जो चाहे सोचे या डरे, जगदीश से बचना उसके लिए सम्भव ही नहीं है, उसकी आज्ञा तो माननी ही पड़ती है।

जगदीश ने उसे तीन हफ्ते का समय दिया, जिस बीच उसे अपने ऊपरी होंठ पर मूँछ उगा लेनी थी। उसने उसे नारियल के तेल की शीशी लाकर दी जिसकी मालिश से यह काम जल्दी हो सकता था। श्रीराम सोचने लगा, 'भारती से मिलने से पहले मुझे पता नहीं और क्या-क्या करना पड़ेगा! जगदीश रोज़ उसकी मूँछों की प्रगति की जाँच करता। हमेशा यही कहता, ''बहुत धीरे बढ़ रही हैं, बहुत धीरे!''—जैसे इसके लिए श्रीराम खुद ज़िम्मेदार हो। श्रीराम दीनता से उसे देखने लगता।

लेकिन ये तीन हफ्ते बिलकुल बेकार नहीं गए। जगदीश के साथ मिलकर और उसके निर्देशानुसार श्रीराम ने कई ऐसे काम किए जिनसे देश का भला हो सकता था : कई गाँवों में आधे दर्जन कानूनी अदालतों के उसने ज़रूरी कागज़ात जला दिए, दो रेलगाड़ियों को पटरी से उतारने का इन्तज़ाम कर दिया, बहुत से स्कूलों का कामकाज ठप करा दिया, एक कृषि शोध केन्द्र के मुख्यद्वार पर बम फोड़ दिया और उस पर लगे विजय-चिह्न को पोत कर उस पर 'भारत छोड़ो!' लिख दिया। इन कामों में वह अब इतना कुशल हो गया कि उसका संकोच एकदम लापता हो गया। अब उसे पुलिस का डर भी नहीं सताता था, उसे लगने लगा कि यह कोई ऐसी चीज़ है जिसका उसके कामों से कोई वास्ता नहीं है। वह जब चाहे, उससे बचकर निकल सकता है। पुलिस जहाँ भी वह होता था, उस जगह को छोड़कर बाकी सब जगह उसकी

तलाश करती नज़र आती थी। जगदीश हमेशा कहता था : "अंग्रेज़ हमें सलाम करके जाएंगे, बस हमें शासन की रीढ़ तोड़ देनी है।" 'रीढ़ तोड़ना' उसका ताकिया कलाम था। कई दफ़ा वह पूछता, "मालूम है, अंग्रेज़ों की रीढ़ कहाँ है?

"उसकी पीठ पर, और कहाँ!" श्रीराम ने मुस्कराकर कहा।

"और उसकी पीठ कहाँ है?"

"पेट के पीछे, और कहाँ होगी!" यह कहकर वह दुबारा मुस्कराया। उसे ऐसी पहेलियाँ अच्छी लगने लगी थीं, मनुष्यों से दूर इस बिलकुल शान्त जीवन में इनसे कुछ ज़िन्दगी तो पैदा होती ही थी।

जगदीश ने बात आगे नहीं खींची। उसने कहा, "बूचड़खाने की संभावना ने तुम्हारा दिमाग़ तेज़ कर दिया है। है न यह बात?" लेकिन फिर उसे समझाने की गरज़ से बोला, "ब्रिटेन की रीढ़ तोड़ना ज़रूरी है। और वह उसकी कचहरियों, स्कूलों, दफ्तरों और रेल की लाइनों में है जिनसे उसे जीवित रहने में सहायता मिलती है।"

यह तर्क कुछ उलझा हुआ और टेढ़ा-मेढ़ा था, जिसे समझ पाना श्रीराम के लिए संभव नहीं था। उसने सवाल किया, "हमें उनका पेट भी तोड़ डालना चाहिए।"

"वह यहाँ से बहुत दूर है, वहाँ तक हम पहुँच भी नहीं सकते।"

जगदीश ने उसे अपना हथियार बना लिया था और वह उससे सब तरह के काम कराता रहता। श्रीराम को धीरे-धीरे इनमें मज़ा भी आने लगा, इनके नएपन और उत्तेजना उसे आकर्षित करती थी और पुलिस के साथ लुका-छिपी का खेल उसे सबसे अच्छा लगता था। इससे उसे रोमांच हो आता और अपना महत्त्व भी महसूस होता था। उसे लगता था कि वह पुराणों का कोई विशेष पात्र है और उसके कार्यों पर भविष्य का इतिहास निर्भर है। लेकिन कभी-कभी उसे सन्देह भी हो आता, जब किसी खाई में जगदीश के साथ बैठे-बैठे वह सामने जलता हुआ रेलवे स्टेशन या किसी सरकारी इमारत से उठता हुआ धुआँ देखता। एक दफ़ा उसने फुसफुसाकर पूछा, "तुम्हारा ख्याल है कि इस आग का ब्रिटेन पर कोई असर पड़ेगा?"

जगदीश ने विश्वास के स्वर में जवाब दिया, "चर्चिल को इसका पता चल गया होगा। इससे उसे तकलीफ हो रही होगी। वह उठकर बैठ गया होगा। यह हर रोज हर घंटे देश भर में होते रहना चाहिए, जब तक ब्रिटेन यह न कह दे, "हम कल देश छोड़कर जा रहे हैं, अब आप उसका जो चाहें, करें।"

श्रीराम ने फिर सवाल किया, "लेकिन महात्मा जी इसके लिए क्या कहेंगे?"

"मैं नहीं जानता", जगदीश ने उत्तर दिया। "यह उनका कार्यक्रम नहीं है। लेकिन जब नतीजे सन्तोषजनक होंगे तो वे यही कहेंगे, "बहुत अच्छा किया।"

श्रीराम को इस पर विश्वास नहीं हुआ। उसने सिर हिलाकर कहा, "मुझे यह नहीं लगता। लेकिन महात्मा जी क्या सोचेंगे या कहेंगे, यह भारती ही बता सकती

है...।" इसके बाद वह फिर बूचड़खाने की कल्पनाओं में रम गया।

लेकिन इस बिन्दु पर पहुँच कर जगदीश कुछ कमज़ोर पड़ गया। कहने लगा, "हम जान-बूझकर किसी की हत्या में शामिल नहीं होते। मैं हमेशा सावधान रहता हूँ कि किसी का जीवन समाप्त न हो, लेकिन इस सबके बावजूद यदि कुछ लोग दुर्घटना ग्रस्त हो जाते हैं, तो उसके लिए कुछ किया नहीं जा सकता।"

"बहुत से लोग पुलिस द्वारा भी मारे जाते हैं, जब हमारी मदद के लिए भीड़ जमा हो जाती है।"

जगदीश बोला, "हाँ, लेकिन उसके लिए हम ज़िम्मेदार नहीं हैं। युद्ध में भी हज़ारों लोग मरते ही हैं। फिर भी, बहुत ज़्यादा सोच-विचार की अपेक्षा, जो करना है, वह महत्त्वपूर्ण होता है। महात्मा जी ने मुझे यह सिखाया था, जब मैं उनके साथ वर्धा में था। इन बातों पर ज़्यादा माथापच्ची नहीं करनी चाहिए। उन्होंने हमें अपनी क्षमता के अनुसार कार्य करने का उपदेश दिया है।"

एक दिन जगदीश ने श्रीराम का चेहरा देखकर कहा, "इतनी बढ़िया मूँछ मैंने आज तक कभी नहीं देखी।" फिर एक कैंची और रेज़र लेकर उसे ज़रा-सा नीचे की तरफ़ तराशा। कहीं से चाँदी की कमानी वाला एक चश्मा निकाला और उसे उसकी नाक पर फ़िट कर दिया। उसे एक बन्द गले का ऊँचा-नीचा कोट पहनाया और सिर पर सफ़ेद पगड़ी बाँध दी। धोती भी लांग मारकर पहनने को कहा, जैसे ऊँचे लोग पहनते हैं। यह सारी तैयारी करके श्रीराम ने अपने बहुत छोटे-से शीशे में, जिसका वह शेव करने के लिए इस्तेमाल करता था, अपना नक्शा देखा; तो वह पूरा तो दिखाई नहीं दिया, लेकिन जो भी नज़र आया, उसे देखकर वह बोला, "अब मैं चावल का आढ़ती लग रहा हूँ।"

जगदीश ने प्रशंसा में सिर हिलाया और बोला, "एकदम ठीक कहते हो...अगर मैं तुम्हारे माथे पर तिलक और लगा देता, तो फिर कोई कमी नहीं रहती।"

शाम को सूरज डूबने के बाद सात बजे के करीब श्रीराम जब मिलने चला, तो उसे इतना अजीब लगा, कि वह सोचने लगा कि इस हुलिये में भारती उससे क्यों मिलने आएगी। क्या वह यह नहीं सोचेगी कि 'एक चावल का व्यापारी अचानक उससे क्यों मिलना चाहता है।' चश्मे के कारण उसकी नाक की हड्डी पर हल्का-सा दर्द होने लगा था, वह बार-बार सरक भी जाता था और दिखाई भी धुँधला ही देता था। उसने सोचा, 'भारती के कहने पर भी उसने पुलिस को समर्पण नहीं किया, तो यही तो होना था!' स्टेशन पहुँचकर वह मालगुडी जानेवाली ट्रेन पर सवार हुआ। डिब्बे में कुछ और लोग भी थे। उसने इनकी उपेक्षा करने का फैसला किया। चावल

के व्यापारी को इन जैसे लोगों से बात नहीं करनी चाहिए। वह उनकी तरफ देखता चुपचाप बैठा रहा। जगदीश ने तो कमाल ही कर दिया था : उसकी मूँछ ने उसका चेहरा पूरी तरह बदल दिया था, जैसे मुखौटा पहन लिया हो।

मालगुडी स्टेशन से मार्केट रोड पार करते हुए उसे दक्षिण की तरफ घंटे भर पैदल जाना था, तब कहीं बूचड़खाना आता। पूर्व परिचित रास्तों से गुजरते हुए उसे बेचैनी महसूस होने लगी थी। लगता था, यह दुनिया उसने वर्षों पहले छोड़ दी थी। इन्हीं शान्त सड़कों और कई मकानों के बाद उसकी दादी का घर था।

जगदीश ने उसे पूरे निर्देश दिए थे कि कैसे, क्या करना है। उनके अनुसार चावल का व्यापारी बूचड़खाने की पूर्वी दीवार के पीछे चुपचाप बैठ गया। कोने में पेशाबघर था, जहाँ भारती आएगी, और साथ में इसी काम के लिए रखे हुए पत्थर पर खड़े होकर उससे बातें करेगी। श्रीराम सोचने लगा कि इस अँधेरे में क्या भारती उसकी मूँछें देख सकेगी और क्या वह ऊपर खड़े होकर उसे छू सकेगा। वह धीरज से इन्तज़ार करता रहा। तालुका दफ्तर के घंटे ने रात के दो बजाए। उसे नींद आ रही थी। उसे याद आया कि महात्मा जी जब मालगुडी आए थे, तब भारती ने उसे रात के तीन बजे बुलाया था। वह सोचने लगा, 'उसे लोगों की नींद खराब करने में मज़ा आता है।' वह ज़मीन पर बैठा था। तालुका दफ्तर के घंटे ने तीन का घंटा बजाया। "मुझे यहाँ कब तक इन्तज़ार करना पड़ेगा?" वह परेशान हो उठा था। "मेरे साथ कोई खेल खेला जा रहा है?" उसके दिल में गुस्सा उमड़ने लगा।

"सुनो," एक आवाज़ आई।

"उसने सिर उठाकर उम्मीद से देखा। दीवार के ऊपर एक सिर उभरा, लेकिन यह भारती नहीं थी। यह कोई वार्ड की रक्षिका थी।

"कहाँ...? श्रीराम उचककर खड़ा हो गया और पूछने लगा, कि "धीरे बोलो," आवाज़ सुनाई दी। "वह नहीं आएगी।"

"वह नहीं आएगी?"

"नहीं। इसे लो," यह कहकर उसने एक कागज़ फेंक दिया। "इसे पढ़ लो", उस सिर ने कहा, "और वापस जाओ।"

चावल का व्यापारी हाथ में कागज़ का टुकड़ा पकड़े और तरह-तरह की कल्पनाएँ करता वहाँ से वापस चला।

सड़क पर पहुँचकर पहली रोशनी के नीचे उसने कागज़ खोलकर देखा। यह किसी पैड से फाड़ा हुआ छोटा-सा टुकड़ा था, जिस पर पेंसिल से घसीट में लिखा था : "मैं आज तुमसे मिलने नहीं आना चाहती। वर्तमान परिस्थितियों में इस तरह मिलना हमारे लिए उचित नहीं है। बापू ने हमेशा कहा है कि मिलने के लिए बहाने और चालाकियों का सहारा लेना गलत है। जेल में रहते समय हमें उसके नियमों

का पालन करना चाहिए और आवश्यकता पड़ने पर सत्याग्रह के द्वारा उन्हें बदलने का प्रयत्न करना चाहिए। मुझे क्षमा करना। हम फिर मिलेंगे। लेकिन इससे पहले तुम दादी से ज़रूर मिल लेना। यहाँ आई एक बन्दिनी ने बताया कि वह बहुत बीमार है। अपनी ज़िन्दगी खतरे में डालकर भी तुम्हें उससे मिलना चाहिए। इसमें देर नहीं होनी चाहिए।"

जब श्रीराम 14, कबीर स्ट्रीट की सीढ़ियों पर चढ़ा, तब किसी ने उसे नहीं पहचाना। कन्नी उसी के घर से बाहर निकल रहा था। उसने दरवाज़ा धीरे से बन्द किया और आगे बढ़ने लगा, लेकिन श्रीराम ने उसे देखते ही आवाज़ लगाई, 'कन्नी', तो वह क्षण भर के लिए चौंक गया। लेकिन वह रुका और आवाज़ से उसे पहचानकर चिल्लाया, "अरे, छोटे बाबू। हे राम, अपनी बुढ़िया दादी को छोड़कर इतने दिन कहाँ रहे—दादी जो तुम्हारी माँ, बाप, भाई, सब कुछ रही? तुम्हारे पास दिल है या नहीं? शुक्र है, जो तुम लौट आए। लेकिन अब बड़ी देर हो गई है!"

"क्यों? क्या हुआ?" श्रीराम चीखा। "दादी को क्या हुआ है?"

"वह रही नहीं। रात को दस बजे गुज़र गई।"

श्रीराम जल्दी से घर में घुसा। वहाँ उसी पुरानी जगह, कमरे में लगे लैंप के नीचे, वह लेटी थी। उसका शरीर सफ़ेद चादर से ढँका था। पड़ोसी घरों की दो-तीन औरतें उसके बगल में बैठी देखभाल कर रही थीं।

श्रीराम दुख में डूब गया : पुराना परिचित घर, दीवार पर टँगी जंत्री, खिड़की पर रखा पानी से भरा लोटा जिसे वह हमेशा वहाँ रखती थी। आराम कुर्सी जिसे वह अपनी पहली आमदनी से सिर्फ उसी के बैठने के लिए लाया था, वहीं रखी थी जहाँ वह उसे छोड़ गया था। उसकी पुरानी ज़िन्दगी फिर से उसके सामने थी। वह घर के कोने में, जो उसका अपना था, गया और अपनी किताबें, कागज़, कलम, कपड़े, और अपना सन्दूक, सब देखा—उसकी हर चीज़ ज्यों-की-त्यों अपने-अपने स्थान पर रखी थी। औरतें निंदियाई आँखों से उसे घर में घूमते देखती रहीं। श्रीराम रोता जा रहा था। लेकिन वह आँसू पोंछ नहीं पा रहा था, क्योंकि उनपर चश्मा चढ़ा था। उसे लगा कि चश्मा एक बाधा बन गया है, तो उसने उसे झटके से उतारा और नीचे फेंक दिया। 'इसकी वजह जगदीश है। मैं अपने को धोखा दे रहा हूँ।

कन्नी सामने खड़ा यह सब देख रहा था। बोला, "कितनी भली लगती है तुम्हारी दादी! इस अवस्था में भी! उसकी आत्मा महान थी!"

लेकिन श्रीराम बोला, "यह मुझे नहीं लगता कि मर गई है। लगता है, सो रही है। अच्छा, तुम्हें कैसे पता कि मर गई है?"

कन्नी हँसकर रह गया। बोला, "सब रिश्तेदारों को तार कर दो। मेरा ख्याल है कि कई जाने से पहले उसके दर्शन करना चाहेंगे।"

श्रीराम दादी की बगल में धीरे से बैठ गया और सुबकियाँ भरता रहा। औरतों ने उस पर नज़र डाली और चुप हो गईं। फिर एक ने कन्नी से पूछा, "यह अकेला रिश्तेदार ही आया है, या हम औरों का भी इन्तज़ार करें?" कन्नी ने जवाब न देना ही उचित समझा। रात बिलकुल स्तब्ध और शान्त थी। सड़क के कुत्ते भी सो गए थे। मद्धिम रोशनी में धीरे-धीरे बात करते उन लोगों के अलावा सारी दुनिया सो रही थी—दादी की तरह।

श्रीराम अचानक उठा, कन्नी के पास गया और उसके कन्धे पर हाथ रखकर बोला, "कन्नी, मैं बहुत भूखा हूँ। अपनी दुकान खोलकर मुझे कुछ खाने को नहीं दे सकते? रसोई में तो कुछ नहीं है।"

"कुछ हो भी कैसे सकता है? बहुत दिन से बीमार थी; ये औरतें ही दूध और दलिया बनाकर लाती थीं।"

फिर उसने चाभी निकाली और बोला, "मेरे साथ आओ।"

उन्होंने सड़क पार की। कन्नी ने दुकान का दरवाज़ा खोला और रोशनी जलाई। श्रीराम भी ऊपर चढ़कर भीतर गया और दरवाज़ा बन्द कर लिया। भीतर गर्मी और उमस भरी थी। केलों के गुच्छे कीलों से लटक रहे थे, अलमारियों में तरह-तरह के डिब्बों में बिस्कुट और खाने-पीने की चीज़ें भरी हुई थी और इन सबके ऊपर गुलाबी गालों वाली अंग्रेज़ महारानी की तस्वीर चारों तरफ अपनी नज़रें फेंक रही थी। श्रीराम ने गर्मी की शिकायत की। कन्नी ने स्पष्ट किया : "मैं नहीं चाहता कि किसी को तुम्हारे आने का पता चले। हालाँकि यह सूचना पुलिस को देकर मैं दुकान चलाने से कहीं ज़्यादा कमाई कर सकता हूँ।"

श्रीराम को अपनी भूख का अन्दाज़ा ही नहीं था। उसे जो भी दिखाई दिया, उसे खाता चला गया। कन्नी ने कागज़ निकालकर हिसाब लगाया—"दो रुपए चार आने हुए। मैं ये तुम्हारे हिसाब में डाल दूँगा।"

भूख मिटाने के बाद श्रीराम ने कहा, "अब मुझे दादी के बारे में बताओ। उसे हुआ क्या था?"

जवाब देने से पहले कन्नी ज़रा देर रुका, फिर कहने लगा, "जिस दिन पुलिस तुम्हारी तलाश में घर आई, उसी के बाद जैसे उसकी आत्मा मर गई। वह महसूस करने लगी कि तुमने उसे धोखा दिया है। तुम भले ही महात्मा जी वगैरह को जानते हो और उनके लिए काम करने चले गए हो, लेकिन लोग जो उसे बताते थे, उसी को वह सच मानती थी—कि तुम किसी लड़की के पीछे घूम रहे हो। इससे उसे बहुत चोट पहुँची। इसके बाद वह कभी सहज नहीं हुई और जब पुलिस आकर तुम्हारा

फोटो ले गई, उसके बाद तो वह एकदम खत्म हो गई। उसे लगा कि अब वह दुनिया में किसी के सामने सिर नहीं उठा सकेगी। वह हमेशा यही कहती थी, कि तुमने धोखा दिया। पुलिस ने मुझसे भी तुम्हारे बारे में पूछताछ की। मैंने तो यही कहा, "तुम लोग बेकार मेरी बिक्री का वक्त बरबाद कर रहे हो। सिर्फ उसके घर के सामने अपनी दुकान होने के कारण मुझे उसकी सब जानकारी है, यह एकदम गलत बात है।" इससे वह सन्तुष्ट भी हो गए। तुम उसे बता कर जाते तो अच्छा होता। वह बहुत परेशान रहती थी। कहती थी, "साँप को चाहे जितना दूध पिलाओ, वह काटे बिना नहीं रहेगा।"

श्रीराम को अपनी यह तुलना सुनकर बड़ी चिढ़ लगी। "उसकी जबान बड़ी कड़वी थी, सब जानते हैं, इसलिए मैंने उसे बताए बिना चले जाना ठीक समझा। ऐसी औरत के साथ बातचीत करने का कोई फायदा नहीं होता।" इस समय वह यह भी भूल गया कि यह औरत अब मर चुकी है।

"लोग आते थे और तुम्हारे बारे में खतरनाक कहानियाँ सुनाते थे। इनसे वह बहुत डर जाती थी। लेकिन तुम्हें हुआ क्या था? मैंने भी कभी नहीं सोचा था कि तुम जैसा बढ़िया नौजवान ज़िगोमार बन जाएगा?"

श्रीराम को पुराण कथा के इस डाकू से अपनी तुलना अच्छी नहीं लगी। उसने बड़ी दीनता से कहा, "अगर मैं दादी को चाहता न होता तो उससे मिलने इस तरह क्यों आता?"

"यह तो सच है," कन्नी ने स्वीकार किया। "मार्केट रोड वाला डॉक्टर उसका इलाज करता था। कल शाम भी वह अपनी ट्यूब और सुई लिए तब तक उसी के पास रहा, जब तक वह गुज़र न गई।"

"वह बातें कर रही थी?" श्रीराम ने पूछा।

"नहीं, लेकिन कर सकती थी। अब इन बातों पर ध्यान न दो," कन्नी बोला। "अब यह सोचो कि कल क्या करना है?"

"हाँ, क्या करना है?"

"अब दाह क्रिया होगी। इससे जल्दी निपट लो। रिश्तेदारों का इन्तज़ार करोगे?"

ये सब ज़रा कठोर और अस्पष्ट सवाल थे जिनके बारे में उसे कोई जानकारी नहीं थी। वह चुप होकर सोचने लगा। 'रिश्तेदार' के नाम पर वह सिर्फ बूढ़े चाचा को जानता था जिसकी काली-कलूटी नातिन से उसकी शादी हो सकती थी और उन कुछ लोगों को, जो गाँव से कभी-कभार घर खाना खाने आते थे और ज़मीन-जायदाद की बातें करके वापस चले जाते थे। दादी उनकी बातों में बढ़-चढ़कर हिस्सा लेती थी। इस समय वह यह भी भूल जाती थी कि श्रीराम कहाँ मौज-मस्ती करने चला जाता है—इन अवसरों का फायदा उठाकर वह पड़ोस की साइकिल किराये पर लेकर

उस पर अभ्यास करता। उसने अचानक कल्पना की कि ये सब लोग इकट्ठे हो गए हैं और दादी के शरीर के चारों ओर खड़े होकर ज़मीन-जायदाद का हिसाब लगा रहे हैं—नहीं, उसे यह पसन्द नहीं है। उसने तुरन्त कहा, "मैं किसी को बुलाना नहीं चाहता।"

"ठीक है। मैं भी यही सोचता हूँ कि लाश को ज़्यादा देर तक नहीं रखना चाहिए। दाह क्रिया जल्दी से निबटा देनी चाहिए। लेकिन दादी को यह सन्तोष ज़रूर मिलना चाहिए कि उसके पोते ने उसको अग्नि दी है। इससे उसकी आत्मा को शान्ति मिलेगी।"

श्रीराम बोला, "मैं तो इन बातों के बारे में कुछ भी नहीं जानता।"

"मैं तुम्हारी मदद करूँगा," कन्नी ने जवाब दिया।

"लेकिन एक बात है—मैं जुलूस के साथ नहीं जा सकूँगा।" श्रीराम ने कहा। "बाकी सब काम तुम करा लोगे तो मैं अन्त में वहाँ पहुँच जाऊँगा।

"इस वक्त तो पुलिस भी कुछ नहीं कहेगी। आखिर वे भी मनुष्य हैं," कन्नी ने कहा। श्रीराम घर लौट आया और दादी पर नज़र डाली। औरतें सो गई थीं। वे घुटनों में सिर घुसाये गुड़ी-मुड़ी होकर पड़ी थीं। 'ये दादी से ज़्यादा मृत लग रही हैं,' श्रीराम ने उन्हें देखकर सोचा। तभी मुर्गे ने बाँग दी। श्रीराम दरवाज़ा भेड़कर बाहर निकल आया। तब तक कन्नी भी दुकान बन्द कर वापस आ गया था। श्रीराम बोला, "अब तुम्हारी ज़िम्मेदारी है। आठ बजे तक वहाँ पहुँच जाओगे?" सब काम अच्छे ढंग से करना। पैसे की चिन्ता मत करना।"

"यह मैं जानता हूँ। मेरा सब कर्ज़ा वापस मिल जाएगा। मैंने तुम्हारा हिसाब एकदम सही बनाकर रखा है। कहीं एक आने की भी चूक नहीं है। समय-समय पर डॉक्टर को भी जो दिया है, उसे भी सही-सही लिख लिया है। लेकिन तुम्हारे रिश्तेदार बाद में गुस्सा वगैरह तो नहीं करेंगे?"

"गुस्सा करें या खुश हों, हमें उनसे क्या लेना-देना! सब बेकार और गँवार हैं," श्रीराम ने वक्त की ज़रूरत से कहीं ज़्यादा कड़वाहट से कहा।

आठ बजे के लगभग श्रीराम सरयू नदी के किनारे बने दाह स्थल पर पहुँच गया। पिछले दिन की दो चिताएँ अब भी जल रही थीं। जहाँ तहाँ बाँस और चिथड़े बिखरे पड़े थे। नल्लप्पा की झाड़ी की तरफ़ से एक जुलूस आ रहा था। अरथी पर फूल लगे थे और सफ़ेद कपड़े तथा उँगलियों में अँगूठियाँ पहने कुछ लोग उसे उठाए धीरे-धीरे आगे बढ़ रहे थे। 'ये सब खास रिश्तेदार होंगे,' श्रीराम सोचने लगा। 'इन्हें ही यह बोझ उठाना है। लेकिन दादी को उठाने वाला तो कोई भी नहीं है?' एक बार फिर उसे गाँव के अपने रिश्तेदारों पर गुस्सा हो आया। गर्मी बहुत ज़्यादा थी, हालाँकि अभी सवेरे के आठ ही बजे थे। वह सोचने लगा, 'बहुत गर्म जगह है।

बैलगाड़ियाँ नदी पार कर रही थीं, गाँव वाले सिरों पर सामान लादे और गप मारते शहर जा रहे थे। कुछ लोग नहाने के लिए भी नदी की तरफ़ आ रहे थे। वह चुपचाप बैठा यह सब देख रहा था और दादी का शव वहाँ पहुँचने का इन्तज़ार कर रहा था। ये लोग इतनी देर क्यों लगा रहे हैं? शायद पंडे-पुजारी, ज़्यादा पैसे लेने के लिए बहसबाज़ी कर रहे हों। हो सकता है कि पुलिस ने ही जुलस को रोक रखा हो? यह सोचकर वह बहुत डर गया, कहीं पुलिस को शक हुआ हो और जाँच करने के लिए लाश को पोस्टमार्टम करने न ले गए हों? तभी गाजे-बाजे के साथ आ रहा जुलूस उसके सामने रुका और अरथी ज़मीन पर रख दी गई। फिर उसके चारों ओर पूजा-पाठ किया जाने लगा...एक छोटे से चबूतरे पर दादी की चिता भी बनाई जा रही थी, उस पर लकड़ी और कंडे रखे जा रहे थे और कन्नी की दुकान का नौकर इस सबकी देखभाल कर रहा था। वह लकड़ी और दूसरी चीज़ें देने वालों से काफ़ी सौदेबाजी करता नज़र आ रहा था। लेकिन ये सब लोग खुशी-खुशी उसकी हर बात मान रहे थे, जिसे देखकर श्रीराम को ताज्जुब भी हो रहा था। उसने सोचा, 'कुछ लोग ऐसे ही होते हैं जिनकी हर कोई इज़्ज़त करता है।' धनी आदमी के शव के इर्द-गिर्द होने वाली जबरदस्त गहमागहमी देखकर उसे आश्चर्य भी हो रहा था।

तभी उसे दादी की अरथी आती हुई दिखाई दी : हाथ में अग्नि पात्र लिए, साथ में दो पड़ोसी, कन्नी इसका नेतृत्व कर रहा था, फंड ऑफिस का मैनेजर और दो पंडित भी साथ थे। चार दुबले-पतले पैसे देकर लाए गए आदमी अरथी को कन्धों पर उठाए चल रहे थे। इसके पहुँचने से पहले ही श्रीराम दौड़कर लकड़ी के दरवाज़े पर जा खड़ा हुआ। कन्नी उसके सामने आकर बोला, "अब अग्नि-पात्र तुम उठा लो!" और श्रीराम ने उसे अपने हाथों में ले लिया।

अरथी ज़मीन पर रखी गई। दादी का चेहरा खोला गया और सूरज की रोशनी उस पर पड़ने लगी। श्रीराम को दादी का चेहरा देखकर दुख हो रहा था। परिवार के बूढ़े पंडित ने श्रीराम से कहा, "तुम नदी में जाकर नहाओ और भीगे कपड़े पहने ही वापस आ जाओ? दादी के लिए तुम्हें यह तो करना ही चाहिए।" श्रीराम को ध्यान आया कि वह अभी भी चावल-व्यापारी वाले कपड़े ही पहने हुए था। जिनमें वह बहुत अजीब-सा लग रहा था। पंडित ने बिलकुल शुरू से इस परिवार के पूजा-पाठ करवाये थे, श्रीराम के पहले जन्मदिन का विशाल आयोजन भी उसी ने सँभाला था। पंडित की उम्र दादी से भी कुछ साल ज़्यादा थी, लेकिन वह बहुत चुस्त, दुबला-पतला, हरी आँखें और उभरी हुई नाक, पूजा-पाठ में प्रभावशाली परन्तु दक्षिणा के मामले में लालची आदमी था।

उसने श्रीराम से पूछा, "दो रुपए के सिक्के हैं?"

श्रीराम कुछ जवाब देने ही जा रहा था, कि कन्नी बीच में गुस्से से बोल पड़ा,

"अब यह क्यों माँग रहे हो? मुझसे एक मुश्त रकम की बात नहीं हो गई है?"

पंडित ज़मीन पर पालथी लगाए बैठा था, यह सुनते ही बोला, "यह किसने कहा कि यह भी उसमें शामिल है? यह तो उसमें जा ही नहीं सकता। यह अलग चीज़ है। हमारे पुरखे कह गए हैं कि मृत व्यक्ति के शरीर पर उसके सबसे प्रिय और समीपी के अपने हाथ से दो रुपए के सिक्के रखे जाने चाहिए। इससे इसकी आत्मा की दूसरे लोकों में यात्रा आसान हो जाती है। जो शास्त्र में लिखा है, वही मैं तुमसे कह रहा हूँ। हमारे पुरखे जानते थे कि हमारे लिए सर्वोत्तम कर्म क्या है, मैं तो उनकी बात ही कह रहा हूँ।"

इस पर फंड ऑफिस के मैनेजर ने कहा, "और इन सिक्कों का क्या होता है?" पंडित ने इसका उत्तर टालने की कोशिश की, लेकिन कन्नी ने कहा, "ये भी वहीं जाते हैं जहाँ दूसरी रकम जाती है—यानी पंडित जी के डिब्बे में।"

"हाँ, वहीं जाते हैं। तुम्हें क्या लगता है, आत्मा अपने साथ सिक्के ले जाएगी? हर बात को सही ढंग से लेना चाहिए, उसका दार्शनिक अर्थ समझना चाहिए। कोई इस दुनिया से कुछ भी लेकर नहीं जाता," यह कहकर पंडित ने संस्कृत का एक श्लोक बोला। फिर उसने दूसरी तरफ धनी आदमी के क्रिया-कर्म की तरफ इशारा करके कहा, "उन्हें देखा। ये सब क्रियाएँ सही-सही कर रहे हैं। उन्होंने एक भी विधान नहीं छोड़ा है।"

कन्नी ने गुस्से से कहा, "हम भी सब विधि विधान कर रहे हैं।"

उसकी आवाज़ से पंडित दब-सा गया। धीरे से बोला, "यह मत सोचना कि मैं पैसे के पीछे पड़ा हूँ। मैं तो उस महान आत्मा के लिए, जिसे मैं शुरू से जानता रहा हूँ, हर काम पूरा करने की कोशिश कर रहा हूँ।" श्रीराम की तरफ घूमकर उसने कहा, "अब जाकर जल्दी से नहा आओ। तब तक कुछ नहीं शुरू होगा।" फिर कुछ रुककर बोला, "वहाँ नाई बैठा होगा। उससे अपनी मूछें और सिर भी घुटवा लेना। नहीं तो सब गलत हो जाएगा। शास्त्र में लिखा है..."

श्रीराम ने ज़ोर देकर कहा, "मैं न सिर घुटवाऊँगा और न मूँछें।"

पंडित ने कहा, "ठीक है। मेरा कर्तव्य है आपको बताना कि शास्त्र क्या कहते हैं, फिर आप अपनी इच्छानुसार उसे कम-ज़्यादा कर सकते हैं। यह ज़रूर है कि आधुनिक जीवन में सब नियम पालन करना कठिन है और लोग सुविधा के अनुसार कार्य करते है। आजकल तो ऐसे लोग भी हैं जो अंग्रेज़ी हैट लगाकर क्रियाकर्म में भाग लेते हैं। उनके लिए कोई क्या कर सकता है? शास्त्रों में भी कहा है कि 'नई प्रथाओं को स्वीकार करना ही बुद्धिमानी है' और हमें इसका भी पालन करना है।"

श्रीराम नदी से नहाकर वापस आ गया, उसके भीगे बाल सिर से और कपड़े शरीर से चिपके हुए थे। दादी का शरीर चिता पर रख दिया गया था। दूसरी चिता

धू-धू करके जल रही थी और उसके लोग वापस लौटने लगे थे। पंडित ने कहा, "इनका कार्य बहुत विधिपूर्वक हुआ है।" उसे उनका कार्य बहुत पसन्द आ रहा था। श्रीराम को यह बुरा लगा और कन्नी ने कहा, "ज़्यादा बड़बड़ाने की ज़रूरत नहीं है।"

चिता पर अग्नि रखने की विधि प्रारम्भ हुई। वृद्धा गोबर के कंडों पर लेटी हुई थी। पंडित ने श्रीराम के हाथों में एक प्याला दिया और कहा कि इसका दूध दादी के होंठों में डाले। श्रीराम ने दूध डाला, कुछ मन्त्र पढ़े और दादी के हृदय पर आग रखी–जो वास्तव में कंडों की एक परत के नीचे था। आग चटककर इधर-उधर फैलने लगी। श्रीराम ने सोचा, "अब यह अन्तिम दर्शन है!"

फंड ऑफिस का मैनेजर अचानक चिल्ला उठा, "उधर देखो, ज़रा उधर देखो।' वह एकदम उत्तेजित हो उठा था। लोग उधर देखने लगे जहाँ उसने इशारा किया था। वृद्धा के बायें पैर का अँगूठा हिल रहा था। "आग को हटाओ, फौरन हटाओ...।" किसी ने हाथ डालकर जलती हुई लकड़ी बाहर खींच ली। बुढ़िया की साड़ी का एक सिरा जलने लगा था। श्रीराम ने उस पर एक बालटी पानी डालकर उसे बुझा दिया। अब सब लोग इकट्ठा होकर देखने लगे। उसका पैर और हिला।

श्रीराम चिल्लाया, "दादी ज़िन्दा है। उसे बाहर निकालो।"

पंडित चीखा, "तुम यह नहीं कर सकते। मैंने ऐसा होते कभी नहीं सुना।" और लोग भी जैसे अपनी सुध-बुध भूल गए थे।

श्रीराम ने पंडित को धक्का दिया, "तुम दादी को ज़िन्दा जलाना चाहते हो? हटो यहाँ से, एकदम हटो।" उसने दादी के चेहरे पर पानी छिड़का, थोड़ा सा दूध पिलाया और हवा करने लगा। पंडित पीछे खड़ा होकर यह सब देखने लगा। कन्नी की तो जैसे बोलती ही बन्द थी। उसका सहायक चारों तरफ दौड़-दौड़कर सब को यह खबर दे रहा था, जिससे वहाँ भीड़ इकट्ठी होने लगी थी।

फंड ऑफिस के मैनेजर ने कहा, "हमें वक्त नहीं बरबाद करना चाहिए। मैं डॉक्टर को लेकर आता हूँ।" उसने शहर की तरफ तेज़ी से दौड़ना शुरू कर दिया।

कन्नी बोला, "कैसे हैं आजकल के डॉक्टर भी! यह भी नहीं जानते कि कोई मर गया या अभी ज़िन्दा है। अगर हम वक्त रहते देख न लेते...आज के डॉक्टर!"

उनकी देखभाल में अँगूठा धीरे-धीरे हरकत करने लगा। इसके बाद उँगलियाँ भी हिलीं और फिर पैर और हाथ भी चले। वृद्धा इंच-इंच करके ज़िन्दगी में वापस आ रही थी। आँखें अभी भी बन्द थीं। श्रीराम ने कान के पास मुँह ले जाकर कहा, "दादी, दादी, आँखें खोल लो! मैं आ गया हूँ।" इस क्षण वह सब राजनीति, सब झगड़े, युद्ध, ब्रिटेन और भारती को भी भूल गया था। "दादी, उठो। तुम बिलकुल ठीक हो।" यह सुनते ही उसका दिल धड़कने लगा और साँस वापस लौट आई,

हालाँकि वह बहुत धीमी थी। श्रीराम ने चैन की साँस ली। उसने दुकान के सहायक को बुलाया और कहा, "मेरी दादी नहीं मरेगी, वह ज़िन्दा है। भगवान की कृपा है!" वह कन्नी को भी हाथ से खींचकर बोला, "कन्नी, दादी ज़िन्दा है।" एक हाथ वह दादी के सिर पर फिराता रहा और दूसरे से कन्नी को पकड़कर सुबकना शुरू कर दिया। उसका चेहरा आँसुओं से भर गया था।

कन्नी ने उसकी पीठ थपथपाकर कहा, "रोओ मत। बहादुर हो तुम। अब दादी आँखें खोलने ही वाली है। उसे तुम्हारा खुश चेहरा ही दिखाई पड़ना चाहिए।"

दूर से पुरानी गाड़ी की खड़खड़ सुनाई दी। सब चीख कर बोले, "डॉक्टर की कार लगती है।" कुछ देर बाद एक छोटी-सी कार, जिसका हुड नल्लप्पा की झाड़ियों और रेत-पत्थरों के कारण उठता-गिरता आगे बढ़ता चला आ रहा था, श्मशान घाट के दक्षिण द्वार पर आकर खड़ी हो गई। इसमें से छोटे से कद का डॉक्टर निकला जो काफी लम्बा-चौड़ा सफ़ेद कोट पहने था और जिसके चारों तरफ़ झूलते बाल आइंस्टाइन की तरह लगते थे—वह कूदकर बाहर आया और उसके पीछे फंड का मैनेजर प्रकट हुआ। लोगों की तरफ दौड़ता डॉक्टर चिल्लाया, "क्या यह सच है, ...सच है क्या?" फिर वह अचानक रुक गया और बोला, "कोई कार से मेरा बक्सा लेकर आओ!" फिर वह वृद्धा की बगल में बैठ गया, उसकी नब्ज़ हाथ में ली, अपनी घड़ी निकाली, उसके नथुनों के नीचे उँगलियाँ रखकर साँस देखी और कन्नी की तरफ़ देखकर कहा, "हाँ, यह मरी नहीं है।"

कन्नी ने प्रश्न किया, "डॉक्टर साहब, आप यह भी नहीं बता सकते कि कोई मर गया है या ज़िन्दा है?"

"अब इस सब पचड़े में जाने की ज़रूरत नहीं है। हमें सिर्फ खुश होना चाहिए कि यह दूसरी दुनिया से वापस आ गई है।" यह कहकर डॉक्टर विचारमग्न हो गया। उसके अनुभव में पहली बार ऐसा हुआ था। अब तक उसने एक तरफ़ा यात्रा ही देखी थी। उसने अपनी ठोढ़ी रगड़ी और कुछ सोचने लगा।

कन्नी ने पूछा, "डॉक्टर साहब, अब कैसी हैं ये?"

"नब्ज़ ठीक चल रही है। ठीक लगती है। अब इन्हें आराम और सेवा की ज़रूरत है।" उसने बक्से से कुछ चीज़ें निकालीं। इंजेक्शन की सुई लेकर उसे साफ़ किया, फिर दवा भर कर बाँह में लगा दिया। सुई के लगते ही वह हिली और गले से आवाज की। डॉक्टर प्रसन्न भाव से उसे देखने लगा। "कभी-कभी ऐसी घटनाएँ हो जाती हैं? उनका कारण नहीं बताया जा सकता। पिछली रात यह एक तरह से मृत हो चुकी थीं । मेरे पास कोई जवाब नहीं है। इसी कारण आत्मा, कर्म और ऐसी सब बातों पर विश्वास करना पड़ता है।" वह वृद्धा को देख देखकर अपने होंठ काट रहा था। "कई साल पहले मैंने एक मेडिकल पत्रिका में ऐसी एक घटना के बारे में पढ़ा था लेकिन यह नहीं सोचा था कि खुद भी इसे देखूँगा।"

दादी की साँस तेज़ी से चलने लगी। उसके प्राण वापस लौटने लगे थे। डॉक्टर ने कहा, "अब इन्हें यहाँ रखना उचित नहीं है, सचेत होते ही इन्हें यहाँ से ले जाना चाहिए। घर ही ले जाइए। मेरी कार में जा सकती हैं।"

पंडित ने इस पर आपत्ति की। आप यह कैसे कर सकते हैं? जो यहाँ एक बार आ जाए, उसे फिर शहर में वापस नहीं ले जाया जा सकता। पता नहीं, इसका क्या नतीजा होगा..."

"क्या होगा?"

"होगा! सारा शहर आग या प्लेग से नष्ट हो जाएगा। यह बहुत अशुभ होता है। आप जो चाहे करें, पर इन्हें शहर में वापस नहीं ले जाया जा सकता।"

और भी बहुत से लोग इसका समर्थन करने लगे। शहर में इसकी खबर फैल गई थी और बहुत से लोग देखने आने लगे थे। जो भी आया, उसी ने कहा, "यह तो बड़ी समस्या है। इसके लिए क्या करना चाहिए?"

यह तय हुआ कि नदी के किनारे जो टूटी-फूटी इमारत खाली पड़ी है, उसमें दादी को ले जाया जाए। पहले इसमें चुंगी का दफ्तर था और चूँकि शहर और इस घर के बीच नदी बहती थी, इसलिए यह शहर की सीमा से बाहर था। उसे यहाँ लाकर चारपाई पर लिटा दिया गया। यहाँ उसके साथी कन्नी, फंड ऑफिस का मैनेजर, श्रीराम, टेढ़ी नाक वाला पंडित और पड़ोस की दो औरतें थीं। ये सब उसकी देखभाल करते और खिलाते-पिलाते। डॉक्टर की छोटी सी कार दिन में शहर के कई चक्कर लगाती और कन्नी एक तरह से अपनी दुकान बन्द करके यहाँ के इन्तज़ाम में लगा रहता था। यह चमत्कार देखने के लिए बड़ी-बड़ी भीड़ें यहाँ जमा होने लगीं। दादी के कुछ नजदीकी रिश्तेदार, जो सालों से उससे मिलने नहीं आए थे, यहाँ आकर ज़ोर-ज़ोर से रोने लगे, "हाय बहना, तुम्हें देखकर कितना अच्छा लग रहा है! हमें तो किसी ने ख़बर ही नहीं दी कि तुमको कुछ हो गया है।"

"इसलिए ख़बर नहीं दी क्योंकि कोई खास बात नहीं हुई।"

"लेकिन जब किसी करीबी रिश्तेदार की मौत हो तो खबर देनी ही चाहिए..."

"लेकिन उसकी मौत ही कहाँ हुई..."

"तुम्हें कब पता चला कि यह मरी नहीं है?" रिश्तेदारों ने पूछा और यह बहस तरह-तरह के तर्कों के साथ देर तक चलती रही। श्रीराम को डर लगा कि यह भीड़ और यह बहस लड़ाई-झगड़े में खत्म होगी। इसलिए उसने इससे बचने की कोशिश की। जब काफ़ी संख्या में लोग इकट्ठे हो जाते, तब वह इमारत के पीछे चला जाता और यहाँ का मोर्चा कन्नी और दूसरे लोग संभालते। वह सुनता कि लोग पूछ रहे हैं, "इनका पोता नहीं दिखाई दिया।"

कन्नी जवाब देता, "अरे वो घुमक्कड़ नौजवान शायद इन दिनों बर्मा में है।"

लेकिन इस सबका कोई नतीजा नहीं निकला। तीसरे दिन दोपहर बाद जब श्रीराम दादी को खाना खिलाकर और फंड ऑफिस मैनेजर द्वारा घर से एक बर्तन में लाया खाना खुद भी खाकर चुंगी दफ्तर के पीछे एक पेड़ की छाया में आराम कर रहा था, तब सादे कपड़ों में एक पुलिस इंस्पेक्टर अपने साथ दो वर्दीधारी सिपाही लिए वहाँ आ पहुँचा। दादी और उसके साथी सब सो रहे थे। इंस्पेक्टर ने श्रीराम पर नज़र डाली और कहा, "उठो।"

"क्यों?" श्रीराम ने उठते हुए कहा, "क्या बात है?"

"तुम्हें गिरफ्तार किया जाता है," इंस्पेक्टर ने कहा। "बहुत दिन से तुम्हें ढूँढ़ रहे हैं।"

श्रीराम ने मुँह टेढ़ा करके पूछा, "इनाम किसे मिल रहा है?"

इंस्पेक्टर ने इसका कोई जवाब नहीं दिया। उसने कहा "हमें पता था कि इस समय तुम आओगे। हम कोई तमाशा करना नहीं चाहते, बशर्ते तुम भी न करो। इसलिए हमने अपनी जीप दूर खड़ी की है। वहाँ उसमें और लोग भी हैं। अब तैयार होकर आ जाओ। ज़्यादा वक्त मत लगाना।"

श्रीराम बोला, "ठीक है। लेकिन कुछ वक्त तो लगेगा ही।"

इंस्पेक्टर ने कहा, "भागने की कोशिश मत करना। नहीं तो हमारे पास हथियार हैं।"

श्रीराम दादी को देखने गया। वह बैठी थी और दो लोगों से बात कर रही थी। श्रीराम को देखते ही बोली, "अरे बेटा, तू कब आया? लोगों ने बताया कि तू यहीं है, लेकिन मूँछें उग आई हैं। लेकिन यह तूने क्यों किया, बेटा? इन्हें निकाल, इनके साथ मेरे पास मत आना, और जो भी तू चाहे कर।"

"अच्छा, दादी," उसने सादगी से कहा। उसे अच्छा लग रहा था कि दादी पहले की तरह बात कर रही है। यह दादी ही थी, इसमें भी कोई सन्देह नहीं था। बिलकुल वही आवाज़ थी। दूसरी दुनिया से वह अपना वही व्यक्तित्व लेकर वापस आ गई थी। वहाँ की किसी भी चीज़ का उस पर ज़रा भी असर नहीं पड़ा था। वह खाट के सिरे पर बैठ गया और उसका हाथ अपने हाथों में लेकर थपथपाने लगा। दादी ने नज़रें गड़ाकर उसे देखा और बोली, "तू बहुत दुबला हो गया है, इसमें कोई शक नहीं है।" यह कहकर उसने अपना सिर हिलाया। "तू उन लोगों में कैसे शामिल हो गया, यह तो मुझे नहीं पता। मैंने तो तुझे भले आदमियों की तरह पाला था। तूने बी.ए.पास नहीं किया, तो यह मेरी गलती नहीं थी। इसके लिए कोई मुझे दोष नहीं दे सकता। लेकिन लोग तेरे बारे में जो बातें कहते हैं, क्या वे सही है?"

श्रीराम ने कुछ सोचकर जवाब दिया, "दूसरों की बातों पर कभी यकीन मत करना, दादी। तू तो जानती है कि लोग कितना झूठ बोलते हैं।"

यह सुनकर दादी का रूखा चेहरा हँसी से खिल उठा। "लोगों की जबान बड़ी काली होती है। जो भी तेरी बुराई करते हों, गलत सलाह देते हों, तुझे धोखा देते हो, उन सबका..."

यह सुनकर श्रीराम को शक हुआ कि अब वह भारती की चर्चा न करने लगे। इसलिए उसने उसके दिमाग को बदलने की कोशिश की, "दादी, ज़्यादा ज़ोर मत डालो। आराम से लेट जाओ।"

"क्यों लेट जाऊँ? मुझे हुआ क्या है? तुझे उस डॉक्टर पर यकीन है? ज़रा मेरे सामने तो आने दे। मैं उसे बताऊँगी कि वह क्या है। उसका बस चलता तो मुझे ज़िन्दा ही जलवा देता।" यह कहकर वह घुन्नाई और फिर हँसी। तभी उसे याद आया कि उसने श्रीराम को पथभ्रष्ट करने के लिए शाप दिया था। "जो भी तुझे मुझसे दूर करने के लिए ज़िम्मेदार हो, वह आदमी हो या औरत या कोई और, उसे सबसे बुरा घिनौना नरक प्राप्त हो।" इसे दुबारा उसके सामने दोहरा कर उसका मन हलका हो गया और चेहरे पर प्रसन्नता झलक आई। श्रीराम को याद आया कि पुलिस बाहर उसका इन्तज़ार कर रही है। वह बोला, "दादी, आराम कर, ज़्यादा बोलेगी तो थक जाएगी।"

इसी समय एक सिपाही दरवाज़े पर आया और भीतर झाँकने लगा। दादी ने बड़े अधिकार से उससे पूछा, "कौन हो तुम?" तो वह डरकर एकदम पीछे हट गया।

"कोई मुझसे मिलने आया है?," श्रीराम बोला।

वह इस तरह दादी की बाँह सहलाता रहा कि उसे झपकी आने लगी। फिर उसने उसे दूध पिलाया। वह बोली, "तू आ गया, मुझे अच्छा लगा। राजा बेटा है तू, किसी के बहकावे में मत आना। यहीं रहना, अब मुझे छोड़कर कहीं मत जाना।" श्रीराम ने उसे बिस्तर पर धीरे से लिटाया और वह एकदम सो गई। अब वह पुलिस अफसर के पास आया और बोला, "चलिए।" कन्नी जीप तक उसके साथ गया। श्रीराम ने उससे कहा, "जब तक मैं वापस न आ जाऊँ, दादी का ख्याल रखना। पता नहीं कब तक इनके साथ रहना पड़ेगा। मुझसे मिलते रहना और दादी का हालचाल बताना। मेरा ख्याल है, कलेक्टर जेल में मिलने की आज्ञा देगा। पता नहीं, तुम्हें दादी के लिए क्या-क्या करना पड़ेगा।" वह कुछ देर सिर झुकाए खड़ा रहा, फिर यह सोचकर कि इस समस्या का हल उसके पास नहीं है, जीप में जाकर बैठ गया।

कन्नी बोला, "फ़िक्र मत करना। वह हमारे लिए माँ की तरह हैं। हम उनका ध्यान रखेंगे।"

4

उसे सेंट्रल जेल में बन्दी बनाकर रखा गया। जेल में और भी कैदी थे और उसे सीमेंट के कड़े फ़र्श पर सोना पड़ता था। सवेरे पाँच बजे सबको जगा दिया जाता था—और यह उसे बहुत अखरता था। कभी वह कोई मीठा सपना देख रहा होता तो जगाये जाने पर जेल की कठोर दुनिया में अपने को पाकर उसे बड़ा बुरा लगता था। फिर इसके बाद टूटे-फूटे नल पर हाथ-मुँह धोने और टॉयलेट के लिए लाइन में खड़े होने से तो उसे ज़बरदस्त चिढ़ थी। वह कहता था कि वह सबसे बाद में जाने के लिए तैयार है, लेकिन यह भी सम्भव नहीं था क्योंकि वार्डर लोग डंडा लिए उन्हें धकेलते रहते थे।

श्रीराम ने एक दिन इस दुनिया के सर्वोच्च अधिकारी से, जो निरीक्षण करने जेल आए थे, इस सम्बन्ध में बात करने की कोशिश की। जेल के सुपरिंटेंडेन्ट बड़ी इज्ज़त के साथ उनके पीछे चल रहे थे और उनके पीछे अन्य अधिकारी थे। जेल के बीच वाले मैदान में, जिसके चारों ओर स्लेट के रंग की कई बैरकें फैली थीं, एक लाइन बनाकर सब कैदियों को खड़ा किया गया था, जिन पर अभिमान की तीखी नज़र डालते हुए वे आगे बढ़ रहे थे। कैदियों को एकदम सीधे और चुप खड़े रहने का आदेश था, उन्हें न हिलना-डुलना था और न एक शब्द बोलना था—सख्त हिदायत थी कि वे तभी मुँह खोलें, जब उनसे कुछ कहा जाए। लेकिन अफ़सर महोदय जब लाइन में खड़े श्रीराम के सामने से गुज़रने को हुए, वह अपने ऊपर काबू नहीं रख सका और एक कदम आगे बढ़कर कहने लगा, "मैं एक शिकायत और एक प्रार्थना करना चाहता हूँ, सर..." कि तुरन्त कुछ लोगों ने झपट कर उसे पकड़ लिया और सामने से हटा दिया। अफसर भी इस घटना की अनदेखी करते हुए आगे बढ़ गए। उनके चले जाने के बाद श्रीराम की सुपरिंटेंडेन्ट के सामने पेशी हुई। गार्ड ने उसकी बाँहें कसकर पकड़ लीं और सुपरिंटेंडेन्ट की मेज़ के सामने खड़ा कर दिया। सुपरिंटेंडेन्ट ने सिर उठाकर उसे घूरा और कहा, "तुमने जेल का अनुशासन भंग किया है, इसलिए तुम्हें सज़ा दी जाएगी।"

"किस बात की सज़ा?" श्रीराम ने प्रश्न किया।

घंटे भर पहले जो आदमी अपने अफ़सर के पीछे पालतू कुत्ते की तरह चल रहा था, उसने अब ज़मीन पर पैर पटककर कहा, "मैं तुम्हें इस तरह बात नहीं करने दूँगा, समझे?"

श्रीराम डर गया। वह सोचने लगा कि 'कहीं यह उसे लात न मारे; वह इस जगह का बादशाह है और चाहे तो जान से भी मार सकता है। लोग राजतंत्र खत्म करने की बात कर रहे हैं, लेकिन यहाँ तो पूर्ण राजतंत्र है। यह उसकी दुनिया है। यहाँ उसी का अधिकार चलता है और उसके खिलाफ़ कोई कुछ नहीं कह सकता;' इसलिए श्रीराम ने बड़ी दीनता से कहा, "जी, सर!" ज़िन्दगी में आजतक उसने इस तरह किसी से बात नहीं की थी।

सुपरिंटेंडेन्ट उसकी भरी हुई आवाज़ से खुश हुआ और नरम पड़ गया। उसने पूछा, "तुम लाइन से बाहर क्यों निकले? क्या कहना चाहते थे तुम?"

श्रीराम ने तय किया कि अपनी बात साफ़ कह दे। वह बोला, "मैं जानना चाहता था कि टायलेट अकेले जाने देने के लिए क्या कुछ किया जा सकता है।"

सुपरिंटेंडेन्ट ने भौंहें सिकोड़ीं और कहा, "तो तुम मेरी उपेक्षा करके मेरे अफसर से यह करवाना चाहते थे? क्यों?"

"सर, यह बात नहीं है। दरअसल मुझे यह सूझा ही नहीं!" श्रीराम बोला।

"तुमने पूरी बात न कहकर अच्छा ही किया। अगर तुम उनसे यह कहते, तो तुम्हें हथकड़ियाँ पड़ सकती थीं। याद रखना, जेल में हम अनुशासन के खिलाफ कोई बात बिलकुल बरदाश्त नहीं करते।"

"जी, सर," श्रीराम ने पहले से ज़्यादा दबी हुई आवाज़ में कहा।

सुपरिंटेंडेन्ट और भीं खुश दिखाई दिया। बोला, "अब तुम मुझसे जो चाहो, माँग सकते हो।"

श्रीराम समझ गया था कि "जी, सर" से यह आदमी खुश हो जाता है, इसलिए इसी का प्रयोग करना चाहिए।

सुपरिंटेंडेन्ट ने फिर पूछा, "आई.जी. साहब से तुम क्या माँगना चाहते थे?"

"मैं टायलेट की बात करना चाहता था, सर," उसने अपनी बात दोहराई, हालाँकि यह उसे अच्छा नहीं लग रहा था।

"अच्छा, यह बात है।" सुपरिंटेंडेन्ट बोला। "तो तुम्हारी प्रार्थना का उत्तर यह है।"

"क्या, सर?"

"कि जो सुविधा तुम्हें उपलब्ध है, उससे ज़्यादा और कुछ नहीं मिलेगा। समझे?"

"जी, सर," श्रीराम ने वही शब्द दोहराये, लेकिन पूछ भी लिया, "लेकिन क्यों, सर?"

गार्ड ने उसकी उद्दंडता पर बाँहों में चुटकी काटकर उसे सावधान करना चाहा, लेकिन सुपरिंटेंडेन्ट ने इस बार ध्यान नहीं दिया और कहा, "कोई और वक्त होता तो इसके लिए तुम्हें गोली मार दी जाती। तुम हमारे मेहमान नहीं, कैदी हो। और वह भी सामान्य कैदी नहीं, डिफेन्स ऑफ इंडिया ऐक्ट के तहत गिरफ्तार कैदी।"

"लेकिन मुझ पर कोई मुकदमा तो चला ही नहीं। मुझे कब तक यहाँ रहना होगा?"

"तुम्हारे जैसे मामलों में मुकदमा नहीं होता। सारी दुनिया जानती है कि तुम यहाँ क्यों हो।"

श्रीराम बोला, "लेकिन मैं तो अपने कर्तव्य का पालन कर रहा था।"

सुपरिंटेंडेन्ट ने मेज पर मुक्का मारकर कहा, "मैं नहीं चाहता कि तुम लोग यहाँ राजनीति की बातें करो।"

'राजनीति' शब्द श्रीराम की समझ में नहीं आया। लेकिन उसने पहले की ही तरह "जी, सर," कहा–और अफसर फिर उसके प्रति नरम पड़ गया।

उसने कहा, "तुम न तो गाँधी के आदमी हो और न औरों की तरह अपराधी। तुम इन दोनों से ज़्यादा खतरनाक हो।"

श्रीराम इस सम्बन्ध में क्या कह सकता था! 'गाँधी' नाम सुनकर उसे भारती की याद हो आई और उसे उसी के साथ जेल न जाने के लिए अफसोस होने लगा। तब शायद ये लोग उसे सम्मानित राजनीतिक कैदी के रूप में लेते और अच्छा व्यवहार करते। अब उसके मन में सवाल उठने लगे : 'भारती कहाँ है? कहीं इसी जेल में तो नहीं है? है तो आप मुझे उससे मिलने देंगे? क्या वह ठीक ठाक है?' लेकिन इन्हें पूछना सम्भव नहीं था; वह दीवार पर नज़र जमाये खड़ा रहा।

सुपरिंटेंडेन्ट बोला, "मुझे खुशी है कि तुम मेरे शब्दों पर ध्यान दे रहे हो। लेकिन एक बात मैं तुम्हें साफ़-साफ़ बता दूँ–यहाँ गड़बड़ी करना तुम्हारे लिए अच्छा नहीं होगा।" फिर अचानक उसने पूछा, "तुम सोच क्या रहे हो?"

"मैं यही सोच रहा था कि यहाँ और कितने दिन रहना पड़ेगा। कई महीने हो चुके हैं। मैं महीनों की गिनती भी भूल गया हूँ।"

"यहाँ किसी भी चीज़ की गिनती करना तुम्हारे लिए अच्छा नहीं होगा, यह कभी मत करना। जब तक हिज़ मेजेस्टी की इच्छा होगी, तुम्हें यहाँ रखा जाएगा। बस, यही बात है। हमें आदेश है कि कठोर कारावास की सज़ा पाये दूसरे कैदियों की ही तरह तुम्हें भी रखा जाए। बस, और कुछ नहीं। डिसमिस।"

गार्ड ने फौरन जूते खड़कारे, सेल्यूट मारा और श्रीराम को मोड़कर ले चले।

उसके पीछे से सुपरिंटेंडेन्ट ने कहा, "जब कोई ज़रूरत हो, मुझसे माँगना।"

"यस, सर!"

"ठीक है। डिसमिस!" यह सुनकर गार्ड तेज़ी से चल पड़ा।

दिन, सप्ताह और महीने एक समान गति से बीतते चले गए, कभी कुछ नया नहीं होता था। श्रीराम अब यहाँ आराम अनुभव करने लगा था, बहुत छोटी चीज़ें भी अब उसे अच्छी लगने लगी थीं, इन्हीं में वह उत्तेजना ढूँढ़ने लगा था। जब पत्थर तोड़ने उसे जेल के पीछे ले जाया जाता, तो इसका भी वह स्वागत करता क्योंकि यह भी एक तरह का परिवर्तन था : जो चट्टानें उसे तोड़नी होतीं वे गर्म होतीं, उन पर वह बैठ नहीं सकता था, सूरज से बदन तपने लगता, जिस हथौड़े से वह पत्थर तोड़ता, उससे खाल भी छिल जाती, लेकिन उसे यह भी अच्छा लगता क्योंकि इसके द्वारा वह जेल की चार दीवारी से बाहर पैर रख सकता था। उसके साथियों में सब तरह के, जेब कतरों से लेकर जघन्य हत्यारों तक, अपराधी होते। ये लोग ज़्यादातर यही बात करते कि कैद की मियाद खत्म होते समय वे क्या करेंगे। उनमें से कुछ तो यही मानते थे कि वे यहाँ आते रहेंगे और ज़िन्दगी यहीं गुज़ार देंगे। श्रीराम को इन लोगों के साथ वक्त बिताना बहुत अटपटा लगता और वे भी इस कोमल हृदय तथा मीठा बोलने वाले कैदी को देखकर आश्चर्य करते थे। उनकी समझ में नहीं आता था कि किसी दूसरे के कहने पर पटरी वगैरह तोड़कर यह पुलिस के अत्याचार क्यों सह रहा है; इन कामों से इसे खुद कोई फायदा होता, तो कुछ बात भी थी। श्रीराम को भी यह दृष्टिकोण काफ़ी आकर्षक लगा, उसने इस तरह कभी विचार ही नहीं किया था। उसकी राजनीति आत्मकेन्द्रित ही थी। उसे लगता था कि वह एक नए क़िस्म के मनुष्यों के साथ जीवन बिता रहा है। जिनकी बातचीत तो राक्षसों जैसी है, परन्तु जिनमें मानवता की भी कमी नहीं है—ये हमेशा चिन्तित रहते थे कि श्रीराम ढंग से खाये-पिये और अपनी सेहत पर ध्यान दे; उन्हें यह बुरा लगता था कि यहाँ का खाना उसे बिलकुल पसन्द नहीं आता—उबली हुई जुआर का बड़ा-सा लौंदा और उसके साथ बहुत पतली छाछ। छाछ भी कुछ दिन पहले ही खाने में शामिल की गई थी, क्योंकि इसके लिए लोगों ने जबरदस्त आन्दोलन किया था, अखबारों ने इसे सुर्खियों में छापा था और असेम्बली वगैरह में सवाल भी उठाये गए थे; लेकिन यह खानापूर्ति से ज़्यादा कुछ नहीं था और छाछ के नाम पर सफेद पानी ही दे दिया जाता था। इसे खाते हुए श्रीराम घर पर दादी द्वारा खिलाये जाने वाले स्वादिष्ट भोजनों की याद किया करता था; वह सोचता था कि आखिरी दिन भी दादी ने किसी के घर से आया बढ़िया भोजन ही उसे खिलाया था। शुद्ध घी के बनें चावलों की याद

करके उसे बड़ी कोफ़्त होती थी, उसे अपनी प्लेट की वह टनटन भी याद आती थी, जब चावल लेने के लिए वह उसे आगे दादी के सामने सरकाता था। उसके साथी उसकी इन बातों को सुनकर हँसते और दुःखी भी होते थे।

"तुम बादाम के हलवे के बारे में सोचते रहते हो?" हत्या के एक आरोपी ने उसे समझाया। दोपहर को खाना बँटने का इन्तज़ार करते हुए वे लाइन में एक साथ बैठे थे।

"जब कभी मैं यहाँ से छूटूँगा, सबसे पहले कोने वाली दुकान पर जाऊँगा और उससे सौ रुपए का बादाम का हलवा खरीदूँगा—कृष्ण विलास होटल तो छोटा-सा है लेकिन इसके खाने का जवाब नहीं है। यह प्लेटों में सर्व नहीं करता, साफ केले के पत्तों में खाना देता है। इडली तो ऐसी बनाता है कि...," श्रीराम समझ नहीं पा रहा था कि किस चीज़ से उसकी तुलना करे, तो उसके साथी ने चमेली, गुलाब की पंखुड़ियाँ, मक्खन जैसी कई चीज़ों के नाम सुझाये। श्रीराम ने बड़े उत्साह से कहा, "और इसके साथ चटनी वह मुफ़्त देता है—सारी दुनिया में ऐसी चटनी कहीं खाने को नहीं मिलेगी। तुम्हें इस कोने वाले होटल का पता तो होगा ही?"

"नहीं," उसके साथी ने सिर हिला दिया। "मैं तो बेलारी का हूँ, मुझे यहाँ का कुछ पता नहीं है।"

अब वार्डर भी इस चर्चा में शामिल हो गया। बोला, "मैं जानता हूँ, अच्छा होटल है। लेकिन मैं यहाँ कभी-कभार ही जा पाता हूँ, यहाँ से ही छुट्टी नहीं मिलती।"

"तुम भी हमारे जैसे कैदी हो," एक कैदी ने मज़ाक किया और सब लोग यह सुनकर हँस पड़े।

खाने का वक्त ही सबसे खुशनुमा होता था। श्रीराम के दूसरे पड़ोसी ने, जो माना हुआ जालसाज़ था, उसके कानों में फुसफुसाकर कहा, "किसी को बताना मत। अगले हफ्ते मेरे यहाँ से खाने-पीने की कुछ अच्छी चीज़ें आ रही है। तुम्हें भी दूँगा।"

"क्या-क्या आ रहा है?" श्रीराम अपनी उत्सुकता दबा न सका और पूछने लगा।

"वड़े आयेंगे और बढ़िया चिकेन पुलाव भी आएगा।"

चिकेन का नाम सुनते ही श्रीराम का मुँह बिगड़ गया। "चिकेन! चिकेन! और कुछ नहीं, मैं तो इसे बरदाश्त ही नहीं कर सकता।" उसका चेहरा नफ़रत से टेढ़ा होने लगा। ज़ोर से बोला, "मैं ऐसी चीज़ें नहीं खाता। मैं तो केक भी नहीं खाता क्योंकि उसमें अंडे पड़े होते हैं।"

जालसाज़ को यह बात बड़ी मज़ेदार लगी। वह हँस-हँसकर लोट पोट होने लगा, यहाँ तक कि वार्डर भी, जो अब तक दोस्ती दिखा रहा था, चिल्लाकर बोला, "बन्द करो यह सब तुम अपने को समझते क्या हो?"

टॉवर के नीचे हलकी छाया पसरी थी। थोड़ी गर्मी थी और लोग अलसा उठे थे। सुपरिंटेंडेन्ट अपने क्वार्टर में आराम से लेटा खर्राटे भर रहा होगा; किसी भी बात पर आपत्ति करने वाला इस वक्त कोई नहीं था और यही थोड़ा-सा वक्त ऐसा होता था जब जेल थोड़ी देर के लिए जेल न रहकर सामान्य मनुष्यों का निवास-स्थान बन जाती थी। वार्डर भी मित्रता और नरमी से पेश आते थे और मानवीय धरातल पर बातचीत होने लगती थी। यह ऐसा समय होता था जब जेल की कठोरताओं को बनाये रखना संभव ही नहीं था—यह कुछ-कुछ एलबर्ट मिशन के स्कूल इन्टरवल जैसा हो जाता था, जहाँ श्रीराम बचपन में पढ़ता था।

जालसाज़ ने वार्डर से मिन्नत की : ''मेहरबानी करके इस वक्त हमें परेशान मत करो। दिन भर की मेहनत के बाद आदमी को कुछ आराम की ज़रूरत होती है। मेहरबानी करके कुछ देर के लिए हमें अकेले छोड़ दो।'' इसके बाद वह श्रीराम की तरफ़ मुड़कर कहने लगा : ''पुलाव शुद्ध घी का बना होगा और उसमें जावित्री और जायफल जैसे मसाले पड़े होंगे। यह इतना बढ़िया होगा कि एक निवाला हाथ में लेते ही घी उँगलियों से चूने लगेगा। इसके लिए ना मत करना। ज़रूर खाना। इससे तुम्हारी सेहत में भी सुधार होगा। एक-दफ़ा चख लोगे तो रोज़ माँग करोगे। और यही इसकी बुराई है, रोज़-रोज़ तो लाया नहीं जा सकता। बस, कभी-कभी ही हम जो चाहे मँगा सकते हैं। हमारे यहाँ के दोस्त इसके लिए एतराज़ नहीं करते। उन्हें उनका हिस्सा मिल जाता है।''

तभी घंटा बजा। वार्डर उठकर खड़ा हो गया, और बोला, ''काम पर चलो'', और वह सबको जेल के पीछे चट्टान तोड़ने वापस ले गया।

रात के समय श्रीराम अपने सेल में वापस आया, जहाँ और भी लोग थे। अपने सीमेंट से बने चबूतरों पर लेटने से पहले वे अपने कंबल लपेटकर बैठ गए और बातें करने लगे। बाहर खड़े सन्तरी ने आवाज़ लगाई, ''चुप रहो।'' एक आदमी, जिसने घरों में घुसकर चोरियाँ की थीं और हत्या भी की थी, कहने लगा कि मैं भगवान का नाम लेता हूँ, सब लोग मेरा साथ दो।'' उसने 'राम राम, सीताराम' गाना शुरू कर दिया और लोग भी उसके साथ गाने लगे। फिर उसने दार्शनिक अन्दाज़ में कहना शुरू किया : ''तुम्हें जानना चाहिए कि सत्य क्या है और मिथ्या क्या है। हम जिस संसार में रहते हैं, उसका स्वभाव क्या है? तुम्हें हमेशा भगवान का नाम लेना चाहिए।'' फिर उसने एक प्रार्थना गानी शुरू की। सब उसके साथ गाने लगे। अगर कोई चुप हो जाता तो वह अँधेरे में चीखता, ''मेरे साथ यह शैतान की औलाद कौन है? मैं इसे बाहर निकाल दूँगा।''

श्रीराम उससे पूछ बैठा, ''तुम इतने धार्मिक हो तो बाहर क्यों नहीं रहे, वहाँ अपने चेले बनाते।''

वह बोला, "पुलिस की वजह से—वह यह सब करने ही नहीं देती।"

किसी और ने इसका समर्थन किया, "पुलिस न होती तो हम सब खुश रहते।"

इसके बाद सब फिर गाने लगे। सन्तरी आया और भीतर झाँकने लगा। उसे देखकर सब बड़े ज़ोर से हँसे। वह कुछ गुनगुनाया और वापस चला गया। नेता ने अँधेरे में ही कहा, "मैं किसी से नहीं डरता। जेलर से भी नहीं।"

एक आदमी ने प्रशंसा से उसकी तरफ देखा और कहा, "क्योंकि आप बड़े अनुभवी हैं।"

"मैं उस फाँसी के फन्दे में बहुत पहले लटक चुका होता, लेकिन जज समझ गया कि मैं उसे मारने के लिए आगे नहीं बढ़ा था, मैं तो उस अभागे मूरख की हड्डियाँ ही तोड़ना चाहता था।"

"कौन था वह अभागा मूर्ख?" श्रीराम अपनी उत्सुकता दबा न पाने के कारण पूछ बैठा। यहाँ इकट्ठे सब लोग एक दूसरी ही नस्ल के आदमी थे; हो सकता है, इनके बीच ही उसे सारी ज़िन्दगी बितानी पड़े।

उसने जवाब दिया, "मैं चाहता था कि वह मुझे चाभी दे दे, जो और सभी करते थे, लेकिन अचानक वह खिड़की की तरफ भागा और पुलिस के लिए आवाज़ मारने लगा, फिर जब मैं भागा तो मेरे ऊपर कूद पड़ा और मुझे जमीन पर गिरा दिया। फिर मैं क्या करता? कुछ तो करना ही था। पहले मैंने सोचा कि उसके पैर तोड़ दूँ—लेकिन उसने मुझे धक्का दिया और मैं कामयाब नहीं हुआ। ये लोग हमें बुरे काम करने के लिए बाध्य कर देते हैं।" वह कुछ देर सोचता रहा, फिर लम्बी साँस लेकर बोला, "लेकिन अब इस पर सोच-विचार करने से कोई फायदा नहीं है। लेकिन मेजिस्ट्रेट ने सचाई समझ ली—और जब मैं जेल से बाहर निकलूँगा, उसके लिए कुछ फल-वल, सन्तरे, केले वगैरह ज़रूर ले जाऊँगा। अच्छा, अब और समय बर्बाद न करें।" यह कहकर उसने फिर कीर्तन करना शुरू कर दिया। श्रीराम ने सोचा कि इन्हें राजनीति, महात्मा जी, अहिंसा और अंग्रेज़ी राज के बारे में कुछ बताया जाए। उसने बोलना शुरू किया ही था कि इस आदमी ने बीच में ही टोक दिया, "किसका राज है, इससे हमें क्या मतलब? हम उस दुनिया के लोग नहीं हैं। मैंने जेल में बहुत से गाँधी वालों को देखा है, वे अपने को सरकार का सम्मानित मेहमान समझते हैं। अगर तुम समझदार होते तो इसका मज़ा उठा सकते थे। वे तुम्हें रखने के लिए बंगला देते, जहाँ नौकर तुम्हारा खाना पकाता, खर्च करने के लिए अलग से पैसा देते, पढ़ने के लिए किताबें और अखबार और पीने के लिए शर्बत।"

यह सुनकर श्रीराम का खून खौल उठा। "तुम उन लोगों के बारे में ऐसी बातें क्यों कहते हो जो देश के लिए लड़ रहे हैं? तुम्हारा यह सोचना गलत है, एकदम गलत।" उसका मन हुआ कि उठकर उसे मारे, लेकिन उसे याद आया कि इस तरह

के व्यवहार को भारती महात्मा जी की अहिंसा के प्रति विश्वासघात मानेगी, तो उसने यह विचार त्याग दिया। उसे शायद यह कहना चाहिए था, 'मैं आपका चेहरा नहीं देखना चाहता। आप यहाँ से चले जाएं।' इसलिए उसने धीरे से बुदबुदा कर कहा, "देशभक्तों के बारे में ऐसी बातें मत करो।"

वह गुर्राया, "मुझसे इस भाषा में बात करने वाले तुम कौन होते हो?"

ज़रा देर के लिए सब चुप हो गए। बगल में बैठे जालसाज़ ने उसे कोहनी मारी, "कह दो, मुझे माफ़ करो। उकसाओ मत। बहुत तगड़ा है।"

सैल की दूसरी तरफ़ से वह आदमी भारी कदम रखता उसके ऊपर आ खड़ा हुआ। गुर्राकर कहने लगा, "मैं कहना चाहता हूँ कि तुम्हारे राजनैतिक क़ैदी सच्चे क़ैदी नहीं हैं। समझे? मैं दस जेलों में रह चुका हूँ। बहुतों को देख लिया। साले समझते हैं कि ससुराल में दिवाली मनाने आए हैं। मैं क्या कह रहा हूँ, अच्छी तरह जानता हूँ। मुझे यह पसन्द नहीं कि तुम मेरी बात को काटो। समझ गए न?"

श्रीराम बोला, "मैं तुम से सहमत नहीं हो सकता। ये सब महान देशभक्त हैं। इन्होंने देश के लिए बहुत कष्ट सहे हैं।"

"मेरी बात का विरोध करोगे तो मैं तुम्हारे दाँत तोड़ दूँगा। समझ गए न?"

"मैं जो ठीक समझता हूँ, कहूँगा," श्रीराम ने सख्ती से कहा, "अंग्रेज़ सरकार भी मुझसे वह नहीं करा पाई, जो वह चाहती थी।"

उसने खिल्ली उड़ाते हुए कहा, "लिखने-पढ़ने का यही नतीजा होता है। मैं तुम्हें बताऊँ, तुम लोग किसी की आज्ञा नहीं मानना चाहते। किसी को स्कूल नहीं जाना चाहिए। वहाँ ज़बान चलाना सीख जाते हैं।"

श्रीराम ने आगे बढ़कर कहा, "अगर मैं बाहर होता तो तुम्हें महात्मा जी के सामने झुकना सिखाता। तुम अपने गुनाह भी कबूल करते।"

महात्मा जी का नाम सुनकर उसने अपने हाथ जोड़े और कहा, "उनका नाम बीच में मत घसीटो, वे तो सन्त आदमी हैं।"

"वे भी जेल में बन्द हैं, पता है तुम्हें?" श्रीराम ने पूछा।

"हो सकता है, लेकिन इससे तुम्हारा क्या वास्ता? तुम्हारा ख्याल है कि जेल आकर तुम भी महात्मा जी बन गए हो?"

"अपने बिस्तर पर जाओ, भले आदमी," श्रीराम ने जैसे हुक्म दिया। "तुम्हें पता नहीं कि तुम क्या बोल रहे हो!"

"तुम अपने को महात्मा जी का शिष्य बताते हो लेकिन इसका कोई फायदा तुम्हें नहीं हुआ। हमारे बीच तुम्हें दखल देने की ज़रूरत क्या है?"

श्रीराम ने चिढ़कर कहा, "अब तुम जाकर सो जाओ। मैं तुमसे बात नहीं करता।"

गुंडे ने श्रीराम को मारने के लिए हाथ चलाया। अँधेरे में श्रीराम को हवा की सरसरी महसूस हुई और उसने अपना सिर झटक कर दूसरी तरफ कर लिया। फिर वह आदमी सोने चला गया। जब वह लेट गया और लम्बी साँस ली, तब श्रीराम को चैन महसूस हुआ। फिर वह धीरे-धीरे कुछ गाने लगा। सन्तरी ने बाहर से आवाज़ लगाई, "अब बातचीत बन्द। सब चुप हो जाओ।"

दिन के समय उसे जो तरह-तरह के काम करने पड़ते और जेल जगत के गिरे-पड़े लोगों से उसका जो साबका पड़ता, इन सबसे उसका दिमाग़ ज़्यादा उदासी से मुक्त रहता था। लेकिन रात को जब सैल का आखिरी कैदी सो जाता और खुर्राटे भरने लगता, तब अकेलापन उसके ऊपर फिर हावी हो जाता और वह आत्मनिरीक्षण का शिकार हो जाता। भारती से मिलने की उसकी इच्छा जाग्रत हो जाती। कहाँ होगी वह? मृत? किसी से विवाहित? या जेल में फाँसी...? जानने का कोई उपाय नहीं था। उसे आश्चर्य होता कि मनुष्य कितना अकेला है—एक ही पृथ्वी पर रहनेवाले लोग एक-दूसरे से अलग हैं। सरकारें और उनकी सहयोगी पुलिस लोगों को दंडित करने के लिए कितनी तरह के उपाय करते हैं। भारती ने गोरपद से शादी कर ली होगी और उत्तर भारत चली गई होगी। महीने और साल गुज़र गए उनको मिले हुए। वह समय का हिसाब ही भूल गया था। सिर्फ सुबह, दोपहर और शाम होती थी, इनके बीच खाना और सोना, रोज़मर्रा की वही-वही बातें और कभी-कभी कोई उत्तेजक लड़ाई-झगड़ा जैसा पिछली रात इस गुंडे ने किया था। वह सोचने लगा कि अगर वह कभी भारती के सामने पड़ जाए तो वह यह न पूछ ले, "कौन हो तुम?" यह विचार उसे बेहद आतंकित करने लगा कि उसका पतन होता जा रहा है। वह भारती के सामने जाने लायक ही नहीं है। उसका व्यक्तित्व मरने लगा था। देशभक्ति का उद्देश्य समाप्त हो गया था। वह सोचने लगा कि उसने ऐसा क्या किया है जिससे उसे राजनैतिक बन्दी कहा जाए। जगदीश न होता तो उसके कारण उसने जो कुछ किया, वह भी न किया होता। जगदीश न होता तो वह उस टूटे-फूटे खंडहर में तब तक पड़ा रहता, जब तक पुलिस उसका नाम भी न भूल जाती। तब शायद वह भारती के साथ जुड़ने योग्य बना रहता।

भारती के विचार ने उसके मन में एक बेचैनी पैदा कर दी—वह गहराई से यह चाहने लगा कि भारती इतनी आदर्शवादी और व्यवहार में कठोर न होती। वह जो भी सोचती, कहती या अपेक्षा करती, उस पर आचरण कर पाना बहुत कठिन होता था। अब प्रत्येक दृष्टि से वह इन सबके पीछे पड़ चुका था; अब वह जालसाज़ और हत्यारों का एक साथी था; इन्हीं की दुनिया उसकी भी दुनिया थी। लोग उसे

इन सबसे अलग क्यों समझेंगे? यहाँ वह जितने ज़्यादा दिन रहेगा, भारती से उतना ही दूर हटता चला जाएगा। इसलिए यह ज़रूरी था कि यहाँ से वह दूर हो जाए। लेकिन कैसे? उसे किताबों में पढ़ी वे सब कहानियाँ याद आने लगीं जिनमें लोग बाहर से छिपाकर मँगवाये गए छोटे-छोटे औज़ारों के सहारे जेल तोड़कर फ़रार हो जाते हैं। जितना ही वह यह सब सोचता, उतना ही दुखी होता जाता। वह इतना निरुपाय था कि कुछ भी नहीं कर सकता था। वह एकदम गुम हो गया। उसने सपना देखा कि जेल से भागने की कोशिश करते हुए वह पकड़ा गया है और बाहर ले जाकर उसे गोली मार दी गई है—और गोली मारने वालों की मुखिया भारती है। एकदम उसकी नींद खुल गई, शरीर पसीने से तर हो गया और जब उसे महसूस हुआ कि वह जेल की कोठरी में सही-सलामत है, तब जाकर उसे चैन आया। भारती सपनों में भी उसे क्यों परेशान करती है? दूसरी प्रेमिकाओं की तरह वह ढाढस बँधाने और मदद करने क्यों नहीं आती?

फंड ऑफिस का मैनेजर विशेष रूप से आज्ञा लेकर जेल में उससे मिलने आया।

वह बुनाई के कमरे में काम कर रहा था, तब उसे यह समाचार मिला। एक वार्डर ने आकर कहा, ''आज तुमसे मिलने कोई आ रहा है। तीन से चार बजे के बीच तैयार रहना।''

श्रीराम उत्तेजित हो उठा। 'कौन आ रहा है?' 'पुरुष है या स्त्री?' उसे आशा जगी कि यह भारती हो सकती है। क्या यह सम्भव है? वह उससे क्या कहेगा? क्या बातें करेगा? इतने समय में सब बातें क्या पूरी हो सकेंगी? मिलने पर शायद वह उसकी आलोचना करे? न मिलना ही सही रहेगा। क्या वह यह सन्देश भेज सकता है कि वह किसी से मिलना नहीं चाहता? क्षणभर में ये सब बातें उसके दिमाग़ से गुज़र गईं। उसने पूछा, ''किस तरह का आदमी है?''

वार्डर ने जवाब दिया, ''खुद देख लेना। चीफ़ साहब के कमरे में मिलाई है। ज़्यादा सवाल पूछोगे तो मिलने का वक्त कम हो जाएगा।''

वह चुपचाप वार्डर के साथ चल पड़ा। साथियों ने बुदबुदाया, ''सास आई होगी मिठाइयाँ लेकर।''

चीफ़ साहब के दफ्तर के सामने पहुँचते ही वार्डर ने ऊपर से नीचे तक उस पर नज़र डाली, कपड़े ठीक किए, उन पर पड़ी हुई धूल साफ़ की और कहा, ''साहब के सामने कैसे व्यवहार करना है, इसे याद रखना। कुछ गड़बड़ करोगे तो वह कोड़े लगवा देगा।''

श्रीराम बोला, ''कोड़े खाना मुझे पसन्द नहीं है।'' तो उसने तेज़ी से डाँटा, ''जवाब मत दो। जो कहा जाए, करते रहो।''

जब श्रीराम ने बाकायदा वार्डर से माफी माँग ली, उसके बाद ही उसने उसे भीतर धकेला। उसने देखा, फंड ऑफिस का मैनेजर उसका इन्तज़ार कर रहा है। वातावरण से दबा हुआ वह चुपचाप सामने रखे स्टूल पर पैर नीचे लटकाकर बैठा था—इन्हें एक-दूसरे से जोड़ा भी नहीं, कहीं डाँट न पड़ जाए।

साहब ने सिर उठाकर एक क्षण के लिए उसे देखा और कहा, "कैदी, आज तुम्हें किसी से मिलने की विशेष आज्ञा दी गई है।"

फंड ऑफिस मैनेजर के सामने जेल के कपड़े पहने श्रीराम को बहुत शर्म आ रही थी। उसने मैनेजर पर सपाट नज़र डाली, मैनेजर ने भी उसे देखा। साहब अपने कागज़ देखने में मशगूल था।

"बात करो," उसने हुक्म दिया। "मैं इसके लिए चार बजे से ज़्यादा का वक्त नहीं दूँगा। तुम्हें जो भी बात करनी है, करो, वक्त बरबाद मत करो।"

श्रीराम को बेचैनी हो रही थी। उसका ख्याल था कि मैनेजर बात शुरू करेगा, लेकिन उसकी ज़बान पर तो ताला पड़ गया था।

साहब ने वातावरण को सहज बनाने के लिए कागज़ देखना बन्द कर दिया और कहा, "गार्ड, बाहर चले जाओ।"

दो गार्ड जो श्रीराम के साथ आए थे, उन्होंने एड़ियाँ ठोंकी, सेल्यूट किया और बाहर चले गए। इससे वातावरण कुछ हलका तो हुआ लेकिन बात शुरू न हो सकी, दोनों एक-दूसरे को घूरते ही रहे। फंड ऑफिस मैनेजर तो श्रीराम का नक्शा देखकर ही भौंचक्का रह गया था—उसे विश्वास ही नहीं हो रहा था कि यह दुबला-पतला, कटे हुए बालों वाला, जेल की धारीदार कमीज़ पहने हुए लड़का सचमुच श्रीराम ही है। श्रीराम भी समझ गया कि मैनेजर क्या सोच रहा है, और उसने खुद अपने से यह सवाल पूछा कि 'जब यह मैनेजर भी उसे पहचान नहीं पा रहा है, तो भारती उसे देखकर क्या कहेगी? शायद वह यह कहे, 'दूर हो जाओ, गुंडे-बदमाश! तुम अपने को समझते क्या हो?'

साहब ने अपनी घड़ी देखकर फिर कहा, "राजनीति और प्रतिबंधित विषयों के अलावा तुम लोग कुछ भी बात कर सकते हो।"

श्रीराम अचानक बोल पड़ा? "मैनेजर साहब, सब लोग कैसे हैं?"

"बिलकुल ठीक, बिलकुल ठीक," उसने पैर हिलाते हुए जवाब दिया।

"दादी कैसी है? श्रीराम ने फिर पूछा।

"इसी वजह से मैं यहाँ आया हूँ," मैनेजर ने जवाब दिया। "आज उनका एक सन्देश आया है।"

"सन्देश! कहाँ से?"

"तुम्हें पता नहीं? वे तो बनारस में हैं।"

"वहाँ कब गईं?"

"तुम्हें यह कहानी पता नहीं? जब श्मशान में वह फिर से ज़िन्दा हो उठी तो कुछ पुराने लोगों ने कहा कि अब वे शहर वापस नहीं आ सकती क्योंकि यह अशुभ है और इससे शहर तबाह हो जाएगा। दादी ने उनकी बात मान ली और कुछ दिन चुंगी वाले घर में रही, फिर कहने लगी कि मुझे बनारस भेज दो। हम उन्हें तालपुर रेलगाड़ी में बिठा आए।"

"लेकिन बनारस में वह कर क्या रही हैं?"

"वहाँ और लोग भी उनके साथ हैं–ऐसे लोग जो बुढ़ापे के आखिरी साल वहाँ बिताते हैं। वे बड़ी खुशी से मौत का इन्तजार करते हैं, कि कब उनका अन्तिम संस्कार करके उनकी भस्म पवित्र गंगा में बहा दी जाए।"

"मेरे बारे में कुछ पूछा दादी ने?"

"हाँ, वह इतनी...," मैनेजर ने कहना शुरू ही किया था कि साहब ने बिना सिर ऊपर उठाये, कहा, "इसकी इजाज़त नहीं है। कुछ और बात करो।"

श्रीराम ने दीनता से उसकी तरफ देखा, फिर बोला, "फिर क्या हुआ?"

"बनारस में वह बहुत अच्छी तरह से हैं। एक पूरी सड़क है जहाँ ऐसे ही लोग रहते हैं और पवित्र गंगा माता के साथ अपने आखिरी दिन बिताते हैं। कुछ लोग सालों से वहाँ हैं। शास्त्रों में भी यही लिखा है। इससे अच्छा जीवन का अन्त और नहीं माना जाता।"

फंड ऑफिस मैनेजर इस विधान से इतना प्रभावित लगा कि देर तक उसकी अच्छाई बताता रहा। श्रीराम उससे ही पूछ बैठा, "आप भी वहाँ रहने जाएंगे?"

"हाँ, समय आने पर। ईश्वर की इच्छा हुई तो। तुम्हारी दादी जैसा हर कोई भाग्यवान नहीं होता।" यह कहकर वह कुछ सोचने लगा, पैर भी हिलाता रहा। वह आदर दिखाने के लिए अपने चप्पल दफ्तर के बाहर ही उतार आया था, तो श्रीराम ने देखा कि उसके पैर धूल-मिट्टी से कितने गन्दे और काले हो रहे हैं। जब वह इस दुनिया में वापस आया तो बोला, "उन्होंने घर के किराये की बाबत कुछ निर्देश दिया है। वह चाहती है कि यह पैसा उसे ही भेजा जाता रहे।"

"तो घर में कोई और रह रहा है?"

"हाँ, हाँ। तुम्हें पता नहीं?"

श्रीराम दुनिया की हर चीज़ से एकदम अलग हो गया था, उसे कुछ पता नहीं था कि कहाँ क्या हो रहा है। मैनेजर ने बताया, "उनकी इच्छा थी कि मकान को किराये पर उठा दिया जाए, तो हमने एक आदमी ढूँढ़ लिया जो चालीस रुपए महीना देता है। यह पैसा उन्हीं के खाते में जमा हो जाता है।"

श्रीराम को यह सुनकर धक्का-सा लगा कि उसके पुराने मकान में कोई और रहने लगा है और वही उसके दरवाज़े खोलता और बन्द करता है।

"ये लोग कौन हैं?"

"कोई सूत का व्यापारी है।"

"सूत का व्यापारी! मैंने कभी नहीं सोचा था कि हमें अपना मकान किसी सूत के व्यापारी को दे देना पड़ेगा," उसने नफ़रत से कहा।

"मकान दिया नहीं है। महीने भर के नोटिस पर वे खाली कर देंगे।"

लेकिन यह खबर उसे परेशान कर गई। वह सोचने लगा, 'तो फिर हम कहाँ रहेंगे?...जब मैं भारती से शादी कर लूँगा, तब वह कहाँ रहेगी?'

हालाँकि वह इस पुराने घर में सालों से नहीं रहा था, लेकिन उसे विश्वास था कि जब तक दादी यहाँ रहेगी, यह ठीक-ठाक रहेगा और जब चाहे वह यहाँ रहने जा सकेगा। उसे इस पीतल से मढ़े पतले खम्भों वाले घर के प्रति, जहाँ गटर के ऊपर आराम करने का चबूतरा बना था और जिसके पीछे नारियल के पेड़ खड़े थे, बड़ा प्यार आने लगा।

मैनेजर ने कहा, "खास बात यही है। वह चाहती है कि तुम्हें यह बता दिया जाए और अगर तुम इसका उपयोग न करना चाहो—मैंने बताया न कि यह पैसा जमा हो रहा है और रकम काफी हो गई है—तो यह मुझे भेज दिया जाए। लगता है, जितना पैसा वह साथ ले गई थी, वह खर्च हो चुका है। मेरा ख्याल है, तुम्हें यह मंजूर होगा।"

"हाँ, हाँ, क्यों नहीं?"

"मैं सिर्फ उनकी इच्छा का पालन कर रहा हूँ। उन्होंने कहा है कि तुमसे बात कर ली जाए।"

"दादी जो भी चाहती है, आप करते रहिए। अगर ज़्यादा पैसे की जरूरत हो तो मेरे खाते से निकाल लें। मुझे अफसोस है, दादी के लिए मैं कुछ नहीं कर पा रहा। उसने मेरे लिए कितना किया है! वो कैसी हैं? अकेलापन महसूस करती हैं?"

"अरे नहीं। आज बनारस से एक मित्र आए हैं। वह स्वस्थ हैं, रोज़ तीन दफ़ा गंगा स्नान करती हैं, मन्दिर में पूजा करती हैं, अपना खाना खुद बनाती हैं और साथी भी अच्छे हैं। बड़ी पवित्र ज़िन्दगी जी रही हैं। यह मित्र ही उनका पत्र लाया है।"

श्रीराम के दिमाग़ में घर की तस्वीर फिर घूम गई और वह उदास हो गया। "ये लोग दीवारों पर कीलें गाढ़-गाढ़कर खराब कर देंगे। और मेरी किताबों और दूसरी चीज़ों का क्या हुआ?" इसके बाद वह अपनी चीज़ों के नाम गिनाने लगा। मैनेजर ने धीरज बँधाते हुए कहा, "उनकी फिक्र मत करो। सब चीज़ें सम्भालकर रख दी गई हैं। तुम्हारे वाले आखिरी कमरे को हमने उसे नहीं दिया है।"

"और खबरें क्या हैं? लड़ाई कैसी चल रही है?"

"ये बातें नहीं करनी हैं," साहब ने फौरन कहा।

"और सब ठीक चल रहा है?"

मैनेजर कुछ कहने के लिए खड़ा हुआ लेकिन श्रीराम बीच में ही बोल पड़ा, "मुझे तो साल या महीने का भी अन्दाज नहीं रहा है।"

"ऐसी बातें नहीं', साहब बोल पड़ा। "राजनीति और लड़ाई, कुछ भी नहीं।"

रात के अँधेरे की शान्ति में श्रीराम अपने भाग निकलने की योजना पर विचार करने लगा। अपने दिमाग में उसने वे सब उपाय दोहरा डाले जो उसने उपन्यास-कहानियों में पढ़े या सुने थे। इस काम के लिए रेती और रस्सी की हमेशा ज़रूरत पड़ती थी। दीवारों पर चढ़ना और खिड़कियों से गुज़रना भी इसका एक ज़रूरी हिस्सा था। उसे मान्टेक्रिस्टो के कारनामे याद आने लगे—इनके सहारे वह अपनी योजना को शक्ल देने लगा। पुराने ज़माने के इन कैदियों के प्रति उसकी इज्ज़त बढ़ती गई और उनसे सहानुभूति भी होने लगी। उसने महसूस किया कि जेल में कैदी वही काम कर सकता है, जो जेलर को मंजूर हो। वार्डर लोग जी-जान से अपना कर्तव्य पूरा करने में लगे रहते हैं और उन्हें किसी भी तरह प्रभावित नहीं किया जा सकता। लेकिन फिर भी कैदी ज़रूरत के औज़ार किस तरह जेल में मँगवा लेते हैं? कल्पना में उसके हाथ ज़मीन खोंदने या चरखी घुमाने में लगे थे और दिमाग रेती ओर रस्सियों के सहारे दीवारों पर चढ़ने की मशक्कत कर रहा था—फिल्म वाले ऐसे दृश्यों को कितनी सफाई से दिखा देते हैं! यह सपना देखते-देखते वह इतना उत्तेजित हो उठा कि उसका अपने ऊपर काबू ही न रहा। सीमेंट की चारपाई पर लेटे-लेटे वह कल्पना में इतनी लम्बी रस्सी बुनने लगा जो छत के ऊपर तक पहुँचकर वहाँ बनी खिड़की खोल देगी, जिसके बाहर का खुला आसमान उसका स्वागत करेगा।

उसे सिर्फ इस बात से सुकून मिलता था, जो देखा जाए तो सही नहीं थी, कि उसी की तरह शायद भारती भी पुराने बूचड़खाने की जेल में सड़ रही होगी। वह उसे कष्ट पाते देखना चाहता था, यह सोचना तो गलत होगा, लेकिन कष्ट पाने का यह विचार दोनों के बीच एक समानता उत्पन्न करता था। अगर वह जेल से भाग निकलने में सफल हो गया, तो वह यह रस्सी भारती तक भी पहुँचा देगा, वह जहाँ भी हो, जिससे वह भी दीवार चढ़कर जेल से भाग आए और बाहर इन्तज़ार कर रहे अपने हीरों को गले लगा ले। लेकिन यह भी हो सकता है कि वह इस तरह धोखा देकर भाग निकलने से इनकार कर दे और तभी जेल से बाहर आए जब उसके फाटक अपने आप खुलें और बाहर लोग स्वागत के लिए तैयार खड़े हों। वह उसकी मेहनत की उपेक्षा कर सकती है। उसके व्यवहार के बारे में कुछ कहा नहीं जा सकता।

शायद इसके लिए वह बापूजी की अनुमति प्राप्त करना चाहे। लेकिन शायद बापूजी इस उपाय का समर्थन ही करें, यदि उन्हें विश्वास हो जाए कि श्रीराम के इस ढंग से जेलों में बन्द सारे कैदी बाहर निकाले जा सकते हैं, यानी इसका राष्ट्रीय महत्त्व है क्योंकि अंग्रेज़ यह महसूस कर सकते हैं कि उनकी जेलों में कैदी रखे ही नहीं जा सकते। इस स्थिति में वे निराश होकर यह निर्णय कर सकते हैं कि 'अब हम देश पर नियन्त्रण नहीं रख सकते, इसलिए हमें यहाँ से चले जाना चाहिए।

यह काफी बड़े पैमाने की कपोल-कल्पना थी, लेकिन इससे बचने का कोई उपाय नहीं था। इन परिस्थितियों में उसे इसी तरह के विचारों से सुकून मिलता था। इसमें राय-मशविरा करने और सहायता लेने के लिए उसने एक गुंडे से ही दोस्ती कर ली थी। एक शाम जब वह काफ़ी खुश नज़र आ रहा था, श्रीराम उसकी सीमेंट की चारपाई पर जा बैठा और कहने लगा, "हम सब इस नरक से भाग निकलने की कोशिश क्यों नहीं करते?"

गुंडे ने सहानुभूति दिखाते हुए अपना पसीने से चिपचिपाता हाथ श्रीराम के कन्धे पर रख दिया और बोला, "इस तरह के ख्याल यहाँ अक्सर आते हैं। लेकिन आजकल मैं इन पर ध्यान नहीं देता। अपना भजन करता रहता हूँ। जिससे मुझे सुकून मिलता है। तुम भी मेरे साथ भजन किया करो।"

"भजन की बात बाद में करेंगे। अभी तो निकला कैसे जाए, यह बात करो।"

"हाँ, कैसे निकला जाए?" गुंडे ने पूछा।

"इसमें तो तुम ही मदद कर सकते हो। बहुत अनुभवी हो तुम। तुम कभी जेल से नहीं भागे?"

"हाँ, दो दफ़ा, लेकिन इसीलिए अब सात साल की सज़ा काट रहा हूँ।"

"तुम्हें फिर पकड़ में नहीं आना चाहिए था।"

"ये चीज़ें हो जाती हैं, किसी के किए कुछ नहीं होता," उसने दार्शनिकता दिखाते हुए कहा।

लेकिन श्रीराम को भागने के तरीके में ही रुचि थी। उसने पूछा, "किस तरह भागे थे तुम?"

"बहुत आसान है यह," उसने ऊपर रोशनदान की तरफ़ देखते हुए कहा। सैल में हम छह लोग थे। कम्बलों को एक दूसरे से बाँध दिया, एक-दूसरे के कन्धे पर चढ़कर ऊपर गए, रस्सी बाँधी और बाहर निकल गए। ज़्यादा वक्त भी नहीं लगा। घंटे भर में हम चोलम के खेतों से गुज़र रहे थे। हम फिर पकड़े नहीं जाते, मगर हममें से ही एक ने रास्ते में एक घर का ताला तोड़ दिया, जिससे वह पकड़ा गया।"

"हम भी इसी तरह यहाँ से निकल सकते हैं?"

उसने कुछ देर सोचा, फिर बोला, "लेकिन मैं क्यों भागूँ? मुझे बाहर करने के लिए क्या है?"

"लेकिन मैं यहाँ से भागना चाहता हूँ। मुझे अब यह जगह बर्दाश्त नहीं होती," श्रीराम बोला।

उसने जवाब दिया, "अगर यह जगह तुम्हें पसन्द नहीं थी तो तुम्हें वे सब काम करने ही नहीं चाहिए थे। हाँ, और क्या! ...और अगर तुम भाग निकलने में सफल भी हो जाओ, तो भी कुछ फायदा नहीं होगा, तुम बहुत जल्द फिर पकड़ लिए जाओगे। कोई अपना चेहरा नहीं छिपा सकता।"

"मैं दाढ़ी उगा लूँगा।"

"वे दाढ़ी नोंचकर तुम्हारा असली चेहरा देख लेंगे। इस तरह तो तुम साधु लोगों का अपमान कर रहे हो, क्योंकि वे दाढ़ी रखते हैं।"

"मैं वादा करता हूँ कि पुलिस से बचकर रह सकूँगा।"

उसने सिर हिलाया। "अगर बाहर भी इस तरह छिप कर रहना है तो यहाँ से निकलने की ज़रूरत ही क्या है?" अब उसे इस तरह श्रीराम को तंग करने में मज़ा आ रहा था और एक तरह से वह कैदी जीवन की बुराई करने वालों की भी भर्त्सना कर रहा था।

अन्त में श्रीराम ने अपना आखिरी पाँसा फेंका, "मैं इसलिए भागना चाहता हूँ क्योंकि एक लड़की शादी के लिए मेरा इन्तज़ार कर रही है।"

"कहाँ है वह?" गुंडे ने चमककर पूछा।

श्रीराम जवाब नहीं देना चाहता था, लेकिन उसके मुँह से निकल गया, "वह भी जेल में है।"

"अच्छा! वाह!" गुंडे को यह सुनकर बहुत मज़ा आया। "तो तुम यह कहना चाहते हो कि उसकी जेल में जा पहुँचो और जेलर से कहो कि हमारी शादी करा दे?"

श्रीराम को बहुत गुस्सा आया और वह सोचने लगा कि इस रद्दी आदमी से भारती की बात करके उसने बड़ी गलती की है। पता नहीं, अब यह क्या-क्या बकवास करेगा। इसलिए वह चुप हो गया, मुँह खोलने से उसे डर लग रहा था। गुंडे ने कहा, "अगर वह भी तुम्हारी ही तरह जेल आती-जाती है, तो मेरी बात सुनो। उसे अकेला छोड़ दो। जेल में रहकर बच्चे नहीं पाले जा सकते। घर पर रहने वाला भी कोई होना चाहिए। मियाँ और बीवी दोनों जेल जाते हों तो यह सब करना गलत है।"

"तुम कैसे निभाते हो?" श्रीराम पूछ बैठा।

"मेरी तीन बीवियाँ हैं, वे घर पर रहती हैं। अगर वे कुछ और करेंगी तो मैं उन्हें सबक सिखाने को तैयार रहता हूँ। यही सही ढंग है। और तुम यहाँ हमेशा

तो रहोगे नहीं, जब भी छूटो, किसी सही लड़की से शादी कर लेना। यह जेल की चिड़िया तुम्हारे लिए ठीक नहीं है।''

''वह चोर-डाकू नहीं है, वह तो महात्मा जी के आदेश पर जेल गई है।''

''अच्छा!'' उसने मुँह टेढ़ा करके कहा। ''इतने बड़े आदमी का नाम इस में क्यों घसीटते हो?''

श्रीराम परेशान हो गया। वह आदमी भारती के लिए गलत बातें सोचता ही लगता था। श्रीराम अचानक उठकर खड़ा हो गया और यह कहते हुए अपने बिस्तर की तरफ़ बढ़ा, ''अब जाओ, सो जाओ। और बातें नहीं करेंगे।''

''तुम्हें डर लगा न कि मैं साहब से यह सब कह दूँगा? है न?'' गुंडे ने दाँत निकालकर कहा। ''ज़रूर कह दूँगा...नहीं तो मेरे साथ ज़ोर-ज़ोर से भजन गाओ।''

''मैं किसी से नहीं डरता,'' श्रीराम ने दबंग स्वर से कहा।

''देख लेना। वह तुम्हें काल कोठरी में बन्द कर देंगे, जहाँ दीवारों के अलावा बात करने के लिए कोई नहीं होगा,'' उसने तीखा जवाब दिया। श्रीराम को नरक भेजने की बात भी कही।

श्रीराम क्षण भर चुप रहा, फिर बोला, ''मैंने तो तुम्हारा कुछ बुरा नहीं किया। तुम मुझसे नफ़रत क्यों करते हो?''

उसने आँखें मींचकर जवाब दिया, ''जो लोग भगवान में विश्वास नहीं करते, उनसे मुझे सहानुभूति नहीं होती। जो लोग भगवान की बुराई करते हैं, मुझे पसन्द नहीं हैं।''

''लेकिन मैंने तो भगवान के खिलाफ़ कुछ भी नहीं कहा,'' श्रीराम बोला। उसे आश्चर्य हो रहा था कि भगवान इसमें कहाँ से आ गया। ''कुछ कहा हो तो बताओ?''

''नहीं बताऊँगा', उसने जवाब दिया। ''अगर तुम भगवान की इज्ज़त नहीं करोगे, तो जेल में कोड़े से पीटे जाओगे। याद रखना। यह मेरा अनुभव है। अनुभवी आदमी की बात तुम्हें सुननी चाहिए। बस, और क्या!''

''मुझे किसी की सलाह की ज़रूरत नहीं है,'' श्रीराम ने उद्दंडता से कहा।

जालसाज़ ने सोते हुए करवट ली और कहा, ''तुम लोगों को सोना नहीं है, या रात भर बातें करते रहोगे? यह बुरी जगह है, बाज़ार से भी बदतर, आदमी यहाँ सो भी नहीं सकता। अब अगर तुम एकदम चुप न हुए तो मैं गार्ड को बुलाऊँगा।''

इसके जवाब में गुंडे ने इतनी बुलंद आवाज़ में भजन गाना शुरू किया, कि सारा शहर ही जाग जाए। बाहर दौड़ने की आवाज़ें सुनाई दीं; श्रीराम अपने बिस्तर में जा घुसा। गार्ड ने सींखचों के बाहर से पूछा, ''क्या हो रहा है यहाँ?''

''लोग बातें करते चले जा रहे हैं, चुप ही नहीं हो रहे हैं। बाजार से भी बुरी हालत है'', गुंडे ने लेटे-लेटे ही जवाब दिया।

दोस्ताना स्वभाव के एक वार्डर ने एक दिन बाहरी दुनिया की एक खबर लाकर सुनाई : "महात्मा गाँधी मुल्क के राजा बनने वाले हैं?...आज किसी ने, जो ये सब बातें जानता है, मुझे यह बताया। इंग्लैंड से कुछ लोग यह प्रस्ताव लेकर आए हैं।"

"बेवकूफ़ी की बातें मत करो। जिन लोगों ने गाँधीजी को इसीलिए जेल में बन्द करके रखा है कि वे यहाँ के राजा न बन बैठें, वे ही यह क्यों करना चाहेंगे?"

"तुम्हें पता नहीं, महात्मा जी जेल से छोड़ दिए गए हैं।"

"मुझे तो यकीन नहीं होता।"

"कसम खाकर कह रहा हूँ। उन्हें तो बहुत दिन पहले छोड़ दिया गया था, क्योंकि उनकी बीवी मर गई थीं और वे खुद बीमार हो गए थे। वह औरत जो यहाँ घास काटने आती है न, उसी ने बताया।"

"घास काटने वाली औरतों से ऐसी बातें करना सही नहीं है। मुसीबत में फँस जाओगे", एक पुराने कैदी ने कहा।

"तुम्हें कैसे पता?"

"क्योंकि मैं भुगत चुका हूँ। ये लोग भोंपू होती हैं। तुम्हें जाल में फाँसेंगी और तुम्हें पता ही नहीं चलेगा कि हो क्या गया। फिर हर जगह तुम्हें मुसीबत ही दिखाई देगी। जेल में ऐसी बातें पसन्द नहीं की जातीं।"

"लेकिन यह तो एकदम बुढ़िया है, किसी को नहीं फँसा सकती। दादी है, इसलिए डर की कोई बात नहीं है।"

"चलो, तो फिर ठीक है। आगे बोलो।"

"उसका बेटा फौज में है। नाती बाजार में अखबार बेचता है और दुनिया भर की बातें उसे बताता रहता है?"

क़ैदी ही नहीं, गार्ड भी उसके इर्द-गिर्द जमा हो गए और पूछने लगे, "क्या हो रहा है, हमें भी बताओ। दुनिया में क्या हो रहा है?"

"लगता है कि कुछ लोग इंग्लेंड से आए हैं और महात्मा जी को राजा बनाना चाहते हैं।"

सब खुशी से तालियाँ पीटने लगे। "यह तो बहुत अच्छी बात है!"

"इसमें खुशी की क्या बात है?"

"क्योंकि अगर महात्मा जी मुल्क के राजा बन गए तो वे किसी को जेल में नहीं रहने देंगे। यह उन्हें पसन्द नहीं है। वे बहुत अच्छे आदमी हैं। अंग्रेज़ों ने उन्हें इसीलिए जेल में डाला क्योंकि वे इस तरह की बातें कहते हैं।"

"तो अब वे उन्हें पसन्द करने लगे–चलो, ठीक है।"

कैदी लोग अपना काम करने के साथ-साथ आपस में ये बातें भी करने लगे। वार्डर उनकी बातें सुनता रहा। लेकिन उसे क़ैदियों के बिना जेल की बात सही नहीं

लगी। वह बोला, "ऐसा कैसे हो सकता है कि जेलें ही न हों। राजा कोई भी हो, जेले तो बनी ही रहेंगी।" यह ज़रा बेढब सवाल था। इसके लिए राजनीति के जानकार की मदद की ज़रूरत थी। वे श्रीराम की तरफ़ मुड़े।

श्रीराम पत्थर तोड़ रहा था और इन सबकी बातें भी सुन रहा था। उसने इस बहस में कोई दखल न देने का फैसला किया। बोला, "मैं किसी भी बात के बारे में कुछ भी नहीं जानता।"

लेकिन सबने उसे सवालों से लाद दिया। "हमें यह बताओ कि यह खबर सही है या नहीं है।"

"मैं कैसे बता सकता हूँ? तुम सबके साथ ही तो हूँ।"

"हम सबको जेलों से छोड़ा जाएगा या नहीं?"

"सबको? शायद नहीं। सिर्फ राजनीतिक क़ैदी ही छूट सकते हैं।"

वार्डर को यह सुनकर चैन मिला। "तुम ठीक कहते हो। राजनीतिक क़ैदी अलग होते हैं। दूसरे ब्लाक में कई हैं। मैंने सुना है कि हर रोज़ कुछ छूट जाते हैं। यह अलग बात है। लेकिन तुम लोग राजनैतिक क़ैदी नहीं हो।"

सब एक स्वर में बोले, "लेकिन इससे क्या हुआ? आदमी तो हम भी हैं। हमारे साथ भी अच्छा व्यवहार क्यों नहीं होना चाहिए? तुम जो चाहे कहो, महात्मा गाँधी हमारी मदद ज़रूर करेंगे। तुम यह क्यों सोचते हो कि उन्हें हमारी चिन्ता नहीं होगी? महात्मा लोग दयालु होते हैं।"

उनकी उत्सुकता का अन्त न था। रात-दिन वे इसी चिन्ता में लगे रहते। आखिरकार एक दिन उसी वार्डर की मदद से एक अखबार जेल में मंगाया गया, जिसे पढ़ने और खबरें बताने के लिए श्रीराम को सौंप दिया गया। सब लोग उसके इर्द-गिर्द जमकर बैठ गए, गार्ड चौकीदारी करता रहा और इन चट्टानों के बीच श्रीराम ने 'डेली न्यूज़' शुरू से आखिरी लाइन तक पूरा पढ़कर सुना दिया। उसके सामने जैसे एक बिलकुल नई दुनिया खुलने लगी। उसने आगामी राजनीतिक परिवर्तनों के बारे में पढ़ा, कि देश का किस तरह हिन्दुस्तान और पाकिस्तान के बीच विभाजन किया जाएगा, कि महात्मा जी ने कैबिनेट मिशन का प्रस्ताव स्वीकार करने से एकदम इनकार कर दिया है, कि दिल्ली में चारों तरफ चल रही मारकाट, आगज़नी और नए परिवर्तनों के बारे में किस तरह रोज मीटिंगें की जा रही हैं। श्रीराम के लिए सबसे महत्त्वपूर्ण खबर यह थी कि अंग्रेज़ों ने भारत छोड़ने का अन्तिम रूप से फैसला कर लिया था। उसने सिर उठा कर गर्व से कहा, "मैंने ही सब दीवारों पर 'भारत छोड़ो' लिखा था और उसका ही यह असर है!"

लोग उसे ताज्जुब से देखने लगे। वह उनका हीरो बन गया था। "अब तुम्हें ये लोग कुछ इनाम भी देंगे?"

उसे यह पढ़कर सन्तोष हुआ कि देश भर की सब जेलों से राजनीतिक कैदी छोड़ दिए जाएंगे। लेकिन वह खुद तो इस श्रेणी में नहीं आता था, इसलिए उसे छोड़ने की आशा नहीं की जा सकती थी।

साहब ने श्रीराम को बुला भेजा। उसका सुर अचानक दोस्ताना हो गया था। "मुझे नहीं पता कि सरकार का तुम्हारे बारे में क्या आर्डर आएगा। लेकिन मेरे पास इस हफ्ते कुछ कैदियों को छोड़ देने की लिस्ट आई है। यह अच्छी बात है, क्योंकि इससे हमारे काम का बोझ कम हो जाएगा। लेकिन, "उसने सूची पर नज़र दौड़ाते हुए कहा, "इसमें तुम्हारा नाम नहीं है।"

श्रीराम का दिल बैठ गया। उसे लगने लगा कि जब और सब लोग दुनिया में खुले घूम रहे हैं, उसे ही पिंजड़े में क्यों बन्द कर दिया गया है। हो सकता है, कोई खास तौर पर उसके खिलाफ़ षड्यंत्र कर रहा हो। दुनिया में बुरे ल़ोगों की कमी थोड़े ही है! साहब ने उसके विचारों को भाँपकर कहा, "ज़ाहिर है कि तुम्हें राजनीतिक क़ैदी की श्रेणी में नहीं रखा गया है। तुम्हारे जैसे काम जिन-जिन लोगों ने किए हैं, उनके बारे में सरकार अभी विचार कर रही है। अगर तुम चाहो तो एक अर्जी अपने वादे के साथ दे सकते हो, उसे मैं ऊपर पहुँचा दूँगा।"

"किस तरह की अर्ज़ी और क्या वादा?" श्रीराम ने प्रश्न किया।

"तुम्हें यह लिखकर देना पड़ेगा कि जब तक तुम्हारे बारे में आखिरी फ़ैसला नहीं कर लिया जाता, तब तक तुम नियमित रूप से पुलिस स्टेशन पर हाज़िरी देते रहोगे।"

श्रीराम सोचने लगा। "अब यह नया भारत है या अंग्रेज़ अभी यहाँ हैं?"

साहब ने उत्तर दिया, "इस बारे में मैं तुम्हें कुछ नहीं बता सकता। यह राजनीति है। मुझे कानून का पालन करना है।"

अचानक श्रीराम के मन में विचार आया कि उसने जो भी कठिन, खतरनाक काम किए हैं, वे सब इस अर्जी के कारण व्यर्थ हो जाएंगे। वह भारती से मिलेगा, तो वह यही कहेगी, "माफ़ी माँगकर छूट आए! बहुत गिरे हुए निकले तुम, मेरी नज़रों से दूर हो जाओ!" उसने साहब से कहा, "मैं कोई अर्जी नहीं दूँगा।"

"ठीक है, तुम्हारी मर्ज़ी। अच्छा, डिसमिस!" वार्डर ने उसकी बाँह पकड़ी, सलाम ठोंका और उसे दफ्तर से बाहर ले चले। अब वह पहले से ज़्यादा दुखी था।

आखिरकार वह दिन आ गया जब उसे साहब के दफ्तर के बगल वाले कमरे में बुलाया गया—यह काफ़ी बड़ा कमरा था जिसमें कई रैक लगे थे। उसके वार्डर उसे बिना किसी शोर-शराबे के वहाँ ले गए, मेज़ पर बैठे एक वर्दीधारी सिपाही को

उसने एक पर्ची टिकाई। सिपाही के इर्द-गिर्द और भी बहुत से कैदी खड़े थे, जिन्हें वह एक-एक करके उनके कपड़ों के बंडल पकड़ाता जा रहा था। श्रीराम धीरज से अपना नम्बर आने की प्रतीक्षा करता रहा, फिर उसकी पर्ची लेकर उसे ऊपर से नीचे तक घूरकर देखा और बोला—''नम्बर छह-सात।'' यह सुनते ही एक आदमी सीढ़ियों पर चढ़ा और इस नम्बर के खाने से कपड़ों का एक बंडल निकालकर सामने मेज पर रख दिया। सिपाही ने बंडल की जाँच की और श्रीराम से पूछा, ''ये तुम्हारे ही हैं?'' श्रीराम ने इन कपड़ों को देखा; काफी दिन पहले उसने इन्हें यहाँ छोड़कर जेल की वर्दी पहन ली थी और दुबारा उन्हें अपने सामने देखकर वह उत्तेजना से भर उठा। उसने कपड़े उठाकर सीने से लगा लिए और कहा, ''हाँ, मेरे ही हैं।''

''ज़रा ठहरो,'' यह कहकर सिपाही ने बंडल उसके हाथ से छीन लिया और कहा, ''पहले यहाँ दस्तख़त करो।'' उसने श्रीराम को एक कागज़ पकड़ाया जिस पर बहुत सी चीज़ें लिखी थी। श्रीराम को चिढ़ होने लगी थी कि इस नामाकूल जगह से निकलने में उसे कितनी परेशानियाँ झेलनी पड़ रही हैं। आखिरकार सिपाही सन्तुष्ट हुआ और उसने बंडल श्रीराम को पकड़ा दिया। इसमें उसका बन्द गले का कोट, कमीज़ और धोती थी, जिनमें उसे युगों पहले श्मशान घाट से गिरफ्तार किया गया था।

''अब तुम कैदी नहीं हो। अपने कपड़े पहन लो।''

श्रीराम ने सबके सामने जेल के कपड़े उतारने शुरू कर दिए। यहाँ भी ज़िन्दगी ने उसे कठोर बना दिया था। सिपाही ने कहा, ''उस अलमारी के पीछे चले जाओ। वहाँ जाकर बदल लो।''

कागज़ों और फाइलों से भरी अलमारी के पीछे से जब श्रीराम कपड़े बदलकर बाहर निकला, तब उसे लगा कि उसे उसका पुराना व्यक्तित्व मिल गया है। उसने जेल की कमीज़ और निकर लपेट कर एक कोने में रख दी। सिपाही ने कहा, ''अब तुम स्वतन्त्र हो, तुम्हें छोड़ा जाता है।'' श्रीराम चुप खड़ा सोचने लगा कि किधर जाए। ''इधर से जाओ, यह दरवाज़ा बाहर खुलता है।'' श्रीराम ने उसे हलका-सा सेल्यूट किया और बुदबुदाया, ''मैं जा रहा हूँ'' और दरवाज़ा खोला। सामने छोटा सा आँगन था जिसके आगे एक बन्द फाटक था, जहाँ एक बन्दूकधारी सिपाही पहरा दे रहा था। श्रीराम की पहली प्रतिक्रिया यह हुई कि वापस लौट जाए, लेकिन उसने खुद से कहा, 'अब मैं कैदी नहीं हूँ' और सीना तानकर आगे बढ़ा। सिपाही ने उसके लिए फाटक खोल दिया और बोला, ''जा रहे हो! अच्छी बात है। अब यहाँ वापस लौटने की कोशिश न करना—हाँ, यह जगह बहुत पसन्द आ गई हो तो दूसरी बात है।''

“मैं इससे नफ़रत करता हूँ”, श्रीराम ने गहरी भावना से कहा। “मैं फिर जेल नहीं आना चाहता।”

“यही सच्ची भावना है”, सिपाही बोला। “इसे बनाए रखना।” हर छूटने वाले कैदी से वह यही शब्द कहता होगा। यह एक तरह का दीक्षांत भाषण था।

जब उसके पीछे फाटक बन्द हो गया, श्रीराम को विश्वास नहीं हो रहा था कि वह अब स्वतन्त्र है। उसे कमज़ोरी महसूस होने लगी, उदासी भी घिर आई। जेल के अपने साथियों की उसे याद हो आई जो उसके छूटने की खबर पाकर खुश और दुखी दोनों होने लगे थे।

गुंडे ने कहा था, “तुम स्वार्थी आदमी हो। ऐसे लोग मुझे पसन्द नहीं हैं।”

जालसाज़ ने कहा, “तुम छूट सकते हो तो हम क्यों नहीं छूट सकते? महात्मा जी से कहना कि हमें भी आज़ाद कर दें।”

एक ओर कैदी बोला, “अगर तुम मंत्री या कुछ और बन जाओ तो हमें याद रखना।”

गुंडे ने दोबारा कहा, “जब मैं छूटूँगा तो किसी रात तुम्हारे घर डाका डालने आऊँगा और तुम्हें सबक सिखाऊँगा। तुम्हारे जैसे स्वार्थी लोग मुझे बिलकुल पसन्द नहीं हैं।”

सभी वार्डर उससे बख़्शीश लेने के लिए इकट्ठे हो गए थे। उसके काम का कुछ पैसा जमा हो गया था, जिसे अकाउंटेंट ने उसे जेल से जाते समय दे दिया था। वार्डर उसके पीछे लग गए। “हमने इतने दिन साथ बिताए हैं। इसकी याद में कुछ हमें दें।” “आज मेरे बेटे की सालगिरह है। उसे देने के लिए कुछ मुझे दें।” “यहाँ से आगे हम नहीं जा सकते। जो देना हो, दे दें। इतने दिन हमने तुम्हारी देखभाल की है।”

श्रीराम ने पीछे-पीछे आने वाले हर आदमी को एक-एक रुपया दिया; उसकी आधी आमदनी इसमें खत्म हो गई।

5

वह जैसे सपने में चल रहा था। अपने पीछे किसी गार्ड के बिना, जो उसे बताता भी जाता था कि किधर जाना है, उसे आगे बढ़ना मुश्किल लग रहा था। शाम की रोशनी उसकी आँखों में कौंध पैदा कर रही थी, खुले हुए मैदान उस पर हमला करते लग रहे थे। उसने पीछे मुड़कर उस इमारत पर एक नज़र डाली जिसमें वह कई साल तक बन्दी रहा था। स्लेटी भूरे रंग की यह इमारत ऊपर से तो बड़ी सीधी-सादी लगती थी, लेकिन इसके भीतर कैसे अत्याचारों की दुनिया छिपी थी : यहाँ कोई भी व्यक्ति जो चाहता नहीं कर सकता था। यहाँ तक कि प्राकृतिक क्रियाएँ भी नियमों के अनुसार ही करनी पड़ती थीं। नगर की सीमा से बाहर ट्रंक रोड के आखिरी छोर पर यह जेल थी। इससे पहले वह यहाँ कभी नहीं गया था और इस त्रिची ट्रंक रोड पर इतने दिन रहते हुए भी उसे कभी पता नहीं चला कि वह कहाँ रह रहा है।

वह शहर जाने वाली सड़क पर आगे बढ़ने लगा, यह सोचते हुए कि कहाँ जाएगा। कई बसें बगल से निकल गईं। उसे आशा थी कि लोग उसे पहचानेंगे नहीं। एक बस में एक सिपाही बैठा दिखाई दिया तो श्रीराम अजाने ही उसकी नज़र के सामने से हट गया। वह सड़क के किनारे-किनारे चलता रहा। उसे विचार आया, 'अब मैं स्वतन्त्र भारत में चल रहा हूँ।' कैसे पता चले कि भारत आज़ाद हो गया है। उसका कहीं कोई चिह्न है? उसने इधर-उधर देखा। पेड़ अपनी-अपनी जगह खड़े थे, सड़क में कोई सुधार नहीं हुआ था, सिपाही पहले की तरह बसों के पायेदान पर सफर कर रहे थे। उसे थकान महसूस हुई और भूख भी लग आई। वार्डरों को इनाम देने के बाद अब उसके पास बहुत थोड़े रुपए बाकी बचे थे। उसने सोचा कि इस तरह रिहा होने वाले कैदियों के लिए सरकार को गाड़ी वगैरह का इन्तज़ाम करना चाहिए; अब स्वतन्त्र किसी भारत में भी वही स्थिति है! उसे आशा हुई कि यदि किसी दिन उसे मन्त्री बना दिया गया, तो एक तो कैंटीन खोलेगा और छूटने वाले क़ैदियों को घर पहुँचाने के लिए गाड़ियों का इन्तज़ाम करेगा, जिससे जेल से बाहर निकलने वाले क़ैदी इतना खोया-खोया महसूस न करें।

जब वह मार्केट रोड पहुँचा, अँधेरा होने लगा था। किसी ने उस पर ध्यान नहीं दिया। जहाँ-तहाँ कुछ इमारतों पर तिरंगा झंडा लटक रहा था, जिनके बीच में चरखा छपा था। उसे लगा कि यातायात पहले से कम हो गया है। लेकिन रोशनी से जगमग दुकानों में भीड़ पहले ही की तरह थी। यह देखकर उसे निराशा हुई। भूख तेज़ हो रही थी। उसकी जेब में अब भी कुछ रुपये थे। उसकी कड़ी मेहनत की कमाई, सही मायनो में, जिसमें उसका पसीना बहा था। उसने जेब में हाथ डालकर सिक्के खनकाये और उस हथौड़े की याद की जिसे उसने चलाया था और वे दूसरे काम याद किए, जो उसने यहाँ जेल में ही किए थे। उसे यह सोचकर खुशी हुई कि यह सब उसकी कड़ी मेहनत की कमाई है और कोई यह नहीं कह सकता कि वह बैठे-बैठे खा रहा है। अब उसकी योग्यता और उपलब्धि पर दादी भी गर्व कर सकती है। वह न्यू एक्सटैंशन और मार्केट रोड के चौराहे पर बने एक छोटे से पार्क की बेंच पर बैठ गया। यहाँ बैठकर वह सोचने लगा कि अब वह कैसे, क्या करेगा। चलते हुए फैसले करना आसान नहीं होता। यह अब स्वतन्त्र देश था और कोई उससे यह सवाल नहीं कर सकता कि तुम यहाँ क्यों बैठे हो और वहाँ क्यों नहीं बैठे। इस भावना को स्वीकार करना आसान नहीं लग रहा था, कहीं कुछ देर बैठकर पहले इसका स्वाद लेना ज़रूरी लगता था। लेकिन यहाँ बैठकर पुरानी आदत के कारण उसे ज़रा-ज़रा देर के बाद यह लगने लगा कि लोग उसे घूर-घूरकर देख रहे हैं और उसे कहीं छिप जाना चाहिए। एक फूलदार गमले के बगल में सीमेंट की बेंच पर बैठकर उसने यह महसूस करने की कोशिश की : "अब मैं स्वतन्त्र हूँ। कोई अब मेरा पीछा नहीं कर सकता, न कोई मुझसे यह पूछ सकता है कि तुमने दाढ़ी क्यों बनाई है या नहीं बनाई।" पहले तो उसे यह देखकर चोट सी लगी कि लोग उस पर नज़र डाले बिना ही निकले चले जा रहे हैं और कोई उसे पहचान कर यह नहीं कहता, "अरे, हीरो, तुम कब आए?" लेकिन जल्द ही उसे यह अच्छा लगने लगा कि पहले की तरह उसे छिप-छिपकर रहना नहीं पड़ रहा है और जहाँ चाहे वह आ-जा सकता है।

उसे याद आया कि पहले उसे कुछ खाना है। पार्क की बेंच की अपेक्षा होटल की कुर्सी पर बैठकर वह ज़्यादा अच्छी तरह सोच-विचार कर सकता है। वह उठा और तेज़ी से सड़क पर चल पड़ा। पहला रोशनी से जगमगाता जो होटल उसके सामने आया, वह था 'श्रीकृष्ण विलास'। वह इसी में घुस गया। ज़्यादातर मेज़ें खाली पड़ी थीं। भीड़-भाड़ का समय बीत चुका था। वह मार्बल-लगी एक मेज़ पर बैठ गया और इन्तज़ार करने लगा कि कोई उसे देखकर यहाँ आए और उसका आर्डर ले। बाहर निकलने के दरवाज़े पर मेज़ पर कैश-बाक्स रखे एक आदमी बैठा था। वेटर लड़के सब एक साथ खड़े गपशप कर रहे थे। 'इन्हें मेरी परवा नहीं है', श्रीराम

ने सोचा। शायद मैं गटर का चूहा लगता हूँ। मुझे ये भगा न दें!' फिर उसने चारों तरफ नज़र डाली। एक वेटर पहचाना हुआ लगा। पहले वह यहाँ अक्सर आता था।

''ए मणी', उसने आवाज़ लगाई। लड़के ने उसे देखा। ''यहाँ आओ,'' उसने आज्ञा के स्वर में कहा।

लड़का दौड़ता हुआ आया। उसने श्रीराम को पहचान लिया और खुशी से बोला, ''अरे, आप? इतने साल कहाँ रहे, साब? आपको देखे कितना अरसा गुज़र गया।''

''मैं बिज़नेस के सिलसिले में बाहर गया था। कुछ बढ़िया खाने को ला दो।''

'बढ़िया' शब्द सुनकर लड़के ने मुँह बनाया।

''साब, इस वक्त बढ़िया चीज़ तो कुछ नहीं मिलेगी। आजकल न तो अच्छा चावल मिलता है और शुद्ध चीज़ तो कोई भी नहीं मिलती। हमारी सरकार ने इसके बारे में कुछ नहीं किया है। जानते हैं, तेल मिलने में कितनी मुसीबत होती है? हर चीज़ में मिलावट होने लगी है, जी हाँ।'' उसने देश की स्थिति के बारे में विस्तार से बताना शुरू किया, खाने-पीने की कमी, लड़ाई के बाद की परेशानियाँ और ढेर सारी तरह-तरह की मुश्किलें। श्रीराम के लिए ये सब नई जानकारियाँ थी, उसे आज की दुनिया की एकदम पहली रिपोर्ट, लेकिन उसमें इस समय यह सब सुनने का धीरज नहीं था।

''तो तुम्हारे यहाँ है क्या?''

लड़के ने अलमारी पर नज़र डाली जिसमें खाने की चीजें सजी थीं। ''साब, कारा सेव, वडा, पोटाटोबोंडा...''

श्रीराम बोला, ''यह तो मैं यहाँ से भी देख रहा हूँ। मुझे बताओ कि ताज़ा क्या बना है, ओवन पर क्या है, कोई ज़्यादा ठोस चीज़।'' हल्की मुलायम इडली और डोसा उसे याद आ रहा था। उसे लग रहा था कि पिछले जन्म में ये खाये थे। बातचीत करते हुए उसे यह लग रहा था कि वह सामान्य लोगों से बात करने का ढंग ही भूल गया है। अब शायद उसे जेल वाले क़ैदियों से ही बात करना याद रह गया था। वह बोला, ''कुछ बहुत अ...'', वह ''अच्छा' कहते-कहते रुक गया, कि कहीं लड़का फिर से दुनिया की स्थिति के बारे में भाषण देना न शुरू कर दे। इसलिए उसने कहा, ''मुझे कुछ ठोस, गर्मागर्म लाकर खाने को दो। ज़ोर की भूख लगी है।''

''साब, भीतर कुछ नहीं है। बन्द करने का टाइम है। सबसे पहले किचेन ही बन्द होता है। लेकिन मालिक चाहता है कि हम दस बजे तक हाज़िरी दें, जिससे गपशप करने वाले...''

श्रीराम का धीरज अब टूट गया। वह सारी शाम चीज़ों के नाम सुनने में ही नहीं बिताना चाहता था। बोला, ''ठीक है, ठीक है, जो हो, वही ले आओ, जल्दी

और बढ़िया कॉफी...'', उसे अफसोस हुआ कि उसने फिर 'बढ़िया' शब्द कह दिया, क्योंकि 'बढ़िया' कॉफी बनाना अब क्यों सम्भव नहीं रहा है, इस पर कुछ कहने के लिए उसने जबान खोल ही दी थी—जैसे दूध की सप्लाई में कमी, चीनी में धांधले बाज़ी और काला बाज़ारियों की बेईमानियाँ। श्रीराम पूरा धीरज खो बैठा। बोला, ''तुम मुझे यह सब क्यों बता रहे हो?''

''क्योंकि सच्चाई यही है।''

''ठीक है, ठीक है!'' उसने चिढ़कर कहा। ''मैं भूखा हूँ। बातें बन्द करो। अगर कुछ लाना हो तो जल्दी करो। नहीं तो मैं जाता हूँ।''

''आपके लिए क्या लाऊँ, साब?'' लड़का पहली दफ़ा बैरे के ढंग से सीधे खड़े होकर बोला।

''दो मिठाइयाँ, एक नमकीन और बड़े पॉट में कॉफ़ी,'' श्रीराम ने आदेश दिया। बहुत दिन बाद वह किसी से इस तरह बोल रहा था। अब तक उसे अपनी सही आवाज़ में बोलते हुए डर लगता था कि कोई सुन लेगा तो उसे काल कोठरी में डाल दिया जाएगा। उसकी आज्ञा का असर हुआ। लड़का दौड़कर भीतर चला गया।

खाने-पीने के बाद उसमें जैसे नई जान आ गई। पान-सुपारी मुँह में रखकर उसे लगा कि वह पुराने ज़माने में वापस आ गया है। जिसमें न लड़ाई है, और न कोई राजनीतिक संघर्ष है। अब वह जो था वह हो गया था, एक सम्माननीय वृद्धा का पोता, जिसे कोई चिन्ता नहीं है, जो फ्री वाचनालय जाता है, बाज़ार में घूमता-फिरता है। कन्नी की दुकान पर खरीद-फ़रोख्त करता है, ऐसी दुनिया में ज़िन्दगी बसर करता है जिसकी निश्चित सीमाएँ हैं, निश्चित कामकाज हैं, न कोई आश्चर्य है, न चिन्ताएँ हैं। हर चीज़ आपको पहले से पता है और हर बात का आप सही अन्दाज़ लगा सकते हैं।

वह कबीर स्ट्रीट पर तेज़ी से आगे बढ़ा। वह घर वापस आ रहा था। सात बजे थे, लेकिन हमेशा की तरह बच्चे सड़कों पर खेल रहे थे और हर घर का दरवाज़ा साफ-सुथरा था और उस पर सफेद आटे से अल्पना कढ़ी थी। वह इन लोगों की तरह निश्चित होकर और किसी राजनीति वगैरह में भाग न लेकर शान्तिपूर्वक क्यों नहीं रह सकता था। इस तरह की निश्चल और स्थिर ज़िन्दगी का, जिसमें कोई परिवर्तन नहीं होता, क्या अपना आकर्षण नहीं है? सभी घरों में बत्तियाँ जल रही थीं। वह आँखें पूरी खोलकर सड़क पर दौड़ा और अपने घर के सामने आकर रुक गया। दरवाज़े से भीतर देखा तो वहाँ कुछ अजनबी नज़र आए। उसे गुस्सा आ गया और लगा कि उसे धोखा दिया गया है। इन लोगों को उसके घर पर कब्ज़ा करने का क्या अधिकार है? कुछ अपरिचित बच्चे सामने वाले हॉल में लैंप के नीचे एक दूसरे

का पीछा कर रहे थे—इसी पुराने लैंप के नीचे दादी ने उसे ज़िन्दगी की बहुत-सी बातें सिखाई थीं। उसका मन हुआ कि सीढ़ियाँ चढ़कर ऊपर जाए और बच्चों से कहे : "तुम लोग भागो यहाँ से, यह तुम्हारा घर नहीं है।" ये लोग दीवारों में छेद कर रहे थे, दरवाज़े और रोशनदान तोड़-फोड़ रहे थे और यह सब मलबा वे उसके लिए, जब वह यहाँ आकर रहेगा, छोड़ जाएंगे।

वह दूसरी तरफ घूमा कि कन्नी से बात करे। लेकिन दुकान गायब हो चुकी थी, मरिया थेरेसा की तस्वीर भी नहीं थी, जो सारे इलाके को रोशनी देती थी! दुकान की जगह एक सीमेंट का कमरा, जिसमें खिड़की वगैरह कुछ नहीं था, खड़ा था—शायद यह गोदाम था। उसे फिर दुख हुआ और लगा कि यह भी धोखा है। वह सड़क पर आगे-पीछे घूमता रहा, किसी पड़ोसी ने भी उसे नहीं पहचाना। कुछ घरों में उसने झाँककर भी देखा, उसके परिचित आराम से बैठे शाम का अखबार पढ़ रहे थे। उसने सोचा कि जाकर उनसे बात करे, लेकिन उसे डर भी लगा कि ये लोग उसकी गलतियाँ न बताने लगें और अब वह ऐसे लोगों से बात करने का ढंग भी भूल-भाल गया था। उसे यह बात काफी परेशान करने लगी कि सामान्य लोगों के साथ बात करना अब उसके स्वभाव में ही नहीं रहा है। सड़क जैसी पहले थी, वैसे ही अब भी थी—सिर्फ कन्नी की दुकान वहाँ से खत्म हो गई थी और कोई ऐसा दिखाई नहीं दे रहा था, जिससे वह कुछ पूछताछ कर सके।

अचानक उसे ख्याल आया कि यह रात वह कहाँ बिताएगा। जेल में कम से कम रात को सोने की जगह तो उसके पास थी।

फोटोग्राफ़र की दुकान में तेज़ रोशनी जल रही थी और वह भीतर से बाहर भी आ रही थी। नीची छत की दुकान थी यह। जिसमें सामने शीशा लगा था और उस पर बच्चों, लड़कियों और महत्त्वपूर्ण व्यक्तियों के बड़े-बड़े फोटो लगे थे।

सामने वाले कमरे में कारपेट बिछा था और एक स्टूल पर फूलों का गमला रखा था, लेकिन आदमी कोई नहीं था। लगता था कि यहाँ कोई रहता ही नहीं है। श्रीराम भीतर वाले कमरे में गया लेकिन वह भी खाली था। उसने अपना गला खखार कर और दूसरी आवाज़ें करके अपनी उपस्थिति का ज्ञान कराने की कोशिश की।

भीतर से आवाज़ आई, "कौन है?" यह फोटोग्राफर की आवाज थी।

"जेल का कैदी!" श्रीराम ने जवाब दिया।

उसे अच्छा लगा कि कोई तो है जिससे वह इस दुनिया में बात कर सकता है। बिलकुल भीतर से कोई निकला और तेज़ी से यह देखने सामने आया कि कौन

आया है। वह तेज़ रोशनी में काम कर रहा था, इसलिए उसे साफ़ दिखाई नहीं दे रहा था। काफी करीब आकर वह चिल्लाया, "अरे, तुम हो! कब रिहा हुए? मुझे तो पता भी नहीं चला। मैं तो सोच रहा था कि तुम कहाँ हो और क्या कर रहे होंगे? किस जेल में थे? ये लोग तो कुछ बताते नहीं है। मुझे पता होता कि तुम आज छूट रहे हो, तो मैं जेल के फाटक पर तुम्हारा भव्य स्वागत करता और फूलमालाओं से तुम्हें लाद देता। मुश्किल यह है कि अभी देश में सब कुछ अस्त-व्यस्त है। लेकिन मैं किसी को दोष नहीं देता। हमारा नया राज्य है, अभी बच्चा ही है, बहुत से काम हमें करने हैं, हमें तो इसी बात के लिए खुश होना चाहिए कि अब हम स्वतन्त्र हैं और कोई विदेशी हमारे ऊपर राज नहीं कर रहा। हमें खुश होना चाहिए कि काम होने शुरू हो गए हैं और दूसरों को दोष देने में समय बरबाद नहीं करना चाहिए।"

"हमें खुश होना चाहिए कि गलतियाँ करने वाले लोग हमारे अपने ही हैं, है न?" श्रीराम ने कहा, उसका पुराना स्वभाव वापस लौट रहा था।

"पहले जहाँ घमंडी वायसराय बैठते थे, वहाँ अब नेहरू और पटेल बैठते हैं, इसे भी तो सोचो। चर्चिल ने महात्मा जी को 'नेकेड फ़कीर' कहा था, याद है न?"

"वही 'नेकेड फ़कीर' अब सर्वेसर्वा है...।" वह बहुत उत्तेजित था। "गलतियाँ होनी स्वाभाविक हैं। भयंकर गलतियाँ भी हो सकती हैं, लेकिन इन्हें तूल नहीं देना चाहिए।" वह खुशी में जो चाहे बोलता जा रहा था। "अगर तुम जेल से बाहर होते तो मालाएँ पहनाकर आज़ादी के दिन तुम्हारा जुलूस निकाला जाता। बहुत शानदार कार्यक्रम था। अफसोस है, तुम इसमें नहीं थे।"

जगदीश ने श्रीराम को एक बड़े-से सोफ़े पर बिठाया, गोद में एक एलबम रख दिया और बगल में खुद बैठ कर उसके पन्ने पलटने लगा। बोला, "फोटोग्राफर के नाते मुझे इस पर गर्व है। आने वाली पीढ़ियाँ अब यह शिकायत नहीं करेंगी कि मैंने अपना काम नहीं किया। मैंने इसे अच्छे से अच्छा बनाने की कोशिश की है। इसमें हमारे संघर्ष और स्वाधीनता दिवस समारोह भी पूरी कहानी है।" इसमें जगह-जगह उसने अपनी तस्वीरें भी लगा दी थीं, अपने को साधारण सिपाही बताते हुए। उस खंडहर हुए मन्दिर के चित्र भी थे जहाँ श्रीराम ने रहकर काम किया था। फोटोग्राफर ने इसे शीर्षक दिया था : स्वतन्त्रता सेना का एक गुप्त हेड-क्वार्टर। श्रीराम ने पूरा एलबम देखा, जो एक तरह से स्वतन्त्रता संग्राम का चित्रमय इतिहास था।

जगदीश ने इसमें जेलों के फोटो भी डाले थे। कँटीले तारों से घिरी बैरकें भी दिखाई गई थीं। उसने बहुत रोमांटिक तस्वीर प्रस्तुत की थी। सन्तुलन तो उसके स्वभाव का अंग ही नहीं था। वह स्वतन्त्र भारत का मुख्य आयोजक था और अंग्रेज़ों को देश से निकालने में उसने केन्द्रीय रोल निभाया था। उसने मालगुडी की सड़कों

के भी कई दृश्य डाले थे—जहाँ लोगों के मकानों और दुकानों पर तिरंगे लहरा रहे थे और लोग जुलूसों में गाते-बजाते चले जा रहे थे। सब जगह फूलों की भरमार थी। लोगों की भीड़ें दिखाई गई थीं। जगदीश बड़े गर्व से इन दृश्यों को दिखाता रहा। उसे लगता था कि उसने लोगों को खुश करने में सफलता प्राप्त की है। कहने लगा, "आखिरकार मैंने जो जद्दोजेहद की और तकलीफें उठाईं, उनमें मुझे क्या हासिल होना है? क्या ये लोग मुझे मन्त्री या कुछ और बना देंगे? कोई उम्मीद नहीं है, जनाब। इनके लिए बहुत से और तैयार खड़े हैं। अगर मैं चुनाव में भी खड़ा हो जाऊँ, तो कौन जानेगा कि मैं क्या हूँ? क्या संसदीय दल मुझे अपना उम्मीदवार बनाएगा? कोई उम्मीद नहीं, जनाब, इसीलिए और सभी काम करते हुए मैंने अपना कैमरा हाथ से नहीं छोड़ा। इसे कोई मुझसे नहीं ले जा सकता।" उसकी आवाज़ में अफ़सोस की झलक थी, जिसका कारण श्रीराम नहीं समझ सका।

"तुमने तो अभी यह कहा है कि हमारा एक नया राष्ट्र है।" यह शब्द सुनने में अच्छा लगता था, मन में आत्मविश्वास जगाता था, और किसी को यह चिन्ता करने की आवश्यकता नहीं थी कि इसका अर्थ क्या है और इसका प्रयोग क्यों किया जा रहा है।

"ठीक है, ठीक है," फोटोग्राफर बोला। "मैं शिकायत नहीं कर रहा हूँ। मैंने जो कुछ किया है, उससे मैं बहुत सन्तुष्ट हूँ। इसकी तो मुझे कोई चिन्ता नहीं है। मैं तो यही कह रहा हूँ कि ये सब फोटो मैंने यह दिखाने के लिए बनाए हैं कि हमने देश के लिए क्या-क्या किया है।"

एलबम में सैकड़ों तस्वीरें थीं। श्रीराम ने तेजी से पन्ने पलटने शुरू किए। उसे बोरियत हो रही थी। सब एक जैसी बातें थीं। जुलूस के बाद जुलूस, फिर और जुलूस। लोग और लोग और लोग। झंडे ही झंडे। जुलूसों में लोग नेताओं के चित्र लिए चले जा रहे हैं, उनके पीछे लोगों की भीड़ें हैं। सारे एलबम में यही सब था, जो उसकी बरदाश्त से बाहर हो उठा। बड़ी तेज़ी से पन्ने पलटते हुए वह आखिरी पन्ने पर आ गया, जहाँ किसी सार्वजनिक सभा में जगदीश झंडा चढ़ा रहा था। उसने एलबम रख दिया और पूछा, "अपना फोटो तुमने किस तरह लिया?"

"बहुत ज़रूरी सवाल है तुम्हारा। फोटोग्राफर खुद अपना फोटो कैसे ले सकता है? सोचो, यह कैसे किया होगा। तुम्हारा ख्याल है कि मैंने अपने पीछे कैमरा फिट कर दिया जो हर जगह मेरे साथ चलेगा फोटो खींचने के लिए?"

"सम्भव है, सम्भव है", श्रीराम ने कहा, अब इस सवाल में उसकी रुचि खत्म हो रही थी। वह न और फोटो देखना चाहता था, न उनके बारे में सवाल पूछना चाहता था। स्वतन्त्रता दिवस समारोह के दृश्य उसके मन में चिढ़ पैदा कर रहे थे। वह जैसे यह कहने को हुआ, "अगर मुझे पता होता कि लोग ऐसे खेल खेलेंगे।

मैंने सब जगह 'भारत छोड़ो' इसलिए नहीं लिखा और रेलें इसलिए नहीं गिराईं, कि कोई फोटोग्राफर उनकी तस्वीरें खींचकर एलबम में लगाए।" उसने तय कर लिया कि अब वह एक भी फोटो नहीं देखेगा।

फोटोग्राफर बोला, "मैंने ऐसे तीन एलबम और तैयार किए हैं। उनमें संघर्ष के दूसरे पहलुओं के चित्र हैं।" यह कहकर उसने उन्हें निकालने के लिए नीचे के शेल्फ़ में हाथ डाला।

श्रीराम ने उसका हाथ पकड़ लिया और कहा, "अभी नहीं देखूँगा। मेरे सिर में दर्द हो रहा है।"। और जुलूस, और झंडे, और फूलमालाएँ देखने की संभावना से वह भयभीत हो उठा था।

फोटोग्राफर ने कहा, "अच्छे फोटो देखने से सिर दर्द दूर हो जाएगा। अभी एक अमेरिकी वैज्ञानिक ने यह नई खोज की है।"

श्रीराम ने धीरे से कहा, "इन्हें मैं कल ध्यान से देखूँगा।"

"कोई बात नहीं। जानते हो, मुझे किस बात का सबसे ज़्यादा अफ़सोस है?" वह उत्तर के लिए थोड़ी देर रुका और फिर बोला, "कि मेरे पास सिने कैमरा नहीं है। होता तो मैं तुम्हें ऐसे-ऐसे दृश्य दिखाता, जो तुमने कभी न देखें हों और ऐसे देखते मानो आँखों के सामने होते देख रहे हो। असली चीज़ तो वही है। अगर मैं दूसरों की तरह कीमत वसूलता, तो मैं सबसे बड़ा मूवी कैमरा खरीद सकता था। लेकिन हमारी यह आत्मा जो है न, वह हमें कई काम करने नहीं देती।"

श्रीराम को अब इस व्यक्ति से निराशा होने लगी; क्रान्तिकारी के रूप में वह इससे बहुत प्रभावित हुआ था, तब उसका सोच और कार्य कितने सही होते थे। अब वह इधर-उधर की बातें सोचने लगा था, लगता था, शान्ति का वातावरण उसकी प्रकृति के अनुकूल नहीं है। श्रीराम ने क्षणभर के लिए खुद से यह सवाल भी किया, कि उसने उस समय इसकी आज्ञाओं का पालन क्यों किया था? उसे यह सोचकर निराशा हुई कि वह खुद जेल क्यों नहीं गया। उसने पूछा, "तुम्हें पुलिस ने नहीं पकड़ा?"

"मुझे? नहीं। मुझे कैसे पकड़ सकते थे वो? मैं कहाँ हूँ, इसका उन्हें पता ही नहीं था। मुझे उनसे बचना मुश्किल तो था ही। पहले तो तुम्हारे जाने के बाद मैं उस मन्दिर में ही रहा—तुमने पहली ही तस्वीर में यह नहीं देखा? इसीलिए मैंने उसे शीर्षक भी वैसा ही दिया है।" यह कहकर वह फिर एलबम की तरफ बढ़ा।

श्रीराम ने फुर्ती से कहा, "हाँ, हाँ, देखा है। शीर्षक एकदम सही है—हालाँकि उसे न वह चित्र याद आया और न उसका शीर्षक।

"इसके अलावा," उसने बात पूरी की, "पुलिस को मुझे पकड़ने का मौका ही नहीं मिला। मेरी दादी की मौत ग़लत वक्त पर नहीं हुई। तुम्हारे साथ ऐसा न हुआ होता, तो तुम भी जेल से बचे रहते।"

श्रीराम ने कोई जवाब नहीं दिया। इस विषय पर वह ज़्यादा सोचना नहीं चाहता था। वह सोचने लगा कि विषय बदलने के लिए क्या बात छेड़ी जाए। वह अचानक पूछ बैठा, "भारती कहाँ है? वह जेल से निकल आई?"

"अरे हाँ, मैं सोच ही रहा था कि तुमने उसके बारे में कुछ क्यों नहीं पूछा। मुझे लगा कि तुम उसे भूल चुके हो।"

"नहीं। कभी नहीं भूलूँगा। एक क्षण के लिए भी नहीं।" श्रीराम ने गहरी भावना से जवाब दिया। "तुमने उसे देखा है?"

"हाँ, हाँ", फोटोग्राफर ने जिस स्वर में जवाब दिया, उससे श्रीराम को जलन और चिन्ता हुई। जिन दिनों वह चोर-डाकुओं के साथ दोस्ती बढ़ा रहा था, उन्हीं दिनों भारती जेल से निकल आई होगी, जगदीश ने धूमधाम से उसका स्वागत वगैरह किया होगा, जिससे दोनों में घनिष्टता हो गई होगी और खूब मौज-मज़ा किया गया होगा। उसने सोचा होगा कि मैं वहाँ क्यों नहीं हूँ। हो सकता है, इन लोगों ने उसे यह बता दिया हो कि मैं अभी जेल में ही बन्द हूँ।

उसने पूछा, "तुमने जेल से रिहा होते वक्त उसका स्वागत किया होगा?"

"हम करते ज़रूर, लेकिन उससे मिलना सम्भव ही नहीं था। वह रिहा होने वाले कैदियों के शुरू के दलों में ही थी और बाहर निकलते ही उसी शाम वह ट्रेन से नोआखाली रवाना हो गई।"

"नोआखाली–वहाँ उसका क्या काम था? यह जगह है कहाँ?" श्रीराम का भूगोल बहुत कमज़ोर था।

फोटोग्राफर ने भूगोल के इस सवाल को नजरंदाज़ किया और बोला, "मालूम है, ईस्ट बंगाल में इन दिनों क्या हो रहा है, हिन्दुओं और मुसलमानों के बीच में? दोनों एक दूसरे को मार रहे हैं। तुम्हें कुछ भी पता नहीं है?"

"नहीं। कैसे पता होगा?" श्रीराम बोला। "मैं किसी रीडिंग रूम या पुस्तकालय में तो नहीं रखा गया था। मुझे किसी बात का कुछ भी पता नहीं है।"

"सांप्रदायिक दंगों में गाँव के गाँव जला दिए गए हैं। हज़ारों लोग मार डाले गए हैं, बेघरबार हुए हैं।"

"लोग यह क्यों कर रहे हैं, और कौन हैं वे?"

"ये सब सवाल मत करो। मैं सांप्रदायिक वृत्ति का आदमी नहीं हूँ, इसलिए इस विषय पर बात करना भी पसन्द नहीं करता। कोई किसी और को मार रहा है, बस इतना ही मेरे लिए काफी है। वहाँ ज़िन्दगी एकदम रुक गई है और महात्मा जी शान्ति मिशन पर गए हैं। वे गाँवों का दौरा कर रहे हैं, कह रहे हैं कि भागो मत, बहादुरी से सामना करो, यह करो, वह करो, वगैरह। वास्तव में शेर और मेमने को

एक ही प्लेट में खाना खिला रहे हैं। इसलिए भारती भी उनके साथ है।"

श्रीराम के मन में डर बैठ गया। यह एक नई स्थिति थी, जिसके लिए वह तैयार नहीं था। नोआखाली, कलकत्ता, बंगाल—इन शब्दों का अर्थ क्या था? वह उससे इतनी दूर क्यों चली गई? क्या उसने यह सोच-समझकर किया है? क्या वह चाहती थी कि उसके जेल से निकलने से पहले ही उससे बहुत दूर पहुँच जाए?

"वहाँ जाने का उसका मतलब क्या है?"

फोटोग्राफर उसके इस सवाल पर हँसकर रह गया।

"क्या वह जेल आकर मुझसे मिल नहीं सकती थी? उसको यह तो पता ही होगा कि मैं जेल में हूँ?"

"कैसे पता होगा?" फोटोग्राफर ने पूछ लिया।

"पूछताछ करके, और कैसे? कितना आसान है!" श्रीराम ने दुखपूर्वक कहा। "शायद अब उसे मेरी याद नहीं रही। मुझे एकदम भूल चुकी है।"

जगदीश उसका दुख देखकर गम्भीर हो गया। "इस बात को इतना महत्त्व मत दो। क्या तुम उसकी अक्सर याद करते हो?"

श्रीराम ने जवाब में कुछ कहने की कोशिश की, लेकिन उसे शब्द नहीं मिले, वह कुछ बोला, फिर चुप हो गया और सुबक कर रोने लगा। फोटोग्राफर ने उसकी पीठ थपथपाई और पूछा, "ऐसा क्या हुआ जो तुम इतना महसूस कर रहे हो?" श्रीराम को जवाब देने के लिए शब्द नहीं मिले। वह सुबकता रहा। फोटोग्राफर बोला, "तुम तो मूर्ख हो। तुमने खुद उससे सम्पर्क रखने के लिए क्या किया?"

"क्या मतलब है तुम्हारा? जेल में हथकड़ियों में बन्द मैं क्या कर सकता था?"

"मेरा मतलब है, अब क्या किया। अब तुम क्या करना चाहते हो? अब तो तुम हथकड़ियों में नहीं हो। अब तुम क्या कर रहे हो?"

"अब वह मुझसे हज़ारों मील दूर है", श्रीराम ने निराशा जताई। नोआखाली का नाम उसे बहुत परेशान कर रहा था।

"लेकिन एक चीज़ है जिसे डाक सेवा कहते हैं। तुम्हारी चिट्ठियाँ ले जाने के लिए अब घुड़सवारों की ज़रूरत नहीं पड़ेगी। तुम उसे पत्र क्यों नहीं लिखते?"

"तुम उस पर पता वगैरह ठीक से लिखकर भिजवा दोगे?"

"क्यों नहीं। लिख कर दो। मैं भेज दूँगा।"

श्रीराम के मन में आशा की एक किरण जगी। उसने एकाएक पूछा, "लेकिन मैं लिखूँगा क्या?"

"इस बारे में मैं क्या बता सकता हूँ। हर आदमी अलग ढंग से लिखता है।"

ज़ाहिर है कि उसके दिमाग में कोहरा छाया हुआ था। कुछ भी साफ-साफ

सोचना या योजना बनाना उसके बस के बाहर की बात थी। जेल-जीवन का प्रभाव अब सामने आने लगा था।

फोटोग्राफर को उस पर दया आने लगी। वह बोला, "तुम अभी आराम करो। आँखें बन्द करके सो जाओ।" वह एक छोटी-सी मेज़ के पास गया और कागज़-कलम निकालकर लिखने लगा। बाहर सड़क पर चलने वाला यातायात खत्म हो गया था।

"तुम दुकान बन्द नहीं करोगे?" श्रीराम ने पूछा।

"इसकी तुम फ़िक्र मत करो। मैं अपनी देखभाल खुद कर लूँगा। इस तरह की चीज़ लिखने की मुझमें योग्यता नहीं है। फिर भी कोशिश करता हूँ। तब तक तुम आँखें बन्द करके आराम करने की कोशिश करो।"

उसने खत लिखना शुरू किया :

"मेरी प्रिया, कौन है जो इस तरह मुझसे अलग हो गया है!" मैं इस वक्त जेल में भी हो सकता था। लेकिन जेल में रहूँ या बाहर, हर वक्त एक ही ख्याल मन में बना रहता है—तुम्हारा। मैं रात-दिन तुम्हारे बारे में सोचता रहा हूँ और जेल के सब नियम मुझे रोकने में असफल रहे हैं। आज ही मैं जेल से बाहर आया हूँ और मेरे गहरे दोस्त जगदीश ने—जो, मैं तुम्हें बताऊँ, बहुत ही अच्छा आदमी है—मुझे तुम्हारे बारे में बताया। जेल की सलाखों ने मुझे इतने दिन तुमसे दूर रखा और अब भी हमारे बीच इतनी ज़्यादा दूरी है, लेकिन उसका अब कोई महत्त्व नहीं है। यह दूरी मेरे लिए बिलकुल कुछ भी नहीं है। क्या मैं तुमसे मिलने आ सकता हूँ—नहीं तो मैं यहाँ पानी के बिना तड़पती मछली की तरह तुम्हें देखे और तुमसे बात किए बिना, मर जाऊँगा। जल्द से जल्द मेरे इस सवाल का जवाब देना।"

जगदीश पत्र लिखने में इतना तल्लीन हो गया कि उसे समय का ध्यान ही न रहा और श्रीराम बैठे-बैठे ही सो गया और धीरे-धीरे खर्राटे भी लेने लगा। जगदीश ने उस पर नज़र डाली और क्षणभर के लिए हिचका। उसने पत्र पेपरवेट से दबा दिया और पत्र के साथ एक नोट लिखने लगा : "अगर यह अच्छा लगे तो अपने हाथ से इसकी नकल कर लेना और उस पर अपने दस्तखत कर देना।" इसके बाद उठकर उसने सामने का दरवाज़ा बन्द किया, बत्ती बुझाई और अपने कमरे में सोने चला गया।

दस दिन के इन्तज़ार के बाद श्रीराम को इसका उत्तर प्राप्त हुआ :

"तुम्हारी खबर पाकर ख़ुशी हुई। तुम दिल्ली आ जाओ। नई दिल्ली में बिड़ला हाउस है, वहाँ। हमारा कार्यक्रम निश्चित नहीं है। अभी मैं बापू के साथ बिहार जा

रही हूँ, वहाँ दंगे हो रहे हैं। तुमसे बहुत बातें करनी हैं। हम 14 जनवरी को दिल्ली पहुँच रहे हैं। इसके बाद जब चाहो आ सकते हो। तुमसे मिलकर खुशी होगी।

भारती

ग्रांडट्रंक एक्सप्रेस नई दिल्ली स्टेशन पर आकर खड़ी हो गई। श्रीराम खिड़की की तरफ बढ़ने के लिए धक्का-मुक्की करने लगा, कि भारती की पहली झलक पा सके। लेकिन खिड़की पर जमे लोग उसे यह नहीं करने दे रहे थे। उनसे बातचीत करने का कोई मतलब नहीं था, वे एक नई दुनिया के लोग लग रहे थे। वह तमिल और अंग्रेज़ी बोलता था, ये हिन्दी, उर्दू या वह जो भी भाषा हो, इसी को समझते थे। अब उसकी समझ में आया कि भारती क्यों उसे हिन्दी सीखने पर ज़ोर देती थी। उसे खुश करने के लिए ही उसने हिन्दी रीडर और प्राइमर वगैरह खरीदी थी, लेकिन इससे उसे कोई लाभ नहीं हुआ था। पिछले छत्तीस घंटे से वह सबसे अकेला पड़ गया था। वह खुद ही कुछ-न-कुछ सोचता बैठा रहा था; जेल-जीवन ने उसे खुद अपना साथी होने की शिक्षा दे दी थी। उसकी परीक्षा की घड़ी तब आई थी, जब डिब्बे में दो आदमी अचानक प्रकट हो गए और मुसाफिरों की जाँच करने लगे; उसके सामने आकर वे रुके और एक सवाल पूछा। उसे दो ही शब्द, 'मिस्टर' और 'हिन्दू' समझ में आए, बाकी वाक्य उसके सिर के ऊपर से गुज़र गया। ये लोग गुंडे-बदमाश लग रहे थे। उसने अपनी टूटी-फूटी हिन्दी, और अंग्रेजी और तमिल में कुछ कहने की कोशिश की, लेकिन उनकी कुछ समझ में नहीं आया। इस पर वे गुर्राकर उसके ऊपर आने लगे, तो श्रीराम ने भी लड़ने की तैयारी शुरू की। वह भी उछलकर खड़ा हो गया और जो भाषा उसे सबसे अच्छी तरह आती थी, यानी अंग्रेज़ी में, वह ज़ोर से बोला, ''What do you mean, all of you staring at me like this?''('क्या मतलब है तुम्हारा, इस तरह मुझे घूर क्यों रहे हो?") वह खड़ा हुआ तो दोनों में से एक आदमी ने उसका कान खींचकर देखा, जिसके नीचे लटकती खाल में उसके बचपन में किया गया एक छेद नज़र आया। इसे देखते ही उसने 'हिन्दू है' कहा, और फौरन उसे छोड़कर वे आगे बढ़ गए। उनके जाने के बाद डिब्बे वालों को शान्ति महसूस हुई। एक मुसाफिर ने कुछ कहना शुरू किया और काफ़ी देर तक कई भाषाओं में माथापच्ची करने के बाद उसकी समझ में आया कि ये लोग मुसलमानों की तलाश कर रहे थे। अगर कोई मुसलमान मिल जाता तो उसे वे डिब्बे से बाहर फेंक देते; देश के अन्य भागों में जो हो रहा था, उसकी यह प्रतिक्रिया थी। इसके बाद सारी यात्रा में श्रीराम चुपचाप बैठा रहा।

यात्रा बहुत तकलीफ़देह थी : भीड़ से दबा हुआ, न पैर फैलाने की जगह, न हाथ हिलाने की; लोग तेज़ी से आते और उस पर गिर पड़ते, कई दफा वह इनमें फँसा पैर भी नहीं निकाल पाता था। जब भी उसे नींद सताती, वह खिड़की या किसी बिलकुल अजनबी के ऊपर सिर रख देता। भूख लगती तो बाहर किसी लड़के से चाय खरीदकर पी लेता। कॉफ़ी तो यहाँ मिलती ही नहीं थी। यहाँ के लोग उसे अद्‌भुत लगते जो सवेरा होते ही चाशनी से लबालब जलेबी खाकर उसके ऊपर से चाय पी लेते। इसी से उसे पता चल गया कि वह किसी बिलकुल नई और आश्चर्यजनक दुनिया में आ पहुँचा है। पक्के दक्षिण भारतीय की तरह उसे कॉफ़ी की ज़बरदस्त तलब लगती थी लेकिन उसका नामो निशान नहीं था। उसने, जैसे वह जेल में करता था, कल्पना में ही कॉफ़ी पीने का मज़ा लेना शुरू कर दिया। यह भी उसके लिए एक तरह से जेल-जीवन का ही विस्तार था, ज़बरदस्त भीड़, ठसाठस भरे डिब्बे, और हर आदमी अजनबी। यहाँ उसे जेल से कहीं ज़्यादा परेशानी महसूस हुई। वहाँ कम से कम वह लोगों की बातचीत सुन सकता था और खुद भी कुछ कह सकता था, लेकिन यहाँ की बातचीत उसके लिए शोर के अलावा कुछ नहीं थी! डिब्बे में बहुत से लोग बीड़ी पीकर उसका धुआँ चारों तरफ फेंकते रहते थे और कुछ बिना सोचे-विचारे हर जगह थूकते नज़र आते थे। टायलेट तक किसी का पहुँचना सम्भव ही नहीं था। इसलिए ट्रेन जहाँ भी रुकती, वह कूदकर बाहर निकल जाता और चलती, तो फिर लपककर चढ़ जाता।

किसी दिन साढ़े दस या ग्यारह बजे ट्रेन नई दिल्ली स्टेशन पर आ पहुँची। डिब्बे के लोग 'नव डेहली' कहकर चिल्लाए और शोर मचाते हुए उतरने लगे। वह खिड़की की तरफ दौड़ा कि भारती को देख सके। उसने लिख दिया था कि वह स्टेशन पर उसे लेने आएगी। उसे अपने नक्शे पर शर्म आ रही थी; उसने उँगलियाँ डालकर बालों में कन्घी करने की कोशिश की। गर्मी और धूल से वे गन्दे और सिर पर तनकर खड़े हो गए थे। वह जानता था कि उसका शरीर पसीने से लथपथ है और कपड़े गन्दे और लुंज-पुंज हो रहे हैं, फिर भी उसने अपने व्यक्तित्व को जो भी सम्भव था, तरतीब देने की कोशिश की, जिससे इतने बर्ष बाद मिल रही भारती को वह बुरा न लगे। खिड़की पर भरे लोगों के सिरों के बीच से उसे भारती की एक झलक दिखाई दी, तो वह उधर दौड़ा, लेकिन अन्तिम रूप से रुकने से पहले ट्रेन कुछ और आगे बढ़ती चली गई। उसने देखा भारती खिड़कियों की तरफ देखती एक जगह खड़ी है। एक क्षण उस पर नज़र डालते ही उसका दिल बैठ गया। उसे शर्म आई कि वह खुद कैसा भयानक दिख रहा था। उसने सोचा कि भीड़ के साथ अकेला बाहर निकल जाए और कुछ देर बाद उससे मिले। उसे डर था कि इस रूप में उसे

देखकर भारती उससे नफ़रत ही न करने लगे। लेकिन ट्रेन में हुए अपने अनुभव से वह यह भी जानता था कि अभी वह बाहर निकल गया, तो फिर लौटकर भारती को ढूँढ़ ही नहीं सकेगा। इस तरह वह उसे हमेशा के लिए खो देगा।

जब वह अपना बिस्तर और बक्सा उठाये गाड़ी से उतरा, भारती की चारों तरफ़ तेज़ी से घूमती नज़र ने उसे पकड़ लिया। उसने हाथ ऊपर करके हिलाए और दौड़कर उसके पास आ गई। उसने श्रीराम का हाथ कसकर पकड़ लिया और बोली, "तुमसे मिलकर कितना अच्छा लग रहा है!" इस सहज उद्रेक में श्रीराम एकदम डूब गया, वह अपनी शक्ल सूरत और पसीने से भरा चेहरा भूल गया और आत्मविश्वास से भर उठा। उसने भारती को ऊपर से नीचे तक देखकर कहा, "तुम तो बिलकुल उत्तर भारतीय हो गई हो। बिलकुल पंजाबी लगने लगी हो। मेरा ख्याल है, मेरी भाषा समझ लोगी।"

भारती ने श्रीराम का पूरा भार अपने ऊपर ले लिया। उसका बिस्तर उठा कर बोली, "तुम बक्सा ले चलो।" श्रीराम ने बिस्तर उसके हाथों से ले लिया और कन्धे पर लटकाने लगा। भारती बोली, "बेवकूफी मत करो। तुम्हारे चार हाथ नहीं है।" यह कहकर उसने बिस्तर फिर अपनी तरफ़ खींच लिया। श्रीराम ने कुछ नहीं कहा, वह सहज हो आया था और भारती के साथ घरेलूपन महसूस करने लगा था। उसे लगा कि वह भारती को साथ लेकर मालगुड़ी आ गया है। अब उस पर यहाँ के अद्भुत वातावरण, अद्भुत बाज़ारों और इमारतों, बहुत चौड़ी सड़कों, नए किस्म के स्त्री-पुरुषों और नई तरह की दुकानों का कोई प्रभाव नहीं पड़ रहा था। उसके पास इन चीजों पर नज़र डालने का वक्त ही नहीं था। उसका सारा ध्यान भारती पर केन्द्रित था। वह पहले से साँवली हो गई थी और थकी-थकी लग रही थी, लेकिन उसके बाल पहले की ही तरह काले थे। वह इतने समय बाद उससे फिर मिलने के सुख से सराबोर था। वह जो देख रहा था, उस पर विश्वास ही नहीं कर पा रहा था। लगता था कि वह बड़ा खूबसूरत सपना देख रहा है। शायद वह मर चुका है। या अभी जेल में ही रह रहा है। इतने साल और महीनों के बाद वह पहली दफ़ा स्वतन्त्र और प्रसन्न है। उसके मन में किसी प्रकार का क्लेश या संघर्ष नहीं है। उसे न भविष्य के लिए कोई आकांक्षा है, और न भूत के लिए कोई खेद। अपने समूचे जीवन में पहली बार इतनी शान्ति महसूस कर रहा था और अपने अस्तित्व से पूरी तरह सन्तुष्ट था। उसके लिए यही पर्याप्त था कि वह साँस ले रहा है। आँखों से देख रहा है और मन से महसूस कर रहा है। वह भी उसे देखे जा रही थी। पूछने लगी, "तुम छूटे कब?"

उसने संक्षेप में, अन्तिम बार उससे मिलने के दिन से आरम्भ करके आज तक का पूरा विवरण उसे दे दिया। ताँगा आराम से चला जा रहा था। जिस गहरी सहानुभूति

से वह उसकी कहानी सुन रही थी, उससे वह बहुत प्रसन्न था। इससे उसके जीवन को महत्त्व प्राप्त हो रहा था। अपनी कहानी बताते हुए वह खुद भी अपने कामों से प्रभावित हो रहा था। वह अपने आप से प्रश्न करना चाहता था, "क्या मैंने ही ये सब काम किए हैं या इनका करने वाला कोई और है?" उसमें हीरो बनने का भाव जागने लगा। 'मैंने कभी नहीं सोचा था कि मैं ये सब कठिनाइयाँ झेल सकूँगा। मैं तो चाहता था कि सामान्य व्यक्ति की तरह...,' यह सोचकर वह अपने ही महत्त्व से फूल उठा। भारती उसकी श्रोता थी, इससे उसके जीवन को एक नया अर्थ और आयाम प्राप्त हो रहा था। जब वे नई दिल्ली की एक कालोनी में पहुँचे, जहाँ बहुत सी झोपड़ियाँ बनी थीं, तो वह भी जीवन में किए गए अपने सभी कार्यों से सन्तुष्ट महसूस कर रहा था।

"आजकल मैं यहाँ रह रही हूँ," भारती बोली। वह उसे अपनी झोंपड़ी में ले आई थी। "यही मेरा घर है।" कोने में उसका चरखा रखा था, डोरी पर कपड़े टंगे थे।

श्रीराम ने सोचा, "आखिरकार मेरी बीवी ही बनेगी, इसीलिए अपने साथ मुझे भी ठहराने में उसे कोई संकोच नहीं है।"

भारती बोली, "तुम्हारा 'कमरा' घंटे भर में तैयार हो जाएगा। तब तक यहाँ आराम करो। पड़ोस में ही नहाने-धोने का इन्तज़ाम है। हलके हो जाओ।" जब वह बात कर रही थी, कुछ बच्चे दौड़ते हुए आए और 'माई, माई', कहते हुए उसे कुछ बताने लगे, जिसे श्रीराम सुन नहीं पाया। उन्होंने भारती को चारों तरफ से घेर लिया और उसका जवाब सुनकर वापस चले गए।

"ये कौन हैं?" श्रीराम ने जलन महसूस करते हुए पूछा।

"बच्चे हैं, और क्या...," उसने जवाब दिया।

"कहाँ के हैं?"

"इस वक्त तो यही के हैं", भारती बोली। "शरणार्थी बच्चे हैं सभी, इससे ज़्यादा हम इनके बारे में कुछ नहीं जानते। मैं घंटे भर में वापस आ रही हूँ। तब तक तुम आराम करो।" यह कहकर वह चली गई।

उसे लौटने में देर लगी। तब तक श्रीराम ने उस स्थान का एक चक्कर लगा लिया था। उसने स्नानघर भी ढूँढ़ लिया था और नहा-धोकर कपड़े बदल लिए थे। झोंपड़ी में वापस लौटकर वह शीशे के सामने खड़ा हो गया और देर तक अपने बालों पर कन्घी करता रहा, यह देखने के लिए कि वह भारती के उपयुक्त लगता है या नहीं। भारती के व्यवहार ने उसका आत्मविश्वास वापस लौटा दिया था। उसने कभी उम्मीद नहीं की थी कि वह उसके साथ इतना मीठा व्यवहार करेगी। इतने

वर्ष अलग बिताने का उस पर कोई प्रभाव नज़र नहीं आ रहा था। लगता था जैसे घंटे भर पहले ही दोनों अलग हुए है; पिछले कई वर्षों के कष्ट और बोरियत उसके मन से अब ऐसे गायब हो गए थे, जैसे कभी उनका अस्तित्व ही न रहा हो।

उसने रस्सी पर लटकती उसकी एक सफ़ेद साड़ी देखी जिसपर पीले धब्बे पड़े थे। यह हाथ से कटी-बुनी खादी की साड़ी इतनी भारी थी कि रस्सी उसके वज़न से काफ़ी नीचे झुक आई थी। उसने उसके वज़न का अन्दाज़ करने के लिए उसे उतारकर हाथ में लिया और सोचने लगा, 'बेचारी, इसे तो अच्छी चीज़ें मिलनी चाहिए; मैं इसे सब कुछ दूँगा।' हाथों में उठाने से उसे अन्दाज़ा हुआ कि कम से कम दस सेर की होगी। उसने उसे खोलकर आँखों के सामने फैलाया, धातु की पत्तर की तरह लग रही थी। 'इसमें तो बहुत गरमी लगती होगी। कहीं किसी छेद से रोशनी नहीं निकल रही।' फिर उसने उसे लपेटकर सीने से लगा लिया। उसमें चन्दन जैसी खुशबू आ रही थी, जो उसे अच्छी लगी। 'यह गन्ध उसके शरीर की है' और आँखें बन्द कर लीं। तभी दरवाज़ा खुला और भारती उसके सामने खड़ी थी।

उसने ताज्जुब से पूछा, "मेरी साड़ी का क्या कर रहे हो? कोई सोचेगा कि तुम इसे पहन रहे हो।" और यह कहकर हँस पड़ी। श्रीराम का चेहरा लाल पड़ गया और उसने फुर्ती से उसे रख दिया।

फिर बोला, "इसे दिल से लगाकर देख रहा था कि क्या कहती है!"

"चुप!" वह ज़ोर से बोली। "बेवकूफी की बातें मत करो। याद रखना, यहाँ सब गम्भीर लोग रहते हैं। ...अच्छा, तो तैयार हो गए! कोई कपड़े धोने के लिए हों तो मुझे दे देना।"

श्रीराम ने उसे एक छोटी-सी पोटली पकड़ा दी जिसे वह बाथरूम से लाया था। फिर माफ़ी माँगने के भाव से कहा, "बहुत गन्दे हो गए हैं।"

उसने झपट कर पोटली ले ली और बाहर निकल गई। श्रीराम सोचने लगा, "बिलकुल बीवी की तरह काम कर रही है, अच्छी बात है। भगवान इसका भला करे। अगर मैं किसी तरह, रात को जब यह सो रही हो, मंगलसूत्र पहना दूँ, तो काम पूरा हो जाएगा।"

क्षण भर में वह वापस लौट आई। बोली, "शाम को कपड़े मिल जाएंगे। हमारे कैंप में सब अपने कपड़े खुद धोते हैं और दूसरों से यह काम नहीं करवाते, लेकिन तुम नए आए हो, इसलिए तुम्हारे कपड़ों के लिए मैंने धोबी लगा लिया है। अब भूख लग आई होगी?"

"बहुत ज़्यादा," वह बोला। "मैं सोच ही रहा था कि कुछ खाने को मिले"

"लेकिन तुम क्या पसन्द करोगे, यह मुझे नहीं पता", वह बोली। "यहाँ हमारी

दक्षिण भारत की चीज़ें तो मिलेंगी नहीं। मुझे कई महीने बाद वे चीज़ें मिलीं। तुम्हें चपाती, सब्ज़ी, दही और फल खाने को मिलेंगे, चावल और साँबर की उम्मीद मत करना।" वह उसे एक पंडाल में ले गई जहाँ कुछ लोग बैठकर खाना खा रहे थे और कुछ बच्चे खाने का इन्तज़ार कर रहे थे। इन दोनों के लिए एक-दूसरे के बगल में दो पतलें रख दी गईं। श्रीराम ने सोचा, 'पति-पत्नी इसी तरह साथ बैठ कर खाते हैं और फिर गेहूँ की रोटियाँ खाने की कोशिश करने लगा। उसे दक्षिण भारत के चटपटे खाने और सब्जियाँ तथा चटनी की इच्छा होने लगी, लेकिन इस इच्छा को उसने दबा दिया। जेल-जीवन ने उसे सिखा दिया था कि जो मिले, खा लिया जाए। वह सोचने लगा, 'मैं फिर जेल में आ गया हूँ।' भारती दिन भर बहुत व्यस्त रही। लगता था, उसे ढेर सारे काम करने होते हैं। वह हमेशा बच्चों में लगी रहती, किसी के कपड़े बदलना, किसी के बाल काढ़ना, कुछ बच्चों को नृत्य या खेल में लगाना और सारे वक्त सबसे बात करते रहना; इसके अलावा बहुत से स्त्री-पुरुष हर वक्त उसके पास आते रहते और सबको उससे ज़रूरी काम होता था। फिर आखिर में अपनी कोठरी में लौटकर वह चारपाई पर बैठती और हाथ-पैर सीधे करती। श्रीराम घंटों उसके साथ रहता लेकिन वह ध्यान ही नहीं दे पाती थी। इससे उसे बुरा लगता। कुछ देर बाद वह वापस लौट कर अपनी कोठरी में घुस जाता। इसमें मूँज से बुनी एक खाट और उस पर एक चटाई पड़ी थी और दरवाज़ा नहीं था। लाइन के आखिर में सबके लिए एक बाथरूम था। उसे यहाँ आने पर भी बुरा लगा था। इससे उसकी आशाएँ धूल में मिल गई थीं। उसने सोचा, 'मुझसे छुटकारा पाने के लिए तो यहाँ नहीं रख दिया है?'...'क्या मैंने उसकी साड़ी छुई, उसकी यह सज़ा तो नहीं है? 'अगर मैं यह न करता तो शायद मुझे अपने ही कमरे में सुलाती! मैंने शायद उसका विश्वास खो दिया है।' फिर उसने गुस्से से सोचा, 'विश्वास? किसे चाहिए उसका विश्वास? मुझे तो वह खुद चाहिए, खुद!'

उसने रोशनी बुझा दी और चारपाई पर बैठ गया। सामने अँधेरा हो गया। नीची छत होने के कारण घुटन-सी थी, हालाँकि सर्दियों में इससे गर्मी रहती होगी। वह सवेरे धुलने के लिए दिए गए कपडे लेकर वापस आई। इस झोंपड़ी में बैठा श्रीराम यही सोच रहा है कि फिर जेल की कोठरी में वापस आ गया है। वह सोचने लगा, 'मेरी जेल मेरी पीठ पर लदी मेरे साथ चल रही है।' यात्रा की थकान अब उस पर उतरने लगी थी, हवा बहुत ठंडी थी और चारों तरफ का कामकाज में लगा गम्भीर वातावरण उसे दुखी कर रहा था—हालाँकि इस समय इसका कोई कारण नहीं था। उसकी यह भावना कल्पना की ही उपज हो सकती थी।

भारती ने कपड़े चारपाई पर रख दिए और पूछने लगी, "अच्छा महसूस हो रहा है?"

"हाँ और नहीं। मुझे अच्छा तब लगता है, जब तुम साथ होती हो और नहीं होती, तो नहीं लगता।" यह सुनकर वह चौंकी और उसे देखने लगी। वह बोला, "मेरे साथ नहीं बैठोगी?" और ज़रा सरक कर उसके लिए जगह बना दी। वह बैठ गईं। श्रीराम उसके एकदम पास आ गया और अपना हाथ उसके कन्धे पर रख दिया।

वह बोली, "अभी नहीं," और धीरे से उसका हाथ हटा दिया। "कैसे अजीब आदमी हो! अभी तक बिलकुल नहीं बदले।"

वह दूर हट गया और पूछने लगा, "मैं अभी तक अछूत हूँ?"

वह बोली, "बापूजी ही तय करेंगे।"

"तुमने उनसे इसके बारे में बात की है?"

"हाँ, कई बार, लेकिन उन्होंने अभी जवाब नहीं दिया है।" यह कहकर वह सिर झुका कर बैठ गई जैसे उदास हो गई हो।

कुछ देर तक शान्ति रही, फिर श्रीराम ने पूछा, "क्यों? वे हमारी शादी नहीं चाहते?"

"यह बात तो नहीं होगी," भारती ने कहा, "दरअसल उन्हें इतने काम रहते हैं, कि इस पर सोचने का समय ही न मिला होगा।"

यह सुनकर उसे खुशी हुई कि बापूजी शादी के खिलाफ़ नहीं हैं, लेकिन इतना तो काफ़ी नहीं था। उसने साँस रोक ली और निर्वाक् उसकी बातें सुनने को तैयार हो गया। उसे डर था कि उसका कहा एक गलत शब्द भी सब कुछ गड़बड़ कर सकता है। यह कुछ ऐसा अवसर था जब कोमल फुसफुसाहट में बात की जा सकती थी। ज़रा भी कठोरता से सब कुछ तत्काल नष्ट हो सकता था। उसे अपने पर नियन्त्रण रखना ज़रूरी था। वह ऐसा कुछ भी न कहना और न करना चाहता था, जिसके कारण वह हमेशा के लिए उससे दूर हो जाए और वह जो यह हज़ारों मील की यात्रा करके उसके पास यहाँ आया है, सब निरर्थक हो जाए। इसलिए उसने तय कर लिया कि वह खुद कुछ नहीं बोलेगा। जबकि उसकी इच्छा तो यह हो रही थी कि उससे चिल्लाकर कहे कि क्या इसी के लिए उसने उसे इतनी दूर से बुलाया है और वह उस दिन को कोसने लगा जब पहली बार उसे देखा था। वह दरअसल उसे धमकाना चाहता था कि नहीं मानेगी तो वह उसे बलपूर्वक अपने साथ दक्षिण भारत ले जाएगा।

वह कह रही थी, "महात्मा जी को इस समय जो बात सबसे ज़्यादा दुख दे रही है, वह है स्त्रियों का कष्ट। इतनी औरतें बरबाद हो गई हैं, इतनो की इज़्ज़तें लूटी गई हैं, इतनों के घर, बच्चे पीछे छूट गए हैं और बहुत बड़ी संख्या में वे लापता हैं। उन्हें लोग भगा ले गए हैं, नष्ट किया है, मार डाला है और बहुत सी औरतें

खुद अपनी इच्छा से मर गई हैं।" यह कहते हुए खुद वह जैसे रोने को हो आई थी।

श्रीराम को लगा कि उसे सहानुभूति में कुछ कहना चाहिए। "ये बातें होती ही क्यों हैं?" फिर अपने प्रश्न के खुरदरेपन पर वह खुद शरमा गया। लेकिन भारती ने प्रश्न पर ध्यान ही नहीं दिया और कहती रही।

"15 अगस्त के दिन जब सारा देश खुशियाँ मना रहा था और यहाँ आज़ादी का महान समारोह करने के लिए तैयारियाँ हो रही थीं, तब बापूजी कहाँ थे, तुम्हें मालूम है? वे कलकत्ते में थे जहाँ नए दंगे शुरू हो गए थे। बापूजी का कहना है कि मेरी जगह वहाँ है जहाँ लोग कष्ट सह रहे हैं, वहाँ नहीं है जहाँ उत्सव मनाया जा रहा है। उन्होंने कहा कि जो देश स्त्रियों और बच्चों को सुरक्षा नहीं दे सकता, वह रहने लायक नहीं है। यह बात समझाने के लिए अगर उन्हें जान भी देनी पड़ेगी तो वे दे देंगे। वे नंगे पैर गाँव-गाँव में घूमने लगे। हम उनके पीछे चल रहे थे। हर रोज़ हम खेतों और बाढ़ में पाँच मील चुपचाप पैदल चलते रहे। पूर्वी बंगाल के दलदलों में वे सिर झुकाए चलते रहे। हम हर गाँव में एक-दो दिन रुकते और जो लोग अपने घर, बच्चे, सम्पत्ति खो चुके थे, उन्हें धीरज बँधाते। जिन लोगों ने ये अपराध किए थे, उनसे वे बात करते और उनके लिए रोते तो वे कहते कि अब वे ये काम नहीं करेंगे। मैंने अपनी आँखों से खूँख्वार अपराधियों को अहिंसा की कसम खाते और यह कहते हुए देखा है कि वे अपने विरोधियों की रक्षा करेंगे, फिर वे किसी भी सम्प्रदाय के क्यों न हों—एक सम्प्रदाय देश के एक भाग में दूसरे सम्प्रदाय के लोगों के साथ कुछ करता है, तो दूसरे भाग में उस सम्प्रदाय के लोगों को, तुरन्त उसका बदला दिया जाता है। मैंने नोआखली और बिहार दोनों में जो कुछ हुआ, और जो बाद में दिल्ली में हुआ, उसे देखा है। अब इनमें चुनाव कैसे किया जाए? मनुष्यों ने दूसरे मनुष्यों के साथ कल्पनातीत अत्याचार किए हैं? यह बहस करने का कोई अर्थ नहीं है कि किस सम्प्रदाय ने ज़्यादा अत्याचार किये और किसने कम किए। बापूजी ने हमें हिन्दू, मुस्लिम, सिख शब्दों का बिलकुल प्रयोग न करने का आदेश दिया है। हम सब सिर्फ मनुष्य हैं और कुछ नहीं। एक दिन उन्होंने कहा कि उन्हें उन लोगों पर दया आती है जो हिंसा करते हैं और स्त्रियों से कहा कि अपनी इज्जत देने के बजाए उन्हें खुद अपने हाथों से अपने प्राण ले लेने चाहिए...।"

श्रीराम बोला, "तो तुम बहुत जगह घूमी होगी?" इससे ज़्यादा कुछ उसके पास कहने के लिए नहीं था।

"हाँ, करीब एक बरस मैं महात्मा जी के साथ घूमी। पहले तो वे मुझे इन सब स्थानों पर ले जाने के लिए तैयार ही नहीं थे, लेकिन जेल से छूटने के बाद

मैं बार-बार उन्हें इसके लिए परेशान करती रही। मुझे याद नहीं कि मैं कितने गाँवों में घूमी हूँ। गाँव के गाँव जल रहे थे और हम महात्मा जी के पीछे-पीछे चल रहे थे। कहीं भी कुछ हो सकता था। कई जगह तो उन्होंने महात्मा जी के विरुद्ध ही गुस्सा जाहिर किया। हाथों में बैनर लेकर जुलूस निकाले, जिन पर लिखा था, वापस जाओ नहीं तो...। लेकिन इन जगहों पर वे और जगहों से ज़्यादा समय तक रुके और आखिर उन्हें जीत हासिल हुई।''

''तुम पर कभी कोई खतरा आया?''

'किस बात का? हमले का? हाँ, कुछ जगह ज़रूर, लेकिन महात्मा जी ने औरतों से कह रखा था कि इज्ज़त देने के बजाए अपनी जान दें दे। महात्मा जी के साथ तो किसी को कोई डर नहीं लगता था। लेकिन...अगर कोई बात होती तो मैं अपनी जान देने के लिए हमेशा तैयार थी।''

''अरे नहीं,'' श्रीराम आतंकित हो उठा।

''ऐसी जगहों में, जहाँ आग लगाई जा रही हो, घर लूटे जा रहे हों, मारकाट मची हो, यह काम स्वाभाविक लगता है। मुझे लगता था कि हम किसी और देश में पहुँच गए हैं। मेरी खास ज़िम्मेदारी यही थी कि बच्चों की देखभाल करूँ। जहाँ भी बेसहारा दिखाई देते, मैं उन्हें इकट्ठा करके अपने साथ ले आती। यहाँ तुम्हें जो बच्चे दिखाई देते हैं, उनके बारे में कुछ पता नहीं है। ये किसी तरह मौत से बच निकले, यानी इनका भाग्य अच्छा निकला। ये सब बंगाल और बिहार के गाँवों के हैं। और भी थे, लेकिन उन्हें कलकत्ता में रख दिया गया। अब इनके बारे में कुछ पता नहीं है। अगर इनके माँ-बाप ज़िन्दा हैं और उन्हें पता चलेगा, तो वे आकर इन्हें ले जाएंगे, नहीं तो हम इन्हें पालेंगे। ये हिन्दू हैं या मुसलमान, यह सवाल बेकार है। हमने फूलों और पक्षियों पर उनके नाम रख दिए हैं। बापूजी ने एक दफ़ा कहा कि नाम देने की जगह इन्हें नम्बर दे दिए जाएं, क्योंकि नाम हमेशा धर्म के साथ जुड़ जाता है। हमने एक बच्चे का नाम मालकोस रख दिया है, जो संगीत का एक राग है, एक लड़की का नाम गुलाब है। इस तरह ये बच्चे मनुष्य के रूप में ही बड़े होंगे।''

श्रीराम ठंड से काँप रहा था। भारती बोली, ''मैं तुम्हें गरम कपड़े और कम्बल दूँगी–जो शरणार्थियों के लिए हमने इकट्ठे किए हैं। हम यहाँ तुम्हें भी शरणार्थी मान लेंगे। ठीक है न?'' यह कहकर वह हँसी। श्रीराम को उससे डर लगने लगा था–वह इतनी महान लग रही थी, जो स्थान पत्नी से कहीं ऊँचा था। ''अब तुम समझे कि मैंने महात्मा जी से अपने बारे में ज़्यादा बात क्यों नहीं की? यह बहुत गलत बात होती। फिर भी बंगाल के एक गाँव में मैंने उनसे तुम्हारी बात छेड़ी। वे कुछ कहने

ही वाले थे कि एक आदमी चीखता हुआ भीतर घुसा कि किसी ने उसे चाकू मार दिया है। इसके बाद फिर कलकत्ता में एक दिन मैंने तुम्हारी चर्चा छेड़ी तो उन्होंने पूछा कि तुम जेल से कब छूट रहे हो। काफ़ी रात हो चुकी थी। मैं ऐसा ही अवसर देख रही थी जब और कोई न हो, लेकिन उसी वक्त कुछ बड़े लोग, वहाँ के मन्त्री वगैरह, अचानक आ गए, उन्हें ज़रूरी बात करनी थी। इसके बाद कोई मौका नहीं मिला।''

''उन्हें मेरी याद भी होगी?''

''वह किसी को नहीं भूलते। मुझे लगा कि अभी वक्त नहीं आया है...अच्छा, कल हम दोनों बिड़ला हाउस चलेंगे और मौका मिला तो मिलकर ही बात कर लेंगे।''

''अगर उन्होंने मना कर दिया?'' श्रीराम ने प्रश्न किया और आशंका से काँपने लगा।

भारती यह कहती हुई उठ गई, ''मैं तुम्हारे लिए कम्बल अभी भेज रही हूँ।''

दूसरे दिन बिड़ला हाउस के लिए रवाना होने से पहले श्रीराम ने शीशे में देखकर अपना हुलिया दुरुस्त किया, बाल वगैरह अच्छी तरह काढ़े, लेकिन अचानक उसे लगा कि इस अवसर की दृष्टि से उसने ज़रा ज़्यादा ही सजावट की है। इसलिए उसने अपने बाल दुबारा बिखरा लिए। उसके मन में बहुत सी आशंकाएँ तैर रही थीं। भारती महात्मा जी से बातचीत का समय तय करने पहले चली गई थी। अपने पीछे वह एक व्यक्ति से कह गई थी कि श्रीराम को बिड़ला हाउस का रास्ता समझा दे। उसने एक खद्दर की कमीज़ और जैकेट पहनी, कन्धे पर शाल लपेटा, और इधर-उधर घूमकर जाँच की कि वह पर्याप्त गम्भीर दिख रहा है या नहीं। उसे सबसे ज़्यादा डर लगता था कि महात्मा जी उसे देखकर यह न कह बैठें, ''तुमसे शादी? भारती तुमसे शादी करेगी? दफ़ा हो जाओ, घमंडी कीड़े।''

बिड़ला हाउस के फाटक पर भारती ने उसे सँभाल लिया। बोली, ''महात्मा जी बेहद व्यस्त हैं, लेकिन हमसे बात कर लेंगे। उन्हें पता है कि हम तुरन्त उनसे मिलना चाहते हैं।'' बहुत से लोग बाहर-भीतर आ-जा रहे थे, खादी के वस्त्र पहने और सफेद टोपी लगाए, यूरोपीय वेशभूषा में विदेशों के पत्रकार और बड़ी संख्या में मोटर गाड़ियाँ। लेकिन श्रीराम इस वातावरण से प्रभावित नहीं था। उसने चिन्तित भाव से पूछा, ''अगर महात्मा जी मुझसे कोई प्रश्न पूछें तो मैं क्या जवाब दूँ?''

''जो ठीक समझो, कहना। सच बोलोगे तो वे किसी भी बात का बुरा नहीं मानेंगे।''

श्रीराम को यह देखकर आश्चर्य हुआ कि वह बड़े आराम से वहाँ घूम-फिर रही है। उसे विश्वास होने लगा कि वह उससे कहीं ज़्यादा श्रेष्ठ है और उसे उससे शादी करने की ज़िद नहीं करनी चाहिए। सब तरह के लोग उससे बात करते नज़र आते थे। वह अंग्रेज़ी, तमिल, हिन्दी, उर्दू और न जाने कौन-कौन सी भाषाएँ बोलती थी। वह स्त्री, पुरुष, युवा और वृद्ध, सभी देशों के लोगों से बड़ी सहजता से बात करती थी। हरेक के लिए उसके पास सही शब्द और मुस्कान होती थी।

"तुम कितने लोगों को जानती हो!" श्रीराम ने प्रशंसा के अन्दाज़ में कहा। उसने मुस्करा कर इसे स्वीकार कर लिया।

"ठीक है, लेकिन मैं इनमें से किसी का नाम नहीं जानती।" दोनों साथ चलते हुए पार्क की तरफ़ बढ़ गए।

"शानदार इमारत है!" श्रीराम बोला। दोनों इधर-उधर की बातें कर रहे थे, हालाँकि उनका दिमाग़ एक ही व्यक्ति पर केन्द्रित था : महात्मा जी। यदि उन्होंने 'हाँ' कर दी, तो फिर क्या करना होगा? श्रीराम को इस पर विश्वास करना कठिन लग रहा था। इसका अर्थ यह होगा कि उसे अलग झोंपड़ी में नहीं रहना पड़ेगा, वह उसे छू सकेगा, उसके व्यक्तित्व पर अब उसी का अधिकार हो जाएगा, वह हमेशा उसी के साथ रह सकेगा। वह भारती को मैदान में एक तरफ़ ले गया।

"भारती, एक बात सुनो।" उसने फुसफुसाकर कहा। "अगर बापू शादी के लिए 'हाँ' कर देते हैं तो फिर हम तुरन्त शादी कर डालेंगे?"

उसने भी फुसफुसाकर कान में कहा, "हाँ, क्यों नहीं।" और उसकी गर्म साँस श्रीराम के चेहरे पर पड़ने लगी।

"एकदम हम शादी कैसे कर पाएंगे? इतने इन्तज़ाम कैसे कर पाएंगे?" उसने पूछा।

"इन्तज़ाम क्या? हम बैंड-बाजे, दहेज और खाना-पीना थोड़े ही करेंगे!"

"कम से कम फूल तो ले ही लेंगे। यहाँ फूल कहाँ बिकते हैं? मैं तो किसी को जानता नहीं। यहाँ के रास्ते भी नहीं जानता। मैं अपनी दुलहन को तो ये सब इन्तज़ाम करने को कह नहीं सकता। अगर दिल्ली की जगह मेरा मालगुडी होता, तो तुम देखतीं कि मैं क्या-क्या करता।"

"अब इसकी फ़िक्र मत करो। बापू खुद बताएंगे कि कैसे क्या करना है।"

वे एक छोटे से मैदान की तरफ बढ़ने लगे, जहाँ कुछ लोग बैठे थे। सामने एक मंच बना था।

भारती बोली, "बापू यहीं हर शाम प्रार्थना करते हैं।"

वह पीछे के दरवाज़े से इमारत में घुसी। दोनों एक छोटे से वरांडे में पहुँचे,

रास्ता पार किया और एक खिड़की के सामने जा खड़े हुए। भारती ने अपनी आवाज़ धीमी कर ली और खिड़की के भीतर इशारा किया। "वे हैं बापू!" बापू एक पैर दूसरे में फँसाए नीचे बैठे थे, नाक पर चश्मा चढ़ा था। दो लोग उनके सामने बैठे उन्हें कुछ बता रहे थे। भारती बोली, "इनमें एक नेहरू जी हैं और दूसरे हैं पटेल।" कमरे में और भी कई लोग थे—सब अपने काम में व्यस्त। "हमें इन्हें परेशान नहीं करना चाहिए," भारती ने कहा और दीवार से सटकर खड़ी हो गई। श्रीराम ने उसकी नकल की। भीतर बैठे लोग बहुत धीरे-धीरे बात कर रहे थे। एक औरत बाहर निकली और भारती को देखकर मुस्कराई। भारती ने उससे हिन्दी में कुछ कहा।

"यह बापूजी की पोती है और उनकी देखभाल करती है।"

"ये हमें यहाँ देखकर गुस्सा तो नहीं करेंगे?" श्रीराम ने धीरे से पूछा। "ये सब बहुत ज़रूरी बातें कर रहे हैं।"

"लेकिन बापूजी ने मुझसे यहाँ इन्तज़ार करने को कहा है। मैं सही समय पर भीतर झाँकूँगी और खिड़की से अपना चेहरा दिखाऊँगी। या तो वे हमें भीतर बुला लेंगे या खुद बाहर निकल आएंगे।"

श्रीराम ने कहा, "बाहर आएंगे तो मैं काँपने लगूँगा।"

"इसी तरह उनसे बात की जा सकती है। वे तो हमेशा व्यस्त रहते हैं और लोगों से घिरे रहते हैं।"

श्रीराम ने खिड़की से भीतर झाँका और हिम्मत करके कहा, "कुछ कमज़ोर लग रहे हैं।"

"हाँ, पिछले उपवास का उन पर काफ़ी असर पड़ा। कई दफ़ा तो वे बिलकुल अचेत की तरह पड़े रहते थे।" दो लड़कियाँ वहाँ से निकलीं तो वह चुप हो गई। एक आदमी हाथ में शॉर्ट हैंड की नोटबुक और पैंसिल लेकर तेजी से बाहर आया। सरकारी यूनिफार्म पहने एक सेवक ट्रे में पानी के गिलास लेकर भीतर चला गया।

यह सब देखकर श्रीराम का मन हुआ कि यह बातचीत स्थगित कर दें। "आज ही बात करना ज़रूरी है? उन्हें शायद वक्त न मिले।"

"वे हमेशा ऐसे ही व्यस्त रहते हैं। यही ढंग है। उन्होंने कहा है कि हम इन्तज़ार करें और आज ही मिल लें। मैंने उन्हें बताया कि तुम आ गए हो तो उन्होंने खुद कहा, "आज ही आ जाना।" मैंने कहा, "कल कभी आ जाए," बापूजी, आज आप बहुत व्यस्त हैं," क्योंकि मुझे पता था कि प्रधान मन्त्री और दूसरे लोगों के साथ कई मीटिंगें हैं। तो उन्होंने ज़ोर देकर कहा, "नहीं, आज ही आ जाना।" उन्होंने इन्तज़ार करने की जगह भी बता दी। उन्होंने कहा कि जैसे ही समय मिला, बुला लेंगे।"

तभी भीतर से आवाज़ सुनाई दी, ''मैं जानता हूँ, तुम इन्तज़ार कर रही हो। अपने मित्र को लेकर आ जाओ... सब गम्भीर काम खत्म हो चुके हैं, तुम आ जाओ, बेटी।''

''यह बापू कह रहे हैं'', भारती ने श्रीराम का हाथ कस कर पकड़ लिया और उसे भीतर ले चली। श्रीराम का दिल धड़कने लगा। भारती बोली, ''सहज रहना और सच बात कहना। शादी की बात कह देना।''

''हाँ, हाँ,'' श्रीराम ने थूक निगलकर कहा। दोनों भीतर पहुँच गए।

महात्मा जी फर्श पर बैठे कुछ कागज़ देख रहे थे। सिर ऊपर उठाया तो भारती ने हाथ जोड़कर प्रणाम किया। श्रीराम सिर झुकाकर बोला, ''नमस्ते, महात्मा जी।'' उन्होंने मुस्करा कर दोनों का प्रणाम स्वीकार किया। अपने पास एक जगह दिखाकर कहा, ''यहाँ आकर बैठ जाओ। बहुत दिन से तुमसे मिलना टालता आ रहा हूँ। अब बताओ अपने बारे में। भारती, मेरा ख्याल है, तुम्हारे बच्चे खुश होंगे। तुम अब तीस बच्चों की माँ हो, कितनी अच्छी बात है!''

''जी, बापू'', भारती बोली। ''बच्चे सब ठीक हैं। एक बच्ची को ज़रा ठंड लग गई थी—जिसे आपने अनार नाम दिया था।''

''अरे हाँ, मुझे याद आया। जानती हो, अनार कितना अच्छा फल होता है। भगवान बच्चों के रूप में हमारे सामने प्रकट होता है। आज मेरे पास बहुत से फल आ गए हैं; तुम जानती हो, मेरे उपवास में लोग कितने फल लाते हैं। पहले उपवास, फिर दावत। खैर, सब फल तुम ले जाओ और बच्चों की ज़ोरदार दावत कर दो।'' यह कहकर उन्होंने एक कोने की तरफ़ इशारा किया जहाँ सेब और सन्तरों का ढेर लगा था।

''जी, बापू।''

''और उन्हें ये सारे फूल भी देना।'' इसके बाद उन्होंने श्रीराम की तरफ रुख किया। ''अब तुम अपनी खबर दो!'' श्रीराम क्षण भर के लिए हिचका। ''उधर दक्षिण में तुमने क्या-क्या किया?''

''एक हफ्ते पहले तक मैं जेल में रहा,'' श्रीराम बोला।

''उन्होंने तुम्हें पहले क्यों नहीं छोड़ा?'' गाँधी जी ने पूछा।

''मुझे उन्होंने पूरी सज़ा दी,'' श्रीराम ने अपने शब्दों में जेल-जीवन की पूरी व्यथा भरकर उनसे कहा।

''अच्छा, तुमने क्या किया था?''

श्रीराम क्षण भर रुका, फिर सच बोलने की भारती की बात याद आई तो उसने कहा, ''पहले तो मैंने 'भारत छोड़ो' का प्रचार किया। फिर रेल की पटरियाँ तोड़ना शुरू कर दिया...''

यह सुनकर महात्मा जी गम्भीर हो गए। बोले, "तो तुमने ग़लत काम भी किए। मुझे यह सोचकर बुरा लगता है कि इससे भी खराब काम लोगों ने किए।"

"भारती जेल चली गई तो मुझे सही रास्ता दिखाने वाला कोई न रहा।"

"यह अच्छा ढंग है जुर्म कबूल करने का," यह कहकर महात्मा जी मुस्कराए। "हाँ, उसकी ही गलती थी कि तुम्हें पीछे छोड़ कर जेल चली गई।"

"जी नहीं," श्रीराम बोला, "गलती मेरी थी। जब उसने मुझसे जेल चलने को कहा तो मैंने ही मना कर दिया था।"

"अच्छा, तो यह बात है। क्यों भारती?"

"जी, बापू, इन्होंने कहा कि..."

"ठीक है, जब ये सब परेशानियाँ खत्म हो जाएँ तो मुझे विस्तार से यह सब बताना। तब तय करेंगे कि क्या करना चाहिए।" यह कहकर वे हँसे। "तब हम सोचेंगे कि क्या कोई ऐसी गम्भीर बात हुई है जिसके लिए मैं फिर उपवास शुरू करूँ! जानते हो, उपवास से मन कितना शुद्ध होता है?"

श्रीराम बोला, "आप आज्ञा देंगे तो मैं उपवास करूँगा।'

"मेरा ख्याल है, तुमने ऐसा कुछ नहीं किया है। खैर, यह बात बाद में करेंगे।"

"अगर यही तय हुआ तो मैं खुद उपवास करने के लिए तैयार हूँ," भारती ने कहा, उसका चेहरा लाल हो उठा।

"तुम!" महात्मा जी बोले, "अपने मित्र के लिए?"

उसी समय हाल के दूसरे सिरे पर कोई हिलता हुआ दिखाई दिया। महात्मा जी ने कहा, "यह मेरा रखवाला है जो घड़ी दिखा रहा है, कि समय हो गया।" फिर पाँचों उँगलियाँ ऊपर करते हुए उन्होंने इशारा किया, "बस, पाँच मिनट और।" फिर इनकी तरफ घूमकर बोले, "अब मुझे जाना है। लोग प्रार्थना के लिए इन्तज़ार कर रहे हैं। ये आवाज़ें सुनाई नहीं देती!" समय समाप्त होने की बात से श्रीराम चिन्तित हो उठा। एक-एक मिनट कीमती था। उसके इस सोचने में भी समय बरबाद हो रहा था। सिर्फ़ साढ़े तीन मिनट बचे हैं! दोबारा घड़ी दिखाई जाने से पहले उसे कह देना चाहिए। उसने भारती पर एक तिरछी नज़र इस उद्देश्य से डाली कि वही कह दे। लेकिन उसकी नज़रें भी श्रीराम से यही बात कह रही थीं। महात्मा जी उनकी तरफ मुस्कराते हुए देख रहे थे। श्रीराम ने अचानक अपने मुँह से निकलती आवाज़ सुनी, "हम अपनी शादी के लिए आपके आशीर्वाद का इन्तज़ार कर रहे हैं।"

महात्मा जी ने दोनों पर अलग-अलग नज़र डाली, "तुम दोनों एक-दूसरे को इतना ज़्यादा चाहते हो?"

श्रीराम फूट पड़ा, "मैं पाँच साल से हर बखत यही सोच रहा हूँ।"

उन्होंने भारती की तरफ देखकर कहा, "तुम कुछ क्यों नहीं कह रही हो?"

भारती ने सिर झुका लिया और शर्म से भर गई।

"अच्छी वधू के यही लक्षण हैं," महात्मा जी ने कहा, "क्या इसे तुम्हारी स्वीकृति माना जाए?" श्रीराम साँस रोककर उसकी तरफ़ देखने लगा। महात्मा जी ने उस पर नज़र डाली और कहा, "जो अपने मन की बात मुँह से कह दे, वह अच्छी वधू नहीं मानी जाती। ठीक है, ईश्वर तुम्हें सुख दे! कब होना है यह कार्य? कल?"

"जी, आप जब आशीर्वाद दें।"

"ठीक है। कल सुबह पहला काम मैं यही करूँगा। अगर तुम चाहोगे तो मैं ही तुम्हारा पंडित बनूँगा। मैं अच्छा पिता नहीं था, लेकिन कन्यादान मैं ही करूँगा। कल पहला काम यही होगा, बाकी सब इसके बाद। मैंने बहुत से फल-फूल इकट्ठा कर लिए हैं, इसलिए तुम यह नहीं कह सकते कि मैंने कोई तैयारी नहीं की है।"

जब घड़ीधारी सेवक फिर प्रकट हुआ, महात्मा जी बोले, "अब मैं तैयार हूँ।" यह कहकर वे उठ खड़े हुए। श्रीराम और भारती भी उठे। महात्मा जी ने कहा, "तुम्हारे पास तीस बच्चों का घर है। उनके माँ-बाप अब तुम्ही हो।" यह कहकर वे ज़रा देर के लिए भीतर गए और वापस आ गए। भारती दरवाज़े पर उनका इन्तज़ार कर रही थी। वे नीचे फर्श की तरफ देखते हुए बाहर निकले। भारती उनके पीछे और श्रीराम भारती के पीछे चला।

महात्मा जी अचानक रुके, पीछे मुड़कर देखा और बोले, "भारती, मुझे लग रहा है कि मैं कल, सवेरे तुम्हारे कार्य में शामिल नहीं हो सकूँगा।"

"क्यों, बापू? क्यों?" भारती ने पूछा।

"कुछ पता नहीं।" उनकी आवाज़ सुनाई देती रही : "मुझे लगता है कि पंडित बनने की बात कहकर मैंने जल्दबाज़ी की है।"

"बापू, आपके बिना..."

"अरे, नहीं...," वे बोले। "तुम्हें यह सब कहने की जरूरत नहीं है। मैं इसमें रहना चाहता हूँ, लेकिन कह नहीं सकता। ईश्वर की इच्छा हुई तो आऊँगा। नहीं तो, मेरा आशीर्वाद तो हमेशा तुम्हारे साथ है। लेकिन अपनी शादी किसी भी कारण से रोक मत देना," यह बात उन्होंने जैसे आदेश के स्वर में कही। भारती बोली, "जी, बापू।"

महात्मा जी ने उसकी पीठ थपथपाई, श्रीराम की तरफ देखकर मुस्कराए और तेज़ी से आगे बढ़ गए। वे अपनी पोती के कन्धे पर हाथ रखे चले जा रहे थे। श्रीराम और भारती उनके पीछे थे। उनके दिमाग में योजनाएँ दौड़ने लगी थीं। महात्मा जी ने घड़ी निकालकर देखी और बोले, "मुझे देर करने से नफरत है..."

जब उन्होंने लॉन में कदम रखा, भारती ने श्रीराम से कहा, "आज हम भी प्रार्थना सभा में भाग लेते हैं। हम दोनों के लायक यहाँ जगह भी है।" यह कहकर वे उधर मुड़े।

महात्मा जी मंच की तरफ़ बढ़ने लगे तो सब लोग उठ खड़े हुए। इसी क्षण एक आदमी भारती को धकेलता हुआ आगे बढ़ने लगा तो श्रीराम ने उससे कहा, "इस तरह धक्के क्यों दे रहे हो?" लेकिन वह जवाब दिए बिना आगे चलता गया।

महात्मा जी कह रहे हैं, "मुझे दुख है कि आज मुझे देर हो रही है।" यह आदमी उनके सामने जाकर खड़ा हो गया और हाथ जोड़कर नमस्कार किया। गाँधी जी ने उसका उत्तर दिया। आदमी ने फिर आगे बढ़ने की कोशिश की। गाँधीजी की पोती ने कहा, "बैठ जाओ", और उसे पीछे की तरफ धक्का दिया। आदमी ने पोती को करीब-करीब नीचे गिरा दिया और जेब से रिवाल्वर निकाल लिया। महात्मा जी मंच पर चढ़ ही रहे थे, कि उसने उन्हें निशाना बनाकर गोली दाग़ दी। इसके बाद दो और गोलियाँ चलाईं। महात्मा जी मंच पर गिर पड़े। कुछ ही क्षणों में उनके प्राण पखेरु उड़ गए।

❑❑❑